Chronique du déclin français

Jacques Julliard

Chronique du déclin français

Albin Michel

À Jean-Luc Pouthier
In memoriam

Sommaire

EN GUISE DE PRÉAMBULE

J'étais en train de corriger les épreuves de cet ouvrage, quand éclatèrent les émeutes de juin 2023 à Nanterre, et bientôt sur l'ensemble du territoire français. L'élément déclencheur est connu : c'est la mort d'un adolescent, Nahel, tué à bout portant par un policier qui invoqua le refus d'obtempérer du jeune homme au volant de son véhicule durant un contrôle policier.

Si tout le monde s'accorde pour déplorer une mort aussi injuste, le débat s'est très vite installé : d'un côté, ceux qui soulignent la délinquance de droit commun présente dans ces émeutes, et ceux qui, au contraire, affirment la dimension politique de ces actions. Les pilleurs et les casseurs sont deux catégories distinctes, même si beaucoup passent facilement dc l'unc à l'autrc. Il cst donc vain dc vouloir les distinguer, comme il est vain de prétendre séparer les jeunes Français des étrangers issus de l'immigration dans la responsabilité des évènements. Il faudra des mois, des années, pour comprendre en profondeur ce que nous vivons. Tâchons seulement de repérer les principales questions posées :

1. Il va falloir s'y habituer : désormais, la montée aux extrêmes est devenue en France la norme. Une taxe sur le carburant ? Une pandémie ? Un drame accidentel ? Voilà la France à feu et à sang. Tout est bon pour mettre en cause la société tout entière.

Jérôme Fourquet, directeur du département de l'opinion de l'Ifop, qui avait déjà, avec un grand succès, proposé le concept « d'archipélisation », nous parle désormais d'une « banlieusardisation » du territoire dans l'orbite de plus en plus éloignée des grandes métropoles[1], cet univers où la présence majoritaire de l'immigration, d'origine maghrébine et musulmane, n'est pas contestable. Le nouveau paysage urbain avec ses enseignes caractéristiques (kebabs, bars à chicha...) a ses codes vestimentaires avec survêtement, casquette, voile de toutes sortes... Tout cela témoigne d'une France qui n'existait pas hier. On ne comprendrait rien à cette nouvelle géographie périurbaine, si l'on ne soulignait pas que ce nouvel empire est aussi l'empire de la drogue, et celui de toutes les violences, de tous les trafics.

2. C'est pourquoi Sylvain Tesson a raison de parler d'une « érosion de la France[2] », à la faveur des émeutes périodiques et des désordres permanents. Cet écrivain iconoclaste pense à ces territoires qui, jour après jour, s'autonomisent au point de n'entretenir avec la République, réputée une et indivisible, que des rapports de plus en plus lâches. Est-ce l'État qui se

1. *Le Point*, 13 juillet 2023.
2. *Ibid.*

désagrège sous nos yeux ? Ou bien la République ? Ou bien la nation ? Ou encore la France elle-même ? Ce que nous avons vu et entendu lors de ces désormais célèbres journées de juin, c'est la négation bruyante, décomplexée, de cette synthèse historique emblématique. On ne saurait expliquer autrement l'acharnement qu'on a observé contre ces symboles que sont les mairies, les dispensaires et même les écoles. Où a-t-on vu en France ou ailleurs des émeutiers s'attaquer aux écoles, y compris les écoles maternelles, aux établissements pour handicapés ? Ce sont de purs produits de la civilisation ; il y a donc là un raffinement dans la « décivilisation », comme dit Macron, que l'on ne connaissait pas jusqu'alors.

« Tu viens d'incendier la bibliothèque ?
– Oui, j'ai mis le feu là.
– Mais c'est un crime inouï. [...]
Le livre est ta richesse à toi ! C'est le savoir,
Le droit, la vérité, la vertu, le devoir,
Le progrès, la raison dissipant tout délire,
Et tu détruis cela, toi !
– Je ne sais pas lire. »

Ce texte célèbre, issu de *L'Année terrible*, fut écrit par Victor Hugo en juin 1871, au lendemain de l'incendie des Tuileries et de sa bibliothèque par les Communards.

3. Il y a une mauvaise gauche comme il y a une mauvaise graisse. Quand Jean-Luc Mélenchon, le candidat permanent de cette France Insoumise, s'y prend à deux fois pour condamner clairement pillages et destruction des écoles, il

faut se demander ce qui peut bien rester de la gauche, car l'identification de la République, avec sa fonction éducative, autrement dit avec son école, est le fondement intellectuel sur lequel la gauche actuelle n'est plus qu'une caricature de son glorieux passé.

Tout au long du présent recueil, on trouvera soulignées les graves conséquences, non seulement pour la gauche mais pour la nation tout entière, de l'éclipse, voire de la quasi-disparition, de la social-démocratie. Un pays qui n'a de choix politique qu'entre l'alliance du centre et de la droite d'une part, et la coalition de toutes les droites, y compris celle qu'on qualifie d'extrême, de l'autre, est un pays hémiplégique, dans lequel la tentation de la violence, notamment à l'extrême gauche, devient une option chaque jour plus évidente.

4. Il existe justement dans la société politique tout entière un non-dit permanent, c'est la question de l'immigration. Elle a un double aspect : comment intégrer à la nation et à ses valeurs les immigrés ? Comment réguler l'afflux permanent d'immigrants à nos frontières ? Le simple fait de poser ces questions suffit aux yeux de certains pour devenir suspect de xénophobie, voire de racisme. C'est pourtant une question essentielle, sur laquelle sur nous sommes le dernier pays d'Europe à n'avoir pas su établir un consensus minimal entre la gauche et la droite. Comme l'ont souligné d'excellents esprits qui vont de Luc Ferry, ancien ministre de l'Éducation nationale, à Pierre Brochant, ancien directeur général de la DGSE, nous vivons désormais non dans une société de

citoyens, avec le sens de la responsabilité qui s'attache à ce terme, mais dans une société d'individus qui le plus souvent n'ont pas plus de liens entre eux que des billes dans un sac de billes.

Jusque-là, à la fin du XIXe siècle et au début du XXe, la République s'était alarmée de l'influence de l'Église catholique au sein du pouvoir. Le problème s'est trouvé résolu par l'effacement progressif et aujourd'hui quasi complet de l'Église en tant qu'institution temporelle dans notre société. Mais quid de l'islam ? La disparition des autorités morales laisse cette communauté minoritaire à peu près seule sur le champ déserté du rapport entre le politique et le religieux. La question religieuse a désormais tendance à se surimposer à toute question dans le champ politique.

5. Les journées que nous venons de vivre, au-delà de leur objet propre, qui est déjà fort malaisé à définir, posent la question de l'autorité dans toute son ampleur : l'État français s'est trouvé incapable d'exercer sa fonction première, celle de protecteur des citoyens.

Les émeutes se sont achevées comme elles ont commencé, de façon quasi instantanée. Où était l'État à la fin du mois de juin ? Je ne parle pas ici de la gendarmerie ou de la police, qui, à l'exception de l'horrible bavure initiale, ont exercé leurs fonctions de maintien et de rétablissement de l'ordre sans déclencher de nouveaux troubles : je parle ici de la légitimité présidentielle.

6. C'est ici qu'il faut bien évoquer la carence du président. Selon les sources du ministère de l'Intérieur, on a procédé à 3 486 interpellations, 808 gendarmes et policiers ont été blessés, on a dénombré 12 202 incendies sur la voie publique et 5 892 véhicules ont été incendiés, 1 105 bâtiments ont été attaqués et 269 postes de police ou de gendarmerie ont été agressés ; et tout cela sans qu'à aucun moment on entende, ne fussent que trois minutes, la voix d'Emmanuel Macron. Laissons de côté les régimes autoritaires et dictatoriaux, soit les trois cinquièmes des États à la surface du globe, et observons que dans la minorité restante de pays démocratiques, il n'en est aucun, je le dis paisiblement, aucun où pareille situation existe. Pas une seule fois, le président ne s'est adressé aux Français pour porter un diagnostic, fut-il embryonnaire, et montrer la voie, fut-elle provisoire. Le 17 avril 2023, dans une allocution censée mettre fin à la longue querelle des retraites, il avait déclaré : « Nous avons devant nous cent jours d'apaisement, d'unité, d'ambition et d'action au service de la France. »

Après tout, pourquoi pas ! Il avait fini par sortir vainqueur de la bataille : le moment était bon pour une relance. Pourtant, Emmanuel Macron est rarement heureux dans le maniement de l'histoire. Comment pouvait-il oublier, en annonçant ces cent jours, que ceux de Napoléon, au printemps 1815, s'étaient terminés, le 18 juin, par le désastre de Waterloo !

7. Et c'est précisément ce qui vient de lui arriver. Les Français de toutes origines ont vécu ces incroyables jour-

nées d'émeutes comme si Napoléon était déjà parti pour Sainte-Hélène, comme si l'État avait disparu et que son chef s'était absenté. On a beau interroger l'histoire depuis la Révolution française – oui, depuis la Révolution –, on ne trouve guère d'équivalent d'un tel affaissement.

Naturellement, le titulaire de la magistrature suprême porte une lourde part de responsabilité. Depuis trop longtemps, on dirait qu'il joue à cache-cache avec les Français. Il a la légitimité mais se montre peu capable d'en tirer l'autorité sans laquelle tous les rapports sociaux se transforment en rapports de force élémentaire et brutaux.

Mais il est vain de faire porter au chef de l'État la totalité de la responsabilité. Le déclin français, qui fait l'objet de ce livre, est un phénomène assurément complexe, fruit d'un individualisme forcené et de la faillite des élites, de toutes les élites ; on ne peut continuer longtemps à vivre ainsi dans le précaire et le provisoire. Ce que nous venons de subir inopinément met en cause le contrat social lui-même. Une chose, une chose seulement, devrait nous rassurer : c'est que la France est cet étrange pays qui ne choisit le renouveau qu'après avoir touché le fond et vécu le désastre dans toute son ampleur.

De ce point de vue, les plus grands espoirs sont permis !

INTRODUCTION

Contre la tentation du repli

Allons-nous sortir de l'Histoire ? C'est la question que je posais en 2019 lors de la publication d'un précédent recueil de chroniques du *Figaro*[1]. Il ressort clairement du contexte que ce « nous » désignait l'Europe, et plus largement l'Occident.

À la lumière de ce qui s'est passé depuis, et qui culmine depuis le 24 février 2022 avec l'agression de la Russie poutinienne contre l'Ukraine, il est permis de répondre par la négative. De façon surprenante, cette agression a donné à l'Europe une consistance dont on pouvait douter jusqu'alors, tant il est vrai que les guerres demeurent les grandes accoucheuses de l'Histoire. Sans même avoir besoin de se concerter, les diverses nations qui composent l'Europe, à commencer par les trois plus puissantes, Allemagne, France et Royaume-Uni, se solidarisèrent spontanément avec le peuple ukrainien, tout en évitant une extension du conflit, grâce à des livraisons d'armes sans lesquelles c'est le drapeau russe qui flotterait aujourd'hui

1. *Allons-nous sortir de l'Histoire ?*, Flammarion, 2019.

sur Kiev. Ajoutons que, les unes après les autres, les nations de la périphérie – Finlande, Suède au nord, Moldavie, Géorgie au sud – ont posé leur candidature à l'Union européenne ou à l'Otan, ou brûlent de pouvoir le faire, et se considèrent comme européennes autant que scandinaves ou caucasiennes. Certes, l'Occident, à mesure que les pays de l'ancien tiers-monde affirment leur identité, a cessé de dominer la planète, mais les valeurs auxquelles il s'identifie sont celles-là même dont se réclament les peuples qui se soulèvent pour leur liberté : il n'y a pas de déclin moral de l'Occident.

Il en va tout autrement de la France, emportée dans une spirale descendante dont les Français n'ont pas toujours conscience, totalement absorbés qu'ils sont par la querelle des retraites, mais qui domine la période actuelle. Hélas ! Hélas !

La boîte à gifles

Quand, dans une dizaine d'années, il sera devenu impossible d'ignorer plus longtemps le gâchis que nous avons laissé faire, ou pis, auquel nous avons donné la main depuis le début du nouveau siècle, au point de transformer le plus beau pays du monde, celui dans lequel la planète entière avait envie de vivre, en un ensemble confus, inconstitué, où règnent l'appauvrissement, l'endettement, l'enlaidissement, l'abêtissement, et pour tout dire en un lieu où la civilisation paraissait avoir élu domicile, l'ensauvagement généralisé, peut-être se présentera-t-il une chance de renverser l'ordre des choses, et un homme indépendant des partis pour incarner un sursaut.

Ouvrons d'abord la boîte aux chiffres, qui est pour l'orgueil national une véritable boîte à gifles, surtout si on la compare à celle de notre voisine, notre alliée mais aussi notre rivale, l'Allemagne : à savoir la désindustrialisation insensée d'un pays qui fut naguère l'un des plus industrialisés de la planète.

Commençons par un chiffre qui a sa responsabilité dans presque tous les autres : la place de l'industrie, en pourcentage du produit intérieur brut, est passée de 18,9 % en 2000 à 13,1 % en 2022, soit une perte d'environ un tiers. Tous ces fleurons qui faisaient la fierté de la France gaullienne, tels Pechiney (aluminium), Arcelor (acier), Thomson (électricité), ont cédé la place aux banques, aux équipements touristiques et culturels : une France sans industrie, car l'industrie était censée appartenir au passé. Pendant ce temps, la place de l'industrie en Allemagne était à peu près stable, passant de 26,6 % en 2000 à 24 % en 2022.

Je me suis très souvent inquiété, voire scandalisé du traitement négligent, condescendant même, de l'Allemagne à notre égard, d'Angela Merkel à Olaf Scholz, c'est-à-dire des chrétiens démocrates aux sociaux-démocrates. Le fameux axe franco-allemand n'est plus qu'un souvenir, et perdue avec lui l'autonomie stratégique de l'Europe qu'Emmanuel Macron cherche à faire renaître à grands coups de déclarations d'intention non suivies d'effet.

Quant au chômage, que les autorités françaises se flattent d'avoir fait baisser jusqu'à 7 % de la population active, il est en Allemagne de 3 %, soit deux fois et demie plus faible. Une bonne partie de l'incompréhension qui s'est installée entre la masse de la population française et le président Macron tient à cette contradiction : comment peut-on envisager de faire travailler des actifs de plus en plus tard, quand ils ne sont plus que 23 millions à le faire à plein temps sur une population de 67 millions d'habitants ? Et quand de surcroît on accueille une masse de plusieurs centaines de milliers d'immigrants chaque année ? Où l'on voit que l'attitude à l'égard de l'immigration ne dépend pas de notre bon cœur, mais de notre situation de l'emploi. Les Danois, et maintenant les Suédois, naguère si accueillants à l'immigré, ont adopté une législation restrictive qui ferait crier en France à la xénophobie, voire au racisme, les bons apôtres de la gauche insoumise et de la gauche bobo (c'est souvent la même).

Ajoutons à ce tableau démoralisant le bilan de nos échanges commerciaux : 110 milliards de solde négatif en 2021 contre 181 milliards de solde positif en Allemagne. Quel joueur pourrait faire bonne figure dans le jeu diplomatique avec une main aussi faible ? Pour couronner le tout, une dette qui s'élève à 113,4 % du PIB quand elle est de 66,6 % en Allemagne et qui nous met à la merci d'une brusque remontée des taux d'intérêt à l'échelle internationale. Conclusion : la tertiarisation de l'économie française, acceptée et même voulue par les économistes et entrepreneurs jobards du début du siècle, rime dangereusement avec sa tiers-mondisation. Je n'ai garde d'oublier le pire. Comme le souligne Pierre Vermeren dans sa magistrale synthèse *La France qui déclasse*[1], la crise de l'École est, aux côtés de la

1. Tallandier, 2019.

désindustrialisation, « l'autre pilier du malaise ». Inutile de mobiliser les grandes orgues de l'Indignation : les chiffres suffisent. Dans le classement PISA (Programme international pour le suivi des acquis des élèves) de décembre 2019, qui synthétise les trois résultats suivants : la compréhension de l'écrit, des mathématiques et des sciences, la France occupe le vingt-troisième rang après avoir été classée douzième en 2001. Comme le dit encore Pierre Vermeren, les tendances pédagogiques qui relèvent de la modernité et qui privilégient « l'éducation » au détriment de « l'instruction », au rebours de l'école de Jules Ferry, avantagent ceux des élèves qui trouvent à la maison les rudiments du lire-écrire-compter, au détriment de ceux qui sont livrés à eux-mêmes. Autrement dit, les élèves des milieux aisés au détriment des autres ? Bravo pour la pédagogie !

Feue l'école de la République

L'école publique, qui fit la gloire de notre République troisième du nom, est l'objet depuis une quarantaine d'années d'un désintérêt total non seulement des gouvernements, mais de la classe politique tout entière. Quand a-t-on pu assister à un débat digne de ce nom à l'Assemblée nationale sur le sujet ? Et Dieu sait s'il y aurait à faire. Comment est-il possible, comme l'a fait Emmanuel Macron, de passer sans crier gare, sans mot dire, d'une tentative cohérente et bienvenue, celle de Jean-Michel Blanquer, pour revenir aux fondamentaux de l'École grâce à des recettes éprouvées et validées par la recherche scientifique (ainsi par exemple l'apprentissage de la lecture par la méthode syllabique), à l'amateurisme d'un Pap Ndiaye, incompétent pour ce poste, avec, de plus, une tendance fâcheuse au wokisme. Quoi ! Pas une seule interpellation, pas une seule demande d'explication pour un tel tête-à-queue ? Et de la part d'Emmanuel Macron, pas le moindre commencement de justification ? Quoi ! Quand il est avéré que près de 29 % des élèves entrent en sixième sans savoir lire couramment, aucune réaction. Pas non plus une seule réaction chez les parents d'élèves, pourtant les plus directement intéressés. On fait grand cas aujourd'hui des tentatives de mixité sociale, visant à interdire aux bons élèves des catégories aisées d'avoir accès aux bons lycées des centres-villes, au profit des enfants des catégories moins aisées. Cela part d'un bon sentiment, mais tout ce chambard, toute cette course à l'échalote administrative, ne fera pas progresser d'un seul point le niveau moyen d'une classe d'âge. Il faut le répéter avec fermeté, quitte à encourir le courroux de tous les Trissotin, de tous les Diafoirus qui encombrent les allées de notre système éducatif, celui-ci n'a pas pour but de modifier la répartition des richesses dans la société – il y a d'autres moyens pour cela, de la fiscalité à l'action législative –, il a pour but de donner à la jeunesse, à toute la jeunesse, les connaissances et les mécanismes mentaux dont elle a besoin. « Emmanuel Macron a donné un formidable coup d'accélérateur à la déconstruction de l'Éducation nationale en actant la substitution de l'objectif de la mixité sociale à la transmission des connaissances et en euthanasiant le mérite pour le remplacer par des algorithmes », écrit très justement Nicolas Baverez dans *Le Figaro* du 23 avril 2023. Comment, au pays de Descartes, de

Pasteur, de Claude Bernard et d'Auguste Comte, une telle perte de confiance dans la place du savoir est-elle possible ? Pour expliquer l'affaissement moral, intellectuel et matériel de la société française, il n'est pas d'antécédent moins substituable que la perte de confiance dans la diffusion du savoir.

Si l'on voulait une preuve irréfutable de cet affaissement, il faudrait considérer la situation internationale et les échecs de plus en plus retentissants de notre diplomatie.

Le déclin français dans le monde

Certes, dans ces échecs, la responsabilité du président de la République Emmanuel Macron est personnellement engagée : il a une manière qui n'est qu'à lui de se brouiller avec ceux de ses égaux qu'il a entrepris de séduire. C'est une performance singulière d'entretenir en même temps des relations exécrables avec les chefs d'État algérien et marocain. L'inimitié qui règne entre ces deux derniers devrait normalement permettre à la France, l'ancienne puissance coloniale, de se faire une place particulière auprès de chacun d'eux. Or nous voyons que les relations avec ces deux têtes de file de la colonisation française sont au plus bas : le Maroc, irrité par les efforts du président Macron pour séduire son homologue algérien Abdelmadjid Tebboune, et ce dernier insensible à ces efforts. En dépit de la volonté de la France de tourner la page de la colonisation et de la guerre qui y a mis fin, ladite colonisation qualifiée de manière trop exclusive de « crime contre l'humanité », l'installation d'une commission mixte d'historiens pour en faire l'histoire véridique, on voit la partie algérienne préférer la « rente mémorielle » qu'elle constitue pour escamoter le régime dictatorial et les persécutions contre les meneurs du Hirak, qui fut la deuxième guerre des Algériens pour leur émancipation. La visite du président algérien, prévue les 2 et 3 mars 2023, a été reportée sur l'initiative, à ce qu'il semble, de la partie algérienne. Venant quelques semaines après l'annulation, pour cause de désordres consécutifs à la loi sur les retraites, de la visite du roi d'Angleterre Charles III, et avant la visite officielle du même Macron en Allemagne, prévue du 2 au 4 juillet 2023, cette nouvelle annulation, fût-elle provisoire, fait mauvais genre.

Dans l'Afrique subsaharienne, les choses ne vont pas mieux, avec le retrait piteux, du Mali et du Burkina Faso, des troupes françaises auxquelles les gouvernements locaux ont préféré les mercenaires de Wagner pour lutter contre le terrorisme islamique.

Constatons encore qu'au Proche-Orient, et plus particulièrement au Liban et en Syrie, longtemps zones d'influence française, nous sommes désormais absents, malgré les rodomontades d'Emmanuel Macron. Désormais, le président de la République tente en vain, à la limite du ridicule, de jouer un rôle de rand sur la scène internationale, échouant dans sa tentative d'organiser un cessez-le-feu dans le conflit ukrainien, puis à convaincre la Chine de jouer ce rôle d'intermédiaire, alors qu'elle est partie prenante aux côtés de la Russie.

Pour montrer le peu de cas que font de la France ses plus proches alliés – en l'occurrence les États-Unis, le Royaume-Uni et l'Australie –, il suffit de rappeler que, en vue de sceller leur alliance au sein du pacte Aukus excluant délibérément la France de la zone Pacifique, les trois puissances se sont mises d'accord pour annuler la commande australienne de douze sous-marins français à propulsion classique au profit de sous-marins américains, le 15 septembre 2021. C'est une humiliation sans précédent. On imagine mal les trois compères infligeant une telle mauvaise manière à un autre allié que la France.

Contre le crétinisme institutionnel

On pourrait continuer longtemps. Sous Macron, et en partie seulement par la faute de ce dernier, la France est allée d'insuccès en échecs et d'échecs en désastres. Elle se doit de réagir avec vigueur mais, pour ce faire, elle a besoin de retrouver sa puissance et d'imposer le respect.

En sommes-nous capables ? J'écris ces lignes à la lumière de cette crise des retraites, qui, succédant à celle des Gilets jaunes et de la pandémie de Covid, laisse la France, de haut en bas, quelque peu hébétée, sans perspectives autres que des feux de poubelles et des concerts de casseroles. Quoi qu'on pense de la question, et quelle que soit l'issue de cette crise, nous allons devoir tourner la page. La présidence macronienne paraît exténuée, le Parlement impuissant, les partis dévorés par la démagogie. Seuls les syndicats, qui étaient tombés très bas au cours des vingt dernières années, ont paru à la hauteur de leur tâche, et notamment la CFDT, qui, au terme d'une longue marche à travers l'histoire sociale contemporaine, a paru capable de maîtriser l'avenir.

Dans une telle situation, la classe politique tout entière,

de la droite à la gauche, de la majorité à l'opposition, sans parler des experts qui, dans le passé, se sont toujours trompés sur le diagnostic autant que sur les remèdes, propose de réformer les institutions, autrement dit de jeter bas le dernier pan de l'édifice que le général de Gaulle avait élevé pour nous rendre notre grandeur. Que nous prépare-t-on ? Eh bien, sous les apparences d'une VIe République, le retour de la IVe. C'est-à-dire la sortie du présidentialisme et le retour du parlementarisme. Dans son for intérieur, la classe politique tout entière n'a jamais accepté la Constitution de la Ve République, voulue par le général de Gaulle et la grande majorité des Français. Elle reste nostalgique de l'époque où le Parlement renversait tous les six à sept mois le gouvernement en place et organisait une rotation accélérée des postes ministériels. A-t-on bien conscience de ce que l'on nous propose ? Le retour à la toute-puissance d'une Assemblée nationale dont on a vu depuis son élection au printemps dernier ce dont elle était capable : un spectacle indigne, un effondrement intellectuel, l'absence d'une vision cohérente, des pitreries en guise d'opposition. Et, pour couronner le tout, pour être bien sûr que le pays restera ingouvernable, le retour de la représentation proportionnelle pour l'élection des députés. Cela part d'une logique imparable : puisque, accidentellement, aucune majorité ne s'est dégagée des dernières législatives ; eh bien institutionalisons cette absence de majorité grâce à la représentation proportionnelle qui, à la fin de la IVe République, nous avait conduits aux portes de la guerre civile et de la dictature. Comme si c'était d'une énième constitution dont nous avions besoin ! Ce crétinisme institutionnel cache le refus de toute remise en question, et surtout de toute volonté de faire prévaloir l'intérêt général sur les intérêts particuliers. Il y a bel et bien un problème systémique dans le fonctionnement des démocraties libérales, mais il n'est pas de nature institutionnelle, il concerne la répartition des opinions dans ces sociétés.

Fin de l'idée socialiste

Or, depuis l'effondrement du système stalinien, c'est-à-dire d'une dictature impérialiste déguisée en socialisme, ce dernier n'est plus une référence capable d'aimanter et de polariser les opinions de gauche, fussent-elles très modérées. Comprenons bien les enjeux du nouveau cours des choses. Jadis, la gauche n'était pas seulement l'une des deux branches de l'alternative gauche/droite qui dominait les choix politiques. À défaut d'être un programme, le socialisme était, pour la gauche tout entière, un horizon d'attente qui transformait le débat politique en choix de société. Aujourd'hui, il n'y a plus de corrélation entre les régimes idéologiques et les régimes économiques, telle que Marx la décrivait dans ses écrits politiques, sinon que le libéralisme politique se retrouve désormais exclusivement dans les pays capitalistes, tandis que la dictature, voire le totalitarisme, accompagnent presque systématiquement tous les pays continuant de se réclamer, contre tout sens commun, du socialisme et du communisme, comme la Chine. Le parallélisme économie/politique, qui fit longtemps la fortune de Marx dans les débats intellectuels, voire les choix électoraux, n'est plus. Même à l'extrême gauche, on ne se réclame plus du socialisme, mais de la « révolution » – Dieu sait laquelle – ou de « l'insoumission », qui décrit un trait de caractère plutôt qu'une option politique positive. De sorte que la gauche peut bien être un lieu de refuge pour quiconque entend exprimer son hostilité au capitalisme ou au libéralisme, elle n'a pas de contenu positif. D'où, en son sein, le primat du moralisme et l'absence de contenu programmatique, en dehors de grandes généralités. Conséquence : sur vingt-sept pays qui composent l'Europe, vingt-quatre sont gouvernés par la droite, ou une coalition des droites. Dans un certain nombre de ces pays, la gauche a pratiquement disparu, comme en Italie. Et là où elle est encore au pouvoir, comme en Allemagne, en Espagne, au Danemark, au Portugal, elle est d'une modération extrême, reprenant souvent le programme de ses adversaires, notamment en matière d'immigration. Le cas de la France est particulier, et laisse peu d'espoir à court terme à la gauche, dominée par son aile extrême et mélenchonienne, tandis que son aile modérée a du mal à prendre corps autour d'un leader incontestable. Or, plus encore que du temps de sa grandeur, la gauche n'a de chances d'accéder au pouvoir par la voie électorale que si sa fraction modérée est clairement dominante par rapport à sa fraction extrémiste. Cela est si vrai que les opinions de gauche ont tendance à se regrouper en dehors de toute option idéologique classique, par exemple autour de l'écologie, qui tient lieu de centre d'hébergement provisoire, ou autour des mots d'ordre populistes, qui sont la forme moderne de l'antipolitisme vulgaire, tel que jadis le poujadisme.

La vocation historique de la France

Pour la première fois depuis longtemps, les grandes options politiques échappent au cadre traditionnel de l'alternative gauche/droite. La France est à la croisée des chemins : ou bien – cédant à la facilité, avec la complicité de tous les partis, de tous les corps constitués, mais aussi de tout le bon peuple – elle aura pour ultime ambition de devenir, à l'ombre de ses monuments historiques, quelque chose comme une grande Suisse pieusement écolo en marge de l'Histoire – soleil, tourisme et pourboires. Ou bien elle continuera contre vents et marées à se penser comme un destin. Ce n'est pas facile, un destin, surtout au début.

La pensée d'un grand peuple, disait Bernanos, n'est pas la somme des opinions contradictoires de ses intellectuels, au hasard de leurs humeurs. « La pensée d'un grand peuple, c'est sa vocation historique[1]. » Elle ne se confond avec aucune autre. Il rejoignait ainsi Michelet qui voyait dans les nations « des universaux, une sorte de moyen terme entre la vie vraie de l'individu et la vie vraie du genre humain ».

La vocation historique de la France, je l'ai dit, c'est l'universalisme. Il n'a de sens que si elle prend les moyens de continuer à exister à l'échelle planétaire.

Le sursaut, donc, plutôt que le camping. Qu'on n'attende pas ici un programme. Je n'en ai ni la place ni les moyens. Vit-on jamais d'ailleurs l'entreprise d'invention ou de

---

1. Georges Bernanos, *La Liberté, pour quoi faire ?*, Gallimard, « Folio », 2017.

réinvention de la France reposer sur un programme ? Vit-on jamais Jeanne d'Arc, Louis XI, Henri IV, Louis XIV, Danton, Bonaparte, Clemenceau, de Gaulle, en porteurs de pancartes ? De programmes, nulle trace. Mais un projet : l'unité et la puissance françaises. Je me permets à titre conservatoire d'en énumérer les modalités.

1. *Il faut que la France redevienne une République*, c'est-à-dire un lieu sûr pour ses citoyens, égaux en droits et en devoirs. Il est intolérable que la police ait recours à la violence. Il est non moins intolérable qu'on ait recours à la violence contre la police. À l'État de protéger ses citoyens et ses agents.

2. *Il faut en outre que l'École redevienne*, non un champ d'expérimentation pour pédagogistes en folie, mais le creuset de la nation. Jean-Michel Blanquer l'avait compris. Mais quel chantier !

3. *Il faut que la France redevienne une puissance industrielle*. Chevènement et Montebourg avaient raison. Les mondialisateurs se sont conduits comme des bradeurs. La ré-industrialisation est la condition de la préservation et de la prospérité du pays, de son niveau de vie, de son emploi. C'est aussi la condition d'un partenariat efficace avec l'Allemagne. Aussi longtemps que la France continuera de décliner, tandis que l'Allemagne continuera de progresser, ce partenariat sera bancal et inefficace.

4. *Il faut que la France redevienne une espérance*, pour elle-même, mais aussi, si l'ambition n'est pas démesurée, pour les autres peuples. Le monde est de nouveau entré dans une zone de tempêtes et l'Europe à fondement franco-allemand est aujourd'hui le seul moyen de s'opposer à la folie crois-

sante des impérialismes rivaux. On n'imagine pas le changement que constituerait le brusque surgissement d'une parole européenne à vocation universaliste dans ce monde de barbares.

On l'aura compris, je ne suis ni populiste, ni nationaliste, ni souverainiste. Certes non. Mais je suis patriote. Je souhaite de toute mon âme que la crise actuelle de la conscience républicaine débouche sur un renouveau de la cohésion et de l'ambition française.

Comment faire ? Ni la droite, ni la gauche, ni le centre ne sont capables, ou à tout le moins désireux, de se lancer dans cette grande révolution patriotique. Le mieux que l'on puisse exiger d'eux, c'est qu'ils ne fassent pas obstacle au renouveau quand il surviendra.

Le chemin qui est esquissé ici n'a au départ pas plus d'une chance sur quatre de s'imposer à une nation pour le moment en plein désarroi. C'est plus que de Gaulle en juin 1940. À un moment donné, il y faudra une voix, une inspiration. Pour l'instant, je ne l'entends pas, non plus que vous, d'ailleurs. Il faut bien laisser sa part à la Providence[1].

---

1. Le présent ouvrage, *Chronique du déclin français*, fait suite à deux précédents recueils d'articles qui paraissent mensuellement dans *Le Figaro*, *Allons-nous sortir de l'Histoire ?* (Flammarion, 2019) et *Comment la gauche a déposé son bilan* (Champs actuel, 2022). Celui-ci comporte également des éditoriaux publiés chaque semaine dans *Marianne*. L'origine de chaque article, reproduit avec sa date de parution, est signalée par le logo du journal.

PREMIÈRE PARTIE

LE DÉCLIN FRANÇAIS

Depuis quand, nous autres Français, avons-nous cessé d'être heureux ? Bien difficile de le dire, car le bonheur est un sentiment rétrospectif qu'il est malaisé de dater. Mais on peut dire grossièrement que le changement dans nos humeurs a coïncidé avec le changement de millénaire.

Depuis que le déclin délibéré de la France, qu'il fut longtemps de bon ton de nier comme s'il s'agissait d'un radotage réactionnaire, mais qui en vérité est la toile de fond de tout ce qui se passe en France depuis le début de ce siècle, le mot le plus important n'est pas déclin, mais délibéré.

Certes, il y a quelque chose d'inévitable, c'est le déclassement relatif de la France par rapport aux mastodontes du nouveau millénaire, Chine, Inde : contre ce différentiel démographique, il n'y a rien à faire, sinon l'Europe. Mais dans la catégorie des puissances moyennes qui est désormais la nôtre, aux côtés de l'Allemagne, du Royaume-Uni, et bientôt de la Russie, nous perdons du terrain, et cela par notre faute : nous sacrifions jour après jour les instruments de notre puissance au profit de-là consommation. La France est désormais le dernier pays socialiste au monde, si l'on entend par là tous les instruments de la protection sociale. Les Français n'en ont guère conscience. Selon le mot si juste de Sylvain Tesson, la France est un paradis dont les habitants se croient en enfer. Il ne s'agit pas de remettre en cause cette espèce de socialisme réduit aux acquêts, mais au contraire de prendre les moyens de le protéger dans ce qu'il a de meilleur pour ses habitants. Il fau donc relancer les instruments de la puissance, savoir l'éducation et la recherche, ainsi que l'industrialisation.

Or nous sommes loin du compte. Au lieu de l'union nationale dont nous aurions besoin autour d'un programme minimum, à l'image de celui du Conseil national de la Résistance au sortir de la Seconde Guerre mondiale, les élites politiques ou prétendues telles n'ont qu'une idée en tête : le bricolage institutionnel. Or nos institutions politiques, telles que les a voulues le général de Gaulle et le peuple d'alors avec lui, sont la dernière chose à changer dans un pays qui a tant besoin de réformes. C'est une question de volonté. Au moment où il est de bon ton de remettre en cause la valeur « travail », il serait nécessaire de se rappeler le slogan du Parti communiste français (25 %) à la Libération : « Retroussons nos manches, cela ira encore mieux ! ».

1

France : un déclin délibéré

5 décembre 2022

Comme aujourd'hui les choses changent, et avec quelle vitesse ! Les choses, ou plutôt la perception que nous en avons. Tenez : naguère encore, il était du dernier ridicule de soupirer, s'agissant de la France, que « c'était mieux avant » : c'était là le fait d'un esprit immobile et même rétrograde. Aujourd'hui, qui ne souscrirait au jugement implicite contenu dans le titre du livre brillant de Franz-Olivier Giesbert *La Belle Époque*[1], qui traite des années Pompidou et Giscard, c'est-à-dire de nos années 1970 ? En parler comme de la « belle époque », c'est sous-entendre que la nôtre l'est beaucoup moins.

Les reculades françaises

Commençons par le commencement, c'est-à-dire la natalité. C'est la vigueur de cette natalité qui a fait de la France la première puissance européenne à l'époque de Louis XIV, de

1. Gallimard, 2022.

la Révolution française, de Napoléon Ier, de Napoléon III, et encore près de nous de Charles de Gaulle. Las ! En 2020, avec 740 000 bébés, la France a enregistré son niveau le plus bas depuis 1945, même si un léger sursaut, dû peut-être au confinement, a été enregistré l'année suivante. En tout cas, l'avantage relatif de la France par rapport aux autres puissances européennes n'a cessé de diminuer. Elle est en train de perdre la bataille des berceaux.

Continuons avec l'éducation, qui est plus que jamais la mère de toutes les batailles. Tout le monde ou presque connaît les classements PISA (Programme international pour le suivi des acquis des élèves) qui mesurent les performances des différents pays. J'ai beau avoir été un très médiocre élève en mathématiques, mon cœur saigne qu'au pays de Blaise Pascal, d'Évariste Galois et d'Henri Poincaré, la France ne soit classée qu'au vingt-troisième rang dans cette discipline reine, loin derrière la plupart des grands pays asiatiques, mais aussi les États-Unis, le Royaume-Uni, l'Allemagne et la Pologne (enquêtes 2018).

Dans les disciplines littéraires, et notamment l'enseignement du français, les choses ne vont pas mieux. Il est invraisemblable que des « méthodes de psychologie inacceptables », telles que la lecture globale, selon le conseil scientifique de l'Éducation nationale, continuent d'être utilisées en cours préparatoire (selon Caroline Beyer dans *Le Figaro* du 2 novembre dernier), alors que depuis des années elles ont fait la preuve de leur nocivité.

Dans mes rêves les plus fous, j'imagine le président de la République me nommant pour une durée limitée d'un mois – que dis-je ? d'une semaine – ministre de l'Éducation nationale, le temps de donner rue de Grenelle et dans ses tentacules un grand coup de balai au royaume de l'incompétence et de l'imposture. Mais non, il a nommé Pap Ndiaye. Comment attendre le redressement de la part d'un homme qui apparemment ne croit guère à l'universalisme républicain, et qui ne s'en cache pas quand il est à l'étranger ? Quand donc Emmanuel Macron, beaucoup plus politicien qu'on ne le dit, cessera-t-il de se servir de la nomination des ministres comme prétexte à « faire des coups » au lieu de nommer des gens compétents et énergiques ?

Dépêchons-nous, mes enfants, dépêchons-nous, comme disait Péguy. Au tour de l'industrie maintenant. Il a fallu que la France, qui était en train de perdre son leadership européen en matière agricole (cette agriculture qui a fait la IIIe République), devienne simultanément un pays industriellement sinistré, par le choix de nos élites, nées malignes, qui avaient inventé, à la fin du siècle dernier « l'industrie sans usines », le tout-au-tertiaire. Résultat, la part de l'industrie dans le PNB est passée en un quart de siècle de 20 à 10 %, un score digne du tiers-monde. Le décrochage d'avec nos amis allemands est devenu irrémédiable.

Des étourneaux malfaisants

J'ai gardé pour la fin – il y aurait tant d'autres secteurs à considérer – le pompon, le chef-d'œuvre absolu de nos écologistes, ces étourneaux malfaisants, à savoir le saccage de notre parc nucléaire, encore un don posthume du général de Gaulle. La crise mondiale de l'énergie, qui ne fait que commencer, nous permet de mesurer l'imbécillité à l'état pur que fut le renoncement volontaire à notre avance dans ce domaine. Fessenheim est un nom qui a tout pour devenir le symbole de la sottise des élites. Qu'il me soit permis de saluer ici la mémoire de mon ami très cher, Georges Besse, le concepteur de Pierrelatte, l'un des pères du nucléaire pacifique, l'un de ces grands capitaines d'industrie au service de l'État, à qui on demanda en catastrophe de sauver la régie Renault, autre symbole de l'État entrepreneur qui devrait avoir les faveurs de la gauche. Ce qu'il fit avec son énergie, son patriotisme, son sens de l'État. C'est cet homme exceptionnel que les Brigades rouges à la française (Rouillan, Ménigon et compagnie) assassinèrent lâchement, stupidement, ignoblement. Mais en mars dernier Rouillan a pu donner une conférence à l'université… de Bordeaux.

À quoi il faut ajouter l'incurie d'EDF, incapable d'assurer l'entretien des centrales nucléaires dans un délai raisonnable : actuellement 21 réacteurs – 21 sur 56 – sont en réparation.

La fin, vraiment la fin ? Pas tout à fait : il manquait la contribution propre d'Emmanuel Macron à ce masochisme suicidaire, à savoir la destruction méthodique de l'État, qui commence par la suppression de l'ENA (on ne saura jamais pourquoi), qui continue par celle des grands corps administratifs (diplomatiques, préfectoraux, inspection). Cet appauvrissement délibéré des moyens d'action de l'État s'accompagne d'un recours massif aux cabinets de conseil extérieurs, qui viennent valider l'idée que cet État n'a plus les ressources pour diagnostiquer ses propres insuffisances et pour y porter remède. En libéral pur égaré dans la politique, l'actuel président de la République pense que « l'État est le problème ». C'est du reste, à ma connaissance, le seul homme politique français à user du terme d'« État profond » propre à la droite populiste américaine.

J'ajoute enfin à ce bilan des abandons de la période récente, la dégradation dans les élites du climat intellectuel et des outils conceptuels dont Mai 68 avait fait une joyeuse ripaille. C'est ainsi que nous avons vu le sexe se dégrader et s'exaspérer en genre, la libération des femmes en féminisme sécessionniste, l'anticolonialisme en nostalgie décoloniale, l'antiracisme en racisme identitaire, l'universalisme en différentialisme, le projet autogestionnaire en individualisme forcené. Les idées meurent aussi en une interminable agonie, et sous prétexte d'extension, se gigantisent et s'affaissent sous leur propre poids. C'est cette dégénérescence que nous vivons.

Si l'on ne voulait qu'une preuve de ce déclin français, c'est dans les échecs de notre politique étrangère qu'il faudrait aller la chercher : dans leurs rapports, les États ne font pas de sentiment et ne respectent que la force. Certes, il faut tenir compte de la maladresse propre d'Emmanuel Macron, de ses foucades et de ses inconséquences. Mais au-delà, la liste de ses déconvenues s'allonge chaque jour. La France a été obligée de quitter le Mali, où elle est remplacée par la Russie, ou plutôt Wagner ; le Liban, après les rodomontades du président, où nous ne comptons plus guère. Le pire affront nous a été infligé par nos chers alliés australiens, mais aussi américains et britanniques, avec l'annulation brutale (15 septembre 2021) de la commande de douze sous-marins par l'Australie à la France au profit des Américains. Agit-on ainsi avec un État que l'on respecte ? Il y a une trentaine d'années, l'Allemagne – qui s'en souvient ? – était qualifiée d'« homme malade de l'Europe ». Aujourd'hui, c'est la France qui est passible d'un tel qualificatif, et du reste l'Allemagne fait preuve d'une désinvolture croissante à l'égard du prétendu « couple franco-allemand », auquel nous sommes désormais les seuls à nous référer. Que d'humiliations en si peu de temps !

Sottise des gens intelligents

Or ce tableau trop long et pourtant très incomplet n'avait qu'un but : montrer que le déclin français, que tout le monde a fini par reconnaître, n'est pas dû à des causes extérieures, auxquelles il eût été impossible de résister. Notre déclin, nous l'avons fabriqué de nos propres mains, par démagogie sans doute, mais surtout par inintelligence des situations, et même, disons le mot au pays qui s'enorgueillit sans cesse du rôle de ses intellectuels, de la sottise la plus difficile à combattre, celle des gens intelligents.

Prenons l'exemple de la natalité. Certes, il existe dans le monde développé une tendance générale à sa réduction. Mais les marges restent importantes. Or s'il a existé en France quelque chose de commun à la IIIe République, au régime de Vichy, et à la IVe République, c'est bien, contre vents et marées, l'encouragement à la natalité. C'est cette continuité politique qui est rompue en 2014, sous François Hollande, quand on décide de subordonner les allocations familiales à des conditions de ressources. Même chose en ce qui concerne le quotient familial. Pourquoi, sur cette lancée, ne pas supprimer la gratuité de l'enseignement obligatoire ? Après tout, si les plus riches n'ont pas besoin de l'aide de l'État pour nourrir leurs enfants, ils n'en ont pas besoin non plus pour les faire éduquer. En revanche, l'universalisme des aides a une signification profondément ressentie : c'est la volonté de mettre en œuvre, au-delà des inégalités, une société cohérente. Quand l'égalitarisme l'emporte sur l'universalisme, c'est l'essence même de la République qui est secrètement mise en cause.

Il ne serait pas difficile de démontrer – je laisse au lecteur le soin de le faire – que, dans tous les cas évoqués plus haut, l'école, le nucléaire, ce sont des choix délibérés, au nom d'autres objectifs, qui ont conduit au déclin. Partout, si « le niveau baisse », c'est qu'on l'a bien voulu.

La politique en question

Est-il possible d'inverser la tendance ? L'exemple allemand, évoqué partout, en est la preuve. Dans un pays aux mille ressources, le problème cardinal est de les mobiliser et de les fédérer.

Les partis en sont-ils capables ? Je réponds clairement non, par incapacité structurelle. Malgré le rôle que leur reconnaît la Constitution de la Ve République, leur concours à l'expression du suffrage, ils sont organisés pour défendre les intérêts de clientèles particulières. Cela n'est pas déshonorant, mais ne répond pas à la question posée. Il s'agit en effet de subordonner tous les intérêts particuliers à l'intérêt général. Ce n'est pas par hasard, ni même par antiparlementarisme systématique, qu'à l'aube du Consulat, du Second Empire, de la Vᵉ République gaullienne, les partis ont été plus ou moins énergiquement écartés des affaires par un homme et son équipe, appuyés sur un large consensus populaire, vérifiés par plébiscite ou référendum. Et l'espèce de parlementarisme rampant qui a cours aujourd'hui en France, à cause de l'absence de majorité absolue autour du chef de l'État, ne fait que confirmer l'incapacité des partis dans des circonstances exceptionnelles. On ne voit ni à gauche ni à droite l'apparition d'un grand dessein ou d'un leader incontestable. D'évidence, Emmanuel Macron s'est montré incapable, faute de continuité ou peut être d'imagination, d'être l'homme d'un dessein national. À défaut d'être de Gaulle, il eût pu au moins être Pompidou ou Giscard. À défaut d'un destin, un dessein… C'est raté. Seul, dans l'opposition, Jean-Luc Mélenchon était susceptible, à l'image de son mentor d'hier François Mitterrand, de fédérer autour d'un projet patriotique d'abord toute la gauche, et dans la foulée toute la France. Il ne l'a pas voulu. Tant pis pour lui, tant pis pour nous. Ce que les Français ressentent, c'est l'impuissance de la classe politique tout entière, ou peut-être de l'instance politique elle-même.

Pour un nouveau patriotisme

Il est tout de même stupéfiant que dans tous les baromètres mesurant la popularité des hommes politiques, aucun d'entre eux, qu'il soit de gauche, de droite ou du centre, de la majorité ou de l'opposition, n'obtienne un solde positif. Tous dans le rouge !

Le sens d'un pareil désaveu, même s'il n'est pas nouveau, est clair : la France ne se redressera pas sans un investissement massif des citoyens – on disait naguère la société civile – dans le politique proprement dit, et non dans la seule revendication catégorielle. On n'oubliera pas que le retour de De Gaulle au pouvoir (1958) fut précédé, accompagné, conforté par l'investissement dans la politique des grandes centrales syndicales, la multiplication des associations à but civique, une floraison soudaine de clubs. Il ne s'agit nullement de renforcer la gauche ou la droite, mais d'inventer ou de redécouvrir un nouveau patriotisme, prenant des chemins inattendus. En 1958, parallèlement au retour du Général, fut fondé le club Jean-Moulin, dont les animateurs, parmi lesquels Daniel Cordier, ancien secrétaire du héros de la Résistance intérieure, pensaient devoir s'opposer à l'autoritarisme du Général. Au bout d'un certain temps, ils devinrent les cadres intellectuels et techniques du nouveau régime. Aujourd'hui j'espère, je réclame, je pressens la naissance dans le peuple et dans les élites d'une nouvelle citoyenneté, d'un nouveau patriotisme qui, dépassant sans les récuser les critères traditionnels de la gauche et de la droite, permettrait la renaissance d'un projet national. Après, il ne resterait plus à son tour à l'Histoire qu'à faire son travail.

2

Le grand déclassement : la France en miettes

7 décembre 2020

« Hé quoi ? Pas un visage ? Pas un nom ? Pas même une idée, fût-elle négative ? »

François Mauriac, *Le Bloc-notes*[1].

Déclassement ! J'ai longtemps renâclé à ce mot qui avait commencé à circuler au printemps dernier. Et puis, il a bien fallu se rendre à l'évidence. On doit la vérité à qui l'on aime, surtout quand cette personne est la France. Elle ne va pas bien, la France, elle baisse, comme on dit des vieilles gens, elle descend en deuxième division, comme on dit au football.

Et cela pour de multiples raisons. D'abord parce que notre siècle est la revanche des grands espaces sur les petits, des vastes champs de labour sur les jardins de curé. Or la Russie, la Chine, les États-Unis, l'Inde, le Brésil sont à eux seuls des quasi-continents, quand la France n'est que la pointe avancée d'un promontoire.

Ensuite et surtout, parce que nous sommes las de nos gloires passées qui ne disent plus rien à notre jeunesse. Dans

1. Robert Laffont, « Bouquins », 2020, tome I, p. 146.

notre for intérieur, nous avons déjà secrètement acquiescé à notre déclin. Les efforts et les sacrifices que les Français ont dû consentir pour accompagner Louis XIV, Napoléon et pour finir Charles de Gaulle dans leur quête de la grandeur, ils ne sont pas disposés à les renouveler. Notre affaissement actuel a commencé en 1918, quand nous sortîmes vainqueurs, mais épuisés, de notre combat contre l'Allemagne. Or voilà que la pandémie de Covid nous dit tout haut ce que nous nous murmurions tout bas.

Le renoncement à la puissance

D'abord que la France n'est plus une grande nation industrielle, quand l'industrie demeure une des bases essentielles de la puissance. Nous avons besoin d'importer de Chine des substances pharmaceutiques élémentaires comme le paracétamol. Résultat : l'industrie pharmaceutique française est à la traîne, et c'est un crève-cœur de voir le pays de Pasteur distancé dans la course au vaccin par les États-Unis et la Russie, mais aussi par l'Allemagne et le Royaume-Uni.

Ce n'est qu'un exemple révélé par la crise. Nos élites financières mondialisées ont poussé à la vente, suivie du dépeçage, de nos fleurons industriels, tels Thomson (électronique), Arcelor (acier), Lafarge (ciment), Péchiney (aluminium) et, pour partie, Alstom (transports). Anecdote : on a fermé la carrière de grès rose de Fréhel (Côtes-d'Armor) parce qu'il était plus commode de l'importer de Chine... Songeons que l'agriculture française, la première d'Europe, et longtemps notre fierté, ne cesse de perdre du terrain et que son bilan commercial net sera bientôt négatif. Hormis quelques secteurs de pointe, comme l'aéronautique, héritage de l'ère gaullienne, notre économie, fondée essentiellement sur la finance, les assurances, les services et le tourisme, sous prétexte de se tertiariser tend à se tiers-mondiser.

C'est Chevènement et Montebourg qui avaient raison, et je me reproche de ne les avoir pas soutenus. D'autant plus que tabler sur l'industrie plutôt que sur la finance est sans doute en régime capitaliste la meilleure façon de s'opposer à l'arrogance et au cynisme de l'argent.

Résultat : nous ne sommes plus compétitifs, et, dans la confrontation avec nos amis allemands, nous ne cessons de reculer. Ce n'est pas là seulement question d'amour-propre : pour édifier un ensemble franco-allemand, nécessaire à l'affirmation de l'Europe comme puissance politique à l'échelle mondiale, il faut que les deux composantes soient à peu près sur pied d'égalité. Or nous allons sortir de la pandémie proprement essorés, tandis que la prépondérance allemande sera renforcée.

Fin de la classe ouvrière

L'autre conséquence de la désindustrialisation, c'est qu'il n'y a plus en France de classe ouvrière. J'entends par là un monde du travail organisé, fier de soi, de ses combats contre l'exploitation matérielle et l'aliénation morale – « une société d'hommes fiers et libres », selon le mot de Fernand Pelloutier. La France n'a jamais été aussi grande, aussi rayonnante que lorsque la classe ouvrière, au-delà de ses revendications habituelles, s'affirmait, comme en 1906, en 1936, en 1945, partie prenante de la nation, et disposée à prendre une place de premier plan à sa direction politique. Il a toujours existé dans le syndicalisme français, à la CGT comme à la CFDT, cette haute exigence intellectuelle qui élevait l'individu au-dessus de lui-même, autrement dit cette « morale de producteurs » (Georges Sorel), sans laquelle le socialisme cesse d'être une représentation collective porteuse d'émancipation et n'est plus que la piteuse défroque du totalitarisme.

Ce que l'on nous propose à la place, ce revenu universel sorti tout droit des officines ultralibérales de l'école de Chicago, peut être momentanément nécessaire, mais consacre le passage du statut de travailleur à celui d'assisté pour un nombre croissant d'individus. C'est l'antisocialisme par excellence.

Fin de l'ambition intellectuelle

Le deuxième recul français concerne l'enseignement et la recherche. Ici, au contraire, je ne cesse depuis des années de donner de la voix au risque de m'égosiller. Comment la classe politique tout entière peut-elle regarder sans rougir cet inexorable recul de l'école française dans tous les classements PISA, par rapport aux autres pays européens ou extrême-orientaux ? Comment considérer sans rire à gorge déployée le destin du baccalauréat, qui, de couronnement des humanités secondaires, est devenu, comme le revenu universel, une forme imprescriptible des droits du citoyen au diplôme, en dehors de toute exigence de niveau ? Comment, surtout, constatons-nous sans réagir une désaffection croissante pour les études scientifiques, notamment en physique et chimie, dans l'enseignement supérieur ? Certes, le phénomène n'est pas propre à la France, il n'en est pas moins préoccupant par ses conséquences, en particulier le recul de l'esprit scientifique dans la population. En témoigne la défiance croissante à l'égard des vaccins, pour des raisons le plus souvent fantasmatiques. Avant même la crise du Covid-19, le pays de Pasteur était, encore lui, de loin en Europe l'un de ceux où la défiance antivaccinale était la plus élevée, atteignant près du tiers de la population ; depuis, comme on l'a vu avec le succès viral de *Hold-up*, la France est devenue terre d'élection des thèses complotistes les plus débiles. Comme si la désaffection croissante à l'égard de sa religion fondatrice, le christianisme, s'accompagnait de formes de plus en plus marquées de superstitions primitives.

Oui, notre école est à reconstruire. Il faut en finir une fois pour toutes, comme l'a bien vu Jean-Michel Blanquer, avec les thèses infantilisantes qui prétendent mettre l'élève au centre, et rétablir le savoir et la raison au cœur du dispositif. Ce n'est plus, comme jadis, affaire de droite et de gauche. Le combat commun à Aristote, saint Thomas d'Aquin, Condorcet, Einstein est un combat pour la civilisation (en allemand *Kulturkampf*) contre les ténèbres de l'ignorance et la résurgence du cerveau reptilien.

C'est une chose étrange et inédite, comme si, en négligeant son esprit éducatif, la France avait perdu aussi son souffle créateur. Depuis quand ne s'est-il pas levé sur notre sol un grand écrivain, j'entends un de ces écrivains-époque qui, au-delà de son génie propre, permet à tout un peuple de se reconnaître et de communier dans son avenir, à la façon de Rabelais, Molière, Voltaire, Balzac et Hugo ? Déjà, les grands du XXe siècle, les Proust et les Claudel, sont demeurés les écrivains d'une élite.

Un juin 40 à la petite semaine

Le seul nom qui se détache aujourd'hui est celui de Michel Houellebecq. C'est à coup sûr le meilleur sociologue d'un pays sans cesse à la merci d'une crise nerveuse et qui s'enfonce inexorablement dans la dépression. Il ne serait pas difficile de faire la même démonstration à propos de la peinture, de la musique ou encore des sciences humaines. Où sont les Picasso et les Matisse, les Messiaen et les Boulez, les Braudel et les Lévi-Strauss d'aujourd'hui ? La conséquence de cette baisse de potentiel généralisée, c'est une société en voie de fragmentation, comme nous en avertissaient depuis des années Christophe Guilluy ou encore Jérôme Fourquet, qui parle d'archipellisation.

Nous avons vu les ouvriers, les artisans successivement chassés des grandes métropoles, puis des banlieues elles-mêmes, pour laisser place à l'affrontement anxiogène de la bourgeoisie mondialisée et du prolétariat sans travail des immigrés ; nous avons vu la jeunesse de la France périphérique privée de tout espoir, les classes moyennes en état d'insurrection hebdomadaire, comme l'a montré l'épisode des Gilets jaunes.

Nous avons vu les écarts de salaires exploser, passant au

sein des grandes sociétés de 1 à 50 lors des Trente Glorieuses à 1 à 500 aujourd'hui, comme l'a souligné Pierre Vermeren[1] ; nous avons vu, dans ce que l'on ose encore qualifier de culture de masse, la population exposée à la hantise des feuilletons, à l'obsession de la pornographie, aux progrès de la drogue et d'une économie parallèle bien plus florissante que l'autre... On pourrait continuer. Nous avons le sentiment de vivre un juin 40 à la petite semaine.

Fin du primat de l'intelligence.

Aucun des problèmes multiples que connaît la France ne serait insoluble, tant ses ressources naturelles et humaines sont considérables, si elle était enfin dirigée. Ce n'est pas de commandement que nous manquons le plus, mais de direction. Il n'y a plus personne, ni dans la famille, ni à l'École, ni à l'Église, ni dans l'État pour proposer des normes communes et orienter les intelligences et les énergies vers des objectifs communs. Nous sommes tombés par étapes successives dans les pires formes de l'anarchisme petit-bourgeois, qui ne doit rien à Proudhon ni à Bakounine, mais qui se complaît dans l'individualisme égoïste et le consumérisme du veau qui tête.

Les deux grands problèmes sociaux du moment, la réconciliation de la France périphérique avec la France mondialisée, l'intégration des immigrés à la communauté nationale supposent un projet qui fédère les cœurs et les

1. Pierre Vermeren, *La France qui déclasse. Les Gilets jaunes, une jacquerie au XXIe siècle*, Tallandier, 2019, à qui les réflexions ci-dessus doivent beaucoup. Voir aussi Marcel Gauchet, « La vérité de cette crise, c'est le déclassement français », *L'Express*, 13 mai 2020.

intelligences. Comment espérer détourner la jeunesse musulmane des séductions de l'islamisme politique si on n'a à lui proposer qu'une caricature de modernité à base d'aides sociales et de vacances forcées ?

Que reste-t-il de la France si elle renonce à être le parti de l'intelligence ? Le jour où l'on apprit que, sous prétexte de ne pas défavoriser les étudiants d'origine modeste, le rapport Thiriez proposait la suppression de l'épreuve de culture générale à l'oral du concours de l'ENA, il devint évident que l'égalitarisme était devenu le nom hypocrite du renoncement. Décidément, la France fait aujourd'hui beaucoup d'efforts pour devenir bête.

Car il serait illusoire de compter sur ceux que l'usage nous contraint à appeler les élites pour résister à cette ruée collective vers le déclassement. Ainsi en politique. Si Emmanuel Macron doit être réélu dans dix-huit mois, il le devra d'abord à la faiblesse de la concurrence. La gauche continue de creuser obstinément son tombeau en abandonnant en rase campagne les classes populaires. C'est pitié de voir Jean-Luc Mélenchon sacrifier son intelligence et sa culture aux démons du ressentiment et de la démagogie. C'est pitié plus grande encore de voir ces mêmes classes populaires, écœurées par la désertion de leurs défenseurs traditionnels, en être réduites à se reporter sur Marine Le Pen, qui ne fait manifestement pas le poids. Certes, il existe au sein de la classe dirigeante des individus conscients des enjeux et dotés de l'intelligence politique nécessaire. Mais aucun d'entre eux ou d'entre elles ne possède le leadership capable d'entraîner une large adhésion, sauf peut-être Xavier Bertrand, qui propose un référendum sur la laïcité, la sécurité et l'immigration (lire nos éditions du 5 décembre). Le résultat, c'est que la France a cessé d'être gouvernée, elle n'est qu'administrée, et le pouvoir réel appartient aux hautes sphères de la fonction publique. Beaucoup des absurdités que chacun dénonce depuis un an proviennent de ce que la France est tout à la fois suradministrée et sous-gouvernée. La forme du parti est à ce point discréditée que, l'une après l'autre, les formations politiques l'éliminent de leur appellation. On se définit désormais par une manière d'être plutôt que par une appartenance : insoumis, marcheurs, républicains. Le Parti socialiste, un des derniers survivants, s'apprête à sauter le pas : les « socialistes » à la place de « Parti socialiste », proposé par François Hollande. On est saisi d'effroi devant de tels bouleversements… La vérité, c'est qu'aucun parti n'offre aux Français une perspective d'avenir crédible. Le projet des Insoumis est celui de la guerre sociale ; celui des Verts, un bégaiement monomaniaque (le réchauffement climatique) ; celui du Rassemblement national, une causalité obsessionnelle (l'immigration). Le projet saint-simonien[1] de Macron (les think tanks + le numérique, à la place des Soviets + l'électricité de Lénine) était un programme pour temps calme et faisait l'impasse sur la désespérance des classes populaires (retraites, Gilets jaunes), sur la guerre larvée que nous mène l'islamisme, sans parler des accidents imprévisibles de la conjoncture (Covid-19), de sorte que le Macron de 2020 n'a plus rien à voir avec celui de 2017.

Au fond, tout le monde, sans le dire, rêve, à défaut de

1. Frédéric Rouvillois, *Liquidation. Emmanuel Macron et le saint-simonisme*, Cerf, 2020.

l'homme-providence, d'un de Gaulle collectif[1] qui, appuyé sur la réforme intellectuelle et morale qu'appellent les grandes épreuves, réunirait les Français autour d'une ardeur partagée.

Ici le rôle du commentateur prend fin. À l'Histoire de jouer.

1. Éric Thiers, « La mystique constitutionnelle gaullienne : l'ombre portée du Général », *Pouvoirs*, n° 174, 2020.

3

L'éclipse étrangère

6 février 2022

Cela devient très préoccupant : non content de se fâcher avec la majorité des Français sur la réforme des retraites, Emmanuel Macron est en train, sous des prétextes divers, de nous brouiller avec la terre entière. Prenons l'exemple de nos relations avec l'Algérie et avec le Maroc, deux pays issus de l'empire colonial français, qui, depuis leur indépendance, sont à couteaux tirés au sujet du Sahara occidental et, plus largement, bataillent pour la quête du leadership au Maghreb. Le b.a.-ba de la diplomatie est de jouer des relations entre nos divers interlocuteurs, selon le principe : les ennemis de nos ennemis sont nos amis. Ainsi, la glaciation de nos relations avec le Maroc devrait normalement faciliter nos rapports avec l'Algérie. Et inversement, au gré des humeurs et des stratégies des uns et des autres. Avec Macron et son trop célèbre « en même temps » rien ne marche comme cela : nous sommes aujourd'hui conjointement en froid avec le Maroc et avec l'Algérie.

C'est en soi une sorte de tour de force diplomatique. Chez Macron, les ennemis de nos ennemis restent nos ennemis. Tout se passe comme si l'équation propre à Macrondiplomate était à chaque instant un mélange indéfinissable de rouerie intellectuelle et de naïveté juvénile, sur fond de confiance démesurée dans ses capacités de séduction. Il est impossible d'entrer ici dans les détails tant les péripéties sont nombreuses et contradictoires. S'agissant de l'Algérie, on ne saurait « en même temps » l'accuser de se servir de son passé colonial comme d'une « rente émotionnelle » et qualifier d'autre part la colonisation de « crime contre l'humanité ».

Beaucoup de choses sont à l'avenant. S'agissant de la guerre en Ukraine, on ne peut à la fois livrer des armes aux Ukrainiens et même se porter à l'avant-garde pour la livraison des chars et, « en même temps », demander que l'on n'humilie pas la Russie. Vous imaginez un instant de Gaulle en 1942 recommandant depuis Londres aux Alliés de ne pas humilier l'Allemagne de Hitler ? « Diplomatie de Gribouille », disaient justement nos confrères de *L'Express* la semaine dernière. On ne peut pas non plus, quand on veut jouer dans la cour des grands, faire le diplomate pendant trois jours avec le président chinois et jouer à l'éditorialiste fantasque dans l'avion du retour : l'abandon sans crier gare des Taïwanais, le quasi feu vert donné à la Chine totalitaire d'envahir l'île jouissant d'un régime démocratique, tout cela qui sonne comme un remerciement à Xi Jinping de l'avoir accueilli, sans d'ailleurs lui faire aucune concession : cette légèreté est indigne d'un homme politique responsable.

Continuons notre tour du monde des échecs et des humiliations de la France. Il suffit de passer du Maghreb à l'Afrique subsaharienne pour voir, au Mali et au Burkina Faso, autres *membra disjecta* de notre empire colonial, nos troupes installées à la demande des autorités locales pour lutter contre le terrorisme obligées de plier bagage à la demande de ces mêmes autorités afin de céder la place aux mercenaires russes de Wagner. Ici, ce n'est pas le président de la République qui est à incriminer, mais la France tout entière. Une pareille humiliation permet de mesurer la perte de crédit dont elle souffre à travers le monde.

Pis : l'affaire des contrats de livraison des douze sous-marins à propulsion conventionnelle conclus avec l'Australie, et dénoncés en 2021, comme pour sceller l'alliance de ce pays avec les États-Unis et le Royaume-Uni, qui élimine sans phrase la France de cette partie de monde. Imagine-t-on pareille offense à la France du général de Gaulle ? Les États-Unis et le Royaume-Uni sont nos alliés dans le cadre de l'Otan, c'est-à-dire dans la zone Atlantique, mais ils se conduisent en concurrents, voire en adversaires, dans la zone Pacifique.

On pourrait encore mentionner la perte totale d'influence au Proche-Orient : malgré les promesses d'intervention d'Emmanuel Macron, le Liban, ancien mandat français, est plongé dans le chaos. Même carence de la France quand il faudrait empêcher l'Azerbaïdjan d'écraser la communauté chrétienne du Haut-Karabakh.

Pour couronner cette revue rapide et incomplète des reculs français sur la scène internationale, comment ne pas mentionner les tentatives dérisoires, à la limite du ridicule, de la France pour imposer son arbitrage dans le conflit ukrainien. Les interminables séances téléphoniques du président Macron avec Poutine ont pris fin en 2022 sans le moindre résultat. Quant à la tentative pour persuader le président Xi, allié proclamé de la Russie, de s'instituer en médiateur dans le même conflit, elle n'avait évidemment pas la moindre chance d'aboutir : la visite du président français en Chine a été d'un bout à l'autre un fiasco.

Il serait du reste injuste de faire d'Emmanuel Macron le seul responsable de ces insuccès qui virent à l'échec, voire à l'humiliation : ils ne font que refléter l'effondrement de la puissance française dans le monde ; la principale erreur du président étant de feindre d'ignorer ce nouveau cours des choses. Notre politique étrangère ne fait que refléter la résignation de la France et des Français à sortir de l'Histoire.

4

Le malaise français

3 février 2020

Il règne depuis plus d'un an dans ce pays un climat malsain, fait de conflits sociaux interminables, d'incompréhension mutuelle, de haines recuites, de violences ouvertes et répétées.

La défiance est partout, de chacun à l'égard de tous, de tous à l'égard de chacun. Sournoisement, le malaise s'est installé dans la vie quotidienne. Les Français sont de plus en plus dépressifs ; les Français ne s'aiment plus ; les Français ne sont pas heureux, alors que, franchement, ils ont connu pire dans le passé.

Ce qui domine tout le reste, c'est le sentiment d'insécurité et les peurs qu'elle engendre. L'insécurité est à la fois physique, sociale, politique. Tout le monde se plaint de son sort, et le statut social le plus convoité est aujourd'hui celui de victime. Dans cette vallée de larmes, où est donc passé le pays de d'Artagnan, de Fanfan la Tulipe, de Cyrano de Bergerac ?

L'ensauvagement

Il est vrai que la France contemporaine est en train de renouer avec le sentiment qui, au dire des historiens des mentalités, dominait la France du passé : celui de la peur de l'agression. Et contrairement à ce que répètent jusqu'à plus soif les docteurs « Rien-à-voir » de la sociologie, ce n'est pas un fantasme. Les services du ministère de l'Intérieur s'ingénient désormais à camoufler derrière un vocabulaire victorien (les fameuses « incivilités ») et des statistiques difficiles à lire, la progression annuelle de la délinquance, y compris de la délinquance « hors terrorisme (*sic*) » : + 8 % de 2018 à 2019. On ne s'étonnera pas de l'augmentation spectaculaire de la délinquance sexuelle, due à la fois à la requalification de certains actes, à la libération, fort heureuse, de la parole féminine, y compris dans les commissariats, et à la désinhibition des pulsions dans la société permissive. Longtemps le sexe fut associé à la faute, plus récemment au plaisir, désormais à l'effroi.

C'est dans le domaine ultrasensible du religieux que la progression est la plus spectaculaire. Ce sont les actes antichrétiens qui sont de loin les plus nombreux (1 052 en 2019, 1 068 en 2018), tandis que les actes antimusulmans (154 en 2019 contre 100 en 2018) sont en hausse, mais à un niveau relativement faible. Il est vrai que le degré de tolérance est inversement proportionnel au nombre des délits. Quand Frédéric Fromet, humoriste (*sic*) attitré de France Inter, traite Jésus de « pédé » et propose de le traiter en conséquence, ce sont les homosexuels, et non les chrétiens, qui crient le plus fort. Et c'est d'abord auprès d'eux qu'il s'excuse, avant de finir par étendre ses regrets aux chrétiens eux-mêmes. Pas grave ! À comparer à Mila, cette jeune lycéenne qui, en réponse à des agressions verbales, parle de l'islam comme d'une « religion de merde » : avalanche d'insultes, de menaces de mort et de viol, obligation de changer d'établissement, tandis qu'Abdallah Zekri, délégué général du Conseil français du culte musulman déclare : « Elle n'a que ce qu'elle mérite (…), elle l'a cherché, qu'elle assume. » L'enquête préliminaire contre Mila pour incitation à la haine raciale, qui a été abandonnée précipitamment, en dit long pourtant sur une époque qui a pour boussole non la liberté d'expression, mais la peur du terrorisme.

La honte de l'antisémitisme

On attend toujours de voir Jean-Luc Mélenchon défiler contre la christianophobie. Et surtout contre l'antisémitisme, lui qui apparemment n'a rien trouvé à redire aux propos de Jeremy Corbyn, cet original anglais, gauchiste et antisémite, qui a conduit le Parti travailliste à une déroute retentissante. Comme dirait M. Zekri, il n'a que ce qu'il mérite.

Or la vérité, c'est que la situation du judaïsme français est dramatique. En un an, les actes antisémites ont bondi, passant de 311 en 2017 à 541 en 2018 (+ 74 %) et à 687 en 2019 (+ 27 %).

Les larmes qui sont versées ces jours-ci à l'occasion du 75e anniversaire de la libération par les Soviétiques du camp d'Auschwitz sont de notre part des larmes de crocodile, nous qui laissons en toute indifférence se dérouler une véritable épuration ethnique dans une partie du territoire français, à savoir les banlieues en voie d'islamisation. Oui, en 2020, sous la République française, patrie, à ce qu'il paraît, des droits de l'homme, les Juifs ont peur pour leur vie, ils déménagent ou bien ils quittent la France. Et le non-jugement pour cause d'irresponsabilité de l'assassin de Sarah Halimi au cri de « Allah akbar » me choque profondément, non par solidarité avec mes amis juifs, mais par respect pour les principes que je professe.

Le judaïsme français est une communauté en péril, et, au pays de l'affaire Dreyfus, nous restons là les bras ballants. Quand on demande aux Français si la fuite des Juifs vers Israël est une bonne ou une mauvaise chose, ils répondent benoîtement en majorité : « ni l'une ni l'autre » !

Dans ma naïveté, j'avais cru jusqu'ici que provoquer un accident de la route sous l'emprise de l'alcool était une circonstance aggravante ; je sais désormais qu'assassiner son semblable sous l'emprise de la drogue vous met à l'abri des poursuites judiciaires. Messieurs les experts, Messieurs les juges, merci de la recette.

La ville elle-même, qui dans ses origines médiévales était un lieu de liberté et de sécurité, la ville française dont nous étions si fiers, est devenue un milieu hostile, que soulignent les immondices, les tags, les vitres rayées du métro, le mobilier urbain défoncé, les trottoirs envahis par les deux et quatre-roues, les trajectoires folles des trottinettes et des vélos. Plus grave encore, les bousculades, les agressions, les guets-apens, les attaques à main armée contre les forces de l'ordre et aussi désormais contre les médecins et les pompiers : tout un ensemble d'indices qui, sur fond de terrorisme islamiste toujours menaçant, révèle une régression psychologique collective, un ensauvagement des mœurs, un recul de la civilisation. Parce qu'elle perd insensiblement de nouveaux territoires, la République, à la place de la continuité de jadis, ressemble désormais à une peau de léopard, c'est-à-dire à la jungle. La nation française brûle et nous regardons ailleurs.

La guerre de position

Mais il n'y a pas que l'insécurité physique qui colore aujourd'hui tous les rapports sociaux, et qui fait de la vie moderne un jeu de serrures, de codes, de cloisons pour nous mettre à l'abri du monde extérieur. Il y a, depuis la grande première des Gilets jaunes, le 17 novembre 2018, une succession ininterrompue de manifestations, de défilés, d'échauffourées, d'actes de vandalisme suivis de violences policières, de scènes de guérilla urbaine à moitié réelles, à moitié feintes, qui depuis près de quatorze mois tiennent en haleine la population, le gouvernement, la police ; en somme « une ample comédie aux cent actes divers », comme disait La Fontaine, bien que, dans le comput des Gilets jaunes, nous n'en soyons qu'à l'acte 62.

Au vrai, ces nouveaux venus sur le devant de la scène ont bel et bien inventé une nouvelle forme d'action sociale, faite de « reprises », comme on dit à la boxe, à intervalles réguliers, lancinantes et variées dans la forme. La dramaturgie éculée du mouvement ouvrier avec ses sempiternelles déambulations République-Nation a pris soudainement un coup de vieux, au point que la CGT en a pris de la graine et, à la place d'une action continue, conçue comme un crescendo suivi d'un dénouement, s'est mise elle aussi à établir à l'avance l'interminable calendrier de la colère.

On pense au premier conflit mondial, où à la guerre de mouvement (1914-1915) succède une guerre de position (1915-1917), quand les armées s'enterrent dans les tranchées qui se font face, s'observent, s'écoutent, se bombardent et organisent des « sorties » sanglantes, suivies de nouvelles périodes de latence. Pendant celles-ci, le moral des troupes soumises à l'attente et au stress, face à un ennemi quasi invisible, est devenu un facteur décisif. La guerre des tranchées est aussi une guerre psychologique, où le conflit s'exaspère faute d'un dénouement prévisible.

Eh bien ! C'est cela que nous vivons depuis près de quatorze mois, et le moral des troupes, comme celui de l'arrière, est soumis à rude épreuve, de sorte que le jeu finit par l'emporter sur l'enjeu : que réclament, par exemple, aujourd'hui les lambeaux de Gilets jaunes qui accompagnent les grévistes ? On ne le sait pas très bien ; pas sûr qu'ils le sachent eux-mêmes.

Mais il y a aussi une ascension aux extrêmes, avec la polarisation du mouvement sur la personne du chef de l'État. Il a eu beau instituer son Premier ministre, Édouard Philippe, chef de guerre, c'est lui qu'on interpelle, c'est lui qu'on maudit et que l'on pend en effigie.

Hamlet au pont d'Arcole

Il n'est pas sûr que la guerre de position soit celle qui le mette le plus à son avantage ; il tient plus de Nivelle que de Joffre, ou même de Bonaparte avec sa (fausse) légende du pont d'Arcole : à défaut de la chevelure, il en a la jeunesse et le profil.

Mais pas la psychologie. « En même temps » n'est pas une formule napoléonienne, et si Macron ne déteste pas les actions commando, il connaît aussi de longues périodes de doute et d'hésitation : c'est Hamlet au pont d'Arcole…

En voulez-vous, des exemples ? Mais cette loi sur les retraites, justement, marquée par l'empreinte contradictoire du président, qui veut le changement du système, et du Premier ministre, qui ne songe qu'à son financement ! D'où l'imbroglio actuel, qui a sur la population des effets anxiogènes et la pousse à soutenir les grévistes, tout en approuvant le principe de la réforme.

J'en veux encore pour preuve ce fameux discours cent fois projeté, cent fois promis, et finalement cent fois remis, sur la nation, le communautarisme, la laïcité…

À la réflexion, je ne suis pas si pressé que cela de voir enfin sortir des limbes ce discours fondateur. Ou bien, en effet, il reprendra à son compte la doctrine républicaine et universaliste, et toute la gauche collabo va mener un tapage infernal en criant à l'islamophobie, ou bien il reviendra à sa tendance profonde qui est celle d'un communautarisme contrarié par les circonstances, et toute la France républicaine montera au créneau. Dans les deux cas, faute d'avoir agi assez vite et fermement, il ne peut qu'aggraver la situation.

En un mot, il ne rassure pas une France qui a grand besoin de l'être. La jeunesse, qui est un atout dans un contexte d'offensive et de conquête, devient un handicap dans une situation défensive. Il ne manque, en somme, à Macron que le personnage : il a l'autorité, il n'a pas la majesté ; il a la familiarité, il n'a pas le contact ; il a le prestige, il n'a pas le charisme.

Faut-il pour autant le condamner ? Ce n'est pas ma pensée : d'abord, son bilan économique est nettement positif, avec un chômage qui recule, des salaires qui en moyenne augmentent et des performances très honorables dans le secteur industriel. Ce n'est pas pour rien que la France est devenue pour les entreprises étrangères un lieu attractif où elles entendent investir. Et comme, dans ce domaine, un président est toujours crédité – ou décrié – pour les actions de son prédécesseur, il n'est que justice de souligner que les bonnes performances de l'économie française actuelle, c'est pour une large part à François Hollande qu'on les doit.

Et puis surtout, bien qu'il concentre aujourd'hui sur sa personne les critiques et parfois les haines, Emmanuel Macron n'en demeure pas moins le plus petit commun dénominateur des opinions françaises. À supposer qu'il faille à un moment donné se passer de l'homme, sa formule resterait la seule opérationnelle. À moins que la droite se mette à exister autour d'un candidat populaire sinon populiste, puisque la gauche, par sottise autant que par lâcheté, s'est mise délibérément hors du jeu.

Fédérer les Français

De toute façon, devant la montée de cette triple insécurité, physique, sociale et politique, les Français ne pourront indéfiniment faire l'économie d'un retour sur eux-mêmes, sur cette haine dénoncée récemment par Robert Badinter, et sur cet individualisme qui les divise, les ronge et les paralyse. Le monde moderne est né de cet individualisme, c'est de lui qu'il périra. Certains s'en remettent à la « révolution », mot vague, mot vieilli et hors de propos.

Le 14 juillet 1790, au Champ-de-Mars, des gardes nationaux, délégués par tous les départements de France, se réunirent en présence du roi pour prêter un serment civique consacrant la concorde nationale. Aujourd'hui où l'émiettement nous menace, avec son cortège de haines et de peurs, les Français ont besoin de se réunir avec la volonté de refonder la nation. Ce n'est ni du 14 juillet 1790 ni du 4 août 1789 que nous avons besoin, mais d'une nouvelle fête de la Fédération.

DEUXIÈME PARTIE

LE RECUL DE LA DÉMOCRATIE

Un tiers de siècle après le fracassant article de Francis Fukuyama[1] *qui établissait une corrélation entre les progrès de la société industrielle et l'avènement, partout dans le monde, de la démocratie politique, par extinction des régimes concurrents (communisme, fascisme, dictatures), que reste-t-il des espoirs qu'il avait suscités ? Rien ! Pis que cela : c'est la thèse inverse qui est en train de s'imposer. Ainsi, à mesure qu'elle est modernisée, la Chine a vu la dictature totalitaire de Xi Jinping se renforcer. Non seulement les démocraties ne progressent pas à travers le monde, mais c'est le mouvement inverse qui se dessine. Des pays comme l'Égypte, l'Algérie, la Tunisie par exemple, mais aussi le Venezuela, qui étaient naguère au seuil de la démocratie, sont aujourd'hui au cœur de la dictature. Les espoirs fondés sur une extension indéfinie des droits de l'homme sont réduits à néant. Le fondement de cette philosophie, l'universalisme des Lumières, est battu en brèche, et même dénoncé comme une imposture. Ce que l'on voit*

1. « La fin de l'Histoire ? », *The National Interest*, 1989, *Commentaire*, 1989/3, nº 47.

déferler, sous le nom de wokisme, est une véritable régression, fondée sur le primat du particulier au détriment de l'universel, et potentiellement sur la lutte des races, la lutte des sexes, la lutte des cultures. Les droits de l'homme, qui ont été historiquement au fondement de l'idée démocratique, sont en train d'en divorcer, à cause d'une demande indéfinie de leur extension qui met en cause le consensus nécessaire à la vie démocratique et finissent par consacrer l'hybris individualiste du citoyen moderne. La France qui, historiquement, de la fin du XVIII*e siècle à celle du* XX*e siècle, a été le vecteur principal de cette démocratie des droits de l'homme est l'illustration la plus éclatante de ce divorce. Est-elle capable de se reprendre ? Et qui pour l'y aider ?*

5

L'avenir de la démocratie

6 février 2022

Comment se porte la démocratie à travers le monde ? Pas très bien, et même plutôt mal ; tout indique du reste que cette mauvaise santé menace à tout moment de s'aggraver. Le constat tout d'abord. Depuis la fin de la Seconde Guerre mondiale (1945), c'est-à-dire plus de trois quarts de siècle, l'emprise territoriale de la démocratie à l'échelle planétaire est restée stable, sans aucun progrès significatif.

La démocratie ne s'étend plus

Dieu sait pourtant si la victoire des Alliés sur le Japon et l'Allemagne avait été saluée comme une victoire décisive de la démocratie sur la dictature. Certes, aucun esprit réaliste ne pouvait se faire d'illusions sur la nature de l'Union soviétique, qui figurait, aux côtés des États-Unis, au premier rang des vainqueurs. Rien pourtant n'interdisait d'espérer ; et du reste la mort de Staline, le 5 mars 1953, sembla donner à la démocratie une deuxième chance, soit moins de huit ans après le déclenchement de la guerre froide. Cette illusion dura presque un demi-siècle, jusqu'en septembre 2001, date de l'attentat fracassant sur les tours jumelles du World Trade Center de New York, qui sonna comme un glas sur l'espérance démocratique. Et chose étrange pour les contemporains, ce glas ne fut pas sonné par l'ennemi attitré de la démocratie libérale au cours du demi-siècle écoulé, à savoir le communisme, mais par un nouvel arrivant, que seuls quelques esprits perspicaces comme André Malraux avaient vu venir, à savoir l'islamisme.

L'effet de sidération fut tel que la face du monde en fut brutalement changée. Avec nos yeux de 2022, nous pouvons désormais retenir comme un fait significatif que c'est de 1999 que date l'apparition de Vladimir Poutine comme figure centrale de la Russie, soit comme président du gouvernement, soit comme celui de la Fédération de Russie. Depuis, il est là, et même de plus en plus là, et depuis lors, la démocratie qui avait fait quelques progrès notables sous le règne de ses prédécesseurs Gorbatchev et Eltsine s'est trouvée brusquement figée dans le plus grand pays du monde. Même évolution, avec un décalage d'une dizaine d'années, en Chine où les réformes économiques de Deng Xiaoping (1904-1997), base de sa puissance actuelle, avaient laissé fermenter des spéculations sur un assouplissement à venir de la poigne de fer que le Parti communiste imposait à la société chinoise. Au moins jusqu'à la répression des manifestations de la place Tiananmen (1989). Il faudra attendre 2008 pour voir surgir, d'abord comme vice-président de la République populaire de Chine jusqu'au pouvoir sans partage de nature totalitaire qu'il exerce aujourd'hui, le dictateur Xi Jinping.

Il ne saurait être question dans le cadre de cet article, d'examiner pays par pays l'évolution de la démocratie à travers le monde. Le fait est que la tendance à la libéralisation, qui avait paru dominer jusqu'à la fin du siècle, a été brutalement interrompue un peu partout. Une libéralisation de la Russie et de la Chine eût certainement produit un effet d'entraînement sur le reste du monde. La nouvelle glaciation, dont les effets ont été sensibles au tournant du siècle, a eu l'effet inverse. Et surtout on a vu remettre en cause l'un des credo majeurs du capitalisme libéral, à savoir que le progrès économique entraîne nécessairement à plus ou moins long terme une libéralisation dans la société. Aujourd'hui, la carte du libéralisme politique à travers le monde, y compris dans les zones indécises, est en tout point conforme à celle qui existait en 1945, quand la victoire alliée chassa d'Allemagne, d'Italie et du Japon les dictatures qui s'y étaient installées.

L'individualisme contre la démocratie

La seconde raison du grippage de la dynamique démocratique dans le monde actuel est inhérente à la démocratie elle-même et pourrait s'énoncer ainsi : c'est de l'aspiration à l'individualisme que la démocratie est née ; c'est de son triomphe absolu, sous l'effet du progrès économique qu'elle est de nos jours menacée de mort.

Je ne vois pas de meilleure illustration du phénomène visé ici que la querelle des antivax, surgie au cœur de la pandémie du Covid. Je dois même avouer ma totale stupéfaction devant un tel phénomène. En bon élève de l'école laïque, en disciple convaincu de l'humanisme chrétien et du rationalisme des Lumières, j'avais toujours considéré et admis que la protection sociale et sanitaire dont nous bénéficions aujourd'hui avait pour contrepartie l'acceptation de bonne grâce des impératifs de la discipline collective exigée par cette protection. Depuis l'école primaire, j'ai dans les yeux l'image canonique de Louis Pasteur examinant une éprouvette. Pasteur, spiritualiste convaincu et inventeur du vaccin contre la rage.

L'idée de remettre en cause l'obligation de la vaccination, qui a éradiqué dans le passé tant de maladies infectieuses, m'apparaissait et continue de m'apparaître comme un relent d'obscurantisme suscité par le caractère soudain et la vitesse de propagation foudroyante de la maladie. Je n'entre pas ici dans le fond du débat. Mais l'argument principal des antivax – « Mon corps m'appartient absolument et je dénie à quiconque le droit d'en disposer, fût-ce partiellement, fût-ce au nom de l'intérêt général » – me choque dans mes convictions républicaines. Au nom de cet impératif catégorique de l'individualisme, il ne saurait jamais être question, pour prendre un autre exemple, que la nation me demande un jour de prendre les armes pour la défendre. Et ainsi de suite. « La République nous appelle », disait le « Chant du départ ». Désormais, elle peut appeler longtemps… Quand la Révolution française décide, à juste titre, de rédiger une Déclaration des droits de l'homme et du citoyen sans mention de ses devoirs, elle n'imagine pas pour autant que ceux-ci n'existent pas. La preuve : la levée en masse et les guerres révolutionnaires.

Ainsi se dessine aujourd'hui cette « démocratie des individus », fruit de l'anarchisme petit-bourgeois, que je ne saurais confondre avec la grande pensée libertaire, qui tend progressivement à une paralysie de la démocratie face à ses ennemis, quels qu'ils soient. Et je ne parle pas du joyeux bazar qui se dessine en cas de reconnaissance du libre choix par l'individu de son nom de famille parmi ceux de son père ou de sa mère, ou encore de la combinaison des deux. On largue les dernières amarres et les généalogistes sont assurés du plein-emploi pendant des décennies.

L'anarchisme petit-bourgeois

C'est à ce total-individualisme qu'appartient aussi l'anticivisme ou plutôt l'a-civisme résolu d'une partie de la population, notamment dans la jeunesse. D'élection en élection, nous voyons le taux de participation s'affaisser. C'est là d'ailleurs l'une des clés de la présidentielle d'avril 2022 : lesquels des candidats sauront le mieux ou le moins mal mobiliser leur électorat potentiel ? À quoi s'ajoute une indifférence croissante à l'égard des formes du gouvernement démocratique. Dans le sondage OpinionWay (pour le Cevipof), c'est un véritable « mur de méfiance » qui s'élève face à la politique sous toutes ses formes : 52 % des Français préféreraient un collège d'experts à un gouvernement démocratique pour conduire le pays ; 39 % y verraient bien un « homme fort » dégagé des contingences du Parlement et des élections, et même 27 % l'armée elle-même !

Certes, ce n'est pas nouveau : il existe en France depuis la fondation de la République un niveau incompressible de refus des institutions, d'autoritarisme de bistrot, et de rejet des élites, quelles qu'elles soient, que l'on a vu se développer lors de l'aventure boulangiste (1886-1889), du mouvement des Ligues (6 février 1934) ou encore du poujadisme (1956) dont, à certains égards, le gaullisme lui-même serait la forme épurée et comme sublimée par la personnalité du Général. « Lui, au moins, il ne fait pas de politique », s'écriait un jour une dame de petite vertu que l'on interrogeait sur l'attachement viscéral de sa profession à l'homme du 18 juin 1940.

Que les choses, en définitive, n'aient jamais mal tourné ne devrait pas nous autoriser à relâcher notre vigilance, quand cet anarchisme petit-bourgeois se combine, comme c'est aujourd'hui le cas, avec une confiance naïve dans l'intangibilité des libertés individuelles au royaume de France. L'autorité au sommet, le libre arbitre à la base sont les deux piliers de cet agnosticisme en matière de démocratie et d'indifférentisme en matière de civisme qui jouent comme des anesthésiques de la société postmoderne.

La fin de l'hégémonie américaine

Ainsi la situation qui se profile pour les années à venir est à bien des égards plus inquiétante que celle qui prévalait lors de la première guerre froide. Car à cette époque, on ne doutait guère du résultat, et une guerre, si par malheur elle devait advenir, tournerait infailliblement en faveur de l'Occident, grâce à la surpuissance des États-Unis d'Amérique. Tel n'est plus le cas aujourd'hui.

L'incertitude d'une issue militaire, fût-elle atomique, rend très improbable le recours à la guerre de la part de l'Amérique, même dans le cas jugé le plus critique, celui de l'invasion de Taïwan par la Chine.

De plus, celle-ci ne craint guère un écroulement comparable à celui qu'a connu l'Union soviétique en 1989. S'il est vrai, comme je l'ai dit plus haut, que le libéralisme économique ne produit plus automatiquement la liberté politique, il est désormais avéré, à travers le cas chinois, que le totalitarisme ne produit pas automatiquement la misère, comme précédemment dans le cas de l'URSS. Le communisme chinois a su retourner à son profit ce que l'Occident avait tenu pour son arme infaillible : la promesse de la prospérité pour la population.

Ajoutez à cela le délitement démocratique de ces mêmes États-Unis brillamment démontré par Ran Halévi dans son essai sur le chaos de la démocratie américaine à propos de Trump et de l'émeute du 6 janvier 2021 dans l'enceinte du Congrès américain[1]. La conclusion presque incontournable, c'est que dans le cas d'un conflit entre l'Occident libéral et l'Orient autoritaire, le premier partirait avec un gros handicap et risquerait fort de perdre la partie.

Dans ces conditions, l'Occident, du reste réduit aux seuls États-Unis, ne se battra pas, et ses adversaires le savent.

Quelles conclusions tirer de la situation nouvelle qui se fait jour insidieusement sans jamais dire son nom, celui de deuxième guerre froide ? Avant tout que le combat pour la

1. *Le Chaos de la démocratie américaine. Ce que révèle l'émeute du Capitole, 6 janvier 2021*, Gallimard, « Le Débat », 2022.

liberté n'est jamais ni définitivement gagné ni définitivement perdu. Avant d'être un état de fait, la liberté est d'abord un état d'esprit, et c'est celui-là qu'il convient de ranimer dans nos pays où les vertus démocratiques s'étiolent et se fanent au doux zéphyr de la consommation et de la jouissance de soi-même.

Réinventer la nation

Nous aurions grand besoin d'une nuit du 4 août des partis politiques, non pour aller vers leur suppression comme le demandait jadis Simone Weil, mais pour leur réforme. De mur de séparation entre les citoyens et la politique qu'ils sont devenus, ils devraient se transformer en instruments de communication et d'échange. Si décevante qu'elle soit apparue quant à ses résultats, la primaire citoyenne de la gauche, la semaine dernière, avait au moins le mérite de souligner ce besoin. Du reste, le Parti communiste, le Parti socialiste et le Parti radical, qui furent longtemps l'épine dorsale de la gauche, ne sont plus désormais que des astres morts, sans espoir de renaissance aussi longtemps qu'ils préféreront l'accroissement de leur puissance propre à celle de la France.

J'ai dans de précédentes chroniques, proposé quelques moyens pour redonner aux Français le sens de la démocratie. D'abord par une réhabilitation du Parlement, devenant l'interlocuteur direct du président, grâce à la suppression du Premier ministre : réforme dont François Hollande est un chaud partisan. Ensuite par un gouvernement provisoire d'union patriotique à l'instar du Conseil national de la Résistance, suite à la tenue d'états généraux de la Renaissance française. Manuel Valls, dans son percutant essai *Zemmour, l'antirépublicain*[1], reprend à son tour cette idée.

Mais si l'on ne veut pas que l'absence de communication entre la classe politique et l'ensemble du peuple ne se transforme un jour en divorce déclaré, ouvrant la voie à je ne sais quelle aventure autoritaire, il faut aller plus loin, plus en profondeur. Il faut que la nation, c'est-à-dire le peuple mobilisé en un ensemble cohérent, prenne la place qu'elle a perdue, notamment à gauche qui fut longtemps, si l'on peut dire, sa terre d'élection. Beaucoup de temps et d'énergie ont été perdus au cours des années précédentes, dans la querelle, finalement un peu académique, qui a opposé les souverainistes partisans de la souveraineté de la nation et les européistes de tendance fédéraliste. Face aux mastodontes qui occupent aujourd'hui la scène politique internationale, cette querelle est devenue dérisoire.

Du reste, les uns et les autres l'ont compris, les premiers en renonçant à tenter de faire éclater l'Union européenne, les seconds en renonçant à en faire une identité politique et stratégique pratique, au risque de se faire débiter par appartements par les grandes puissances. Je ne saurais trop recommander le livre de Bernard Cazeneuve, le dernier Premier ministre de François Hollande, intitulé justement *Le Sens de notre nation. Entretiens avec François Bazin*[2]. Il y dit en termes excellents, à mille lieues du spectacle lamentable

1. Éditions de l'Observatoire, 2022.
2. Stock, 2022.

donné par les gauches en vue de la présidentielle, que la nation est un tout, qu'elle comporte des droits et des devoirs, mais qu'elle est le facteur indispensable de cohésion pour l'ensemble des Français, au-delà de leurs débats et de leurs querelles légitimes. Cette triple rencontre avec l'état de la pensée de François Hollande, de Manuel Valls, de Bernard Cazeneuve, c'est-à-dire des trois dernières personnes qui ont exercé le pouvoir au nom de la social-démocratie, m'ont persuadé que celle-ci n'est pas morte, qu'elle est chloroformée et abandonnée entre des mains tremblantes et inexpertes. Ce combat pour la renaissance de la social-démocratie que l'on voit du reste au sommet de son influence dans les pays scandinaves, dans la péninsule ibérique, en Allemagne en attendant l'Angleterre, est indissociable à mes yeux de la défense de la démocratie tout court. Il y faudra du temps, un esprit de résistance à la lâcheté ambiante, mais c'est le combat de l'avenir.

6

La démocratie en danger

6 octobre 2020

Ce n'est pas si vieux. Une trentaine d'années, à peine une génération. Un simple battement de cœur à l'échelle de l'Histoire. En plein effondrement du communisme, et à la veille de la chute du mur de Berlin (novembre 1989), le philosophe américain Francis Fukuyama publiait un article fracassant (« La fin de l'Histoire ? ») qui annonçait la fin de l'Histoire et le triomphe de la démocratie libérale, par extinction des systèmes concurrents. Ni plus ni moins ! C'était en somme retourner contre le marxisme la thèse hégélienne, transmise par Alexandre Kojève, d'une eschatologie historique qui verrait le triomphe universel du communisme, c'est-à-dire de la société sans classes. Mettez « démocratie » à la place de « communisme », nous voilà en plein dans une version hégéliano-libérale de la fin de l'Histoire.

La grande illusion

Seulement, voilà : les choses, une nouvelle fois, ne se sont pas passées comme prévu, et l'échec de la démocratie libérale, pour être moins spectaculaire, moins wagnérien que celui du communisme, n'en est pas moins patent : elle ne s'est pas imposée là où elle n'existait pas auparavant ; elle est sur la défensive là où elle existait, comme en Europe ou en Amérique.

Certes, tout n'est pas faux dans la thèse de Fukuyama, du reste plus nuancée qu'on ne le dit en général. Car, à défaut de s'être imposée dans la réalité, la démocratie est ultradominante dans l'idéologie. Tous les régimes, tous les chefs d'État, du plus libéral au plus autoritaire, du plus privatiste au plus étatiste s'en réclament bruyamment, comme autant d'hommages que le vice rend à la vertu. Dissimuler la vérité, n'est-ce pas là d'ailleurs la fonction principale de l'idéologie ?

Que s'est-il donc passé dans la réalité ? Une vision économiste des choses, commune au marxisme et au libéralisme, professe que la croissance finit par susciter une bourgeoisie qui, parvenue au pouvoir, exige la démocratie. La liberté serait en somme le produit quasi mécanique de l'apparition de ces classes montantes. À ce compte, les trente dernières années, qui ont vu dans le monde entier une fulgurante progression de l'économie et des niveaux de vie, auraient dû se traduire par l'affirmation un peu partout de la démocratie.

On attendait donc au tournant le nouveau mastodonte, la Chine populaire. Las ! C'est l'inverse qui a eu lieu. Plus la Chine comblait à pas de géant l'écart qui la séparait des États-Unis, plus Xi Jinping affirmait son pouvoir : triple chef du gouvernement, du parti et de l'armée, reconnu par la Constitution comme source doctrinale du régime, il est aujourd'hui l'égal de ce que fut jadis Mao, la puissance économique en plus. Le totalitarisme comme fruit de la croissance, personne, en vérité, n'avait prévu cela.

Et la Chine n'est pas un cas isolé, bien au contraire. C'est ainsi que la Russie de Poutine est plus dictatoriale que celle de Gorbatchev et surtout d'Eltsine ; qu'en Inde, l'une des rares démocraties asiatiques, si l'on excepte le Japon et la Corée du Sud, Narendra Modi exerce un pouvoir de plus en plus autoritaire, persécutant les minorités musulmanes et chrétiennes ; qu'en Turquie Recep Tayyip Erdogan est passé de la posture d'un Robert Schuman asiatique, à ce que prétendaient certains, à celle d'un émule de Méhémet-Ali ; qu'en Tunisie, le pays le plus libéral du Maghreb, le pouvoir est en train de tomber entre les mains des islamistes, tandis qu'en Algérie les espoirs suscités par le mouvement populaire (Hirak) ont été écrasés par un régime sclérosé et corrompu, entre les mains d'Abdelmadjid Tebboune ; qu'en Amérique latine, le Venezuela agonise sous la dictature sanglante du chaviste Maduro… Je n'ai donné ici que quelques-uns des exemples les plus spectaculaires de la montée des dictatures dans le monde qui se dit moderne. Non, décidément, la démocratie n'est pas automatiquement le fruit de la croissance.

La démocratie française menacée

Elle n'est pas non plus le compagnon fidèle de la prospérité, comme en témoigne l'évolution politique des pays occidentaux. Ici, ce n'est pas le principe de la démocratie qui est en cause, mais son fonctionnement. Certes, l'Europe du

Nord reste un modèle. Selon le classement mondial établi par *The Economist*, combinant le processus électoral, les libertés civiles, le fonctionnement du gouvernement, la participation des citoyens et la culture politique, six des dix pays arrivés en tête appartiennent à l'Europe scandinave et nordique (Norvège, Islande, Suède, Finlande, Irlande, Danemark), tandis que la France, en 2019, ne pointe qu'à un modeste 29e rang, derrière la plupart des pays européens, à cause, principalement, de sa « culture politique ». Entendez par là celle des citoyens qui ne font pas confiance à la démocratie et qui, au nombre de près d'un tiers, se prononcent pour un « autre système », à base technocratique, charismatique ou militaire. Voilà qui est peu glorieux pour une nation qui depuis la Révolution française se flatte d'être le pays des droits de l'homme et de la démocratie moderne.

Cette dissidence, au sein de la République, au moins envers ses formes les plus classiques, apparaît nettement aujourd'hui à travers le flot montant de l'abstention. Lors des élections municipales de mars 2020, en un scrutin que l'on dit pourtant le plus proche des gens, et, de ce fait, plus populaire, on a enregistré au premier tour 55,34 % d'abstention et au second, 58,33 % ; on a fait pire lors des législatives partielles du 20 septembre dernier, où l'abstention s'étageait de 79 % dans le Haut-Rhin à 87 % dans le Val-de-Marne : 87 % d'abstention ! Un résultat si indigne que les principaux journaux nationaux ont renoncé à donner les résultats détaillés de ces scrutins. Comme si la France n'oscillait plus qu'entre la demande d'ordre et la tentation de l'aventure…

Dans un registre différent, les deux grandes nations

anglo-saxonnes, les États-Unis et le Royaume-Uni, véritables parangons de la démocratie libérale, donnent des signes inquiétants de fatigue. Que les États-Unis, le pays le plus puissant du monde, mais aussi le plus moderne, en un certain sens le plus civilisé, le seul qui ait jamais connu d'autre régime que le régime représentatif, en soit réduit pour le diriger, de par les mécanismes institutionnels eux-mêmes, à choisir entre un Ubu paranoïaque et un politicien diaphane et un peu flageolant ; que le Royaume-Uni, qui s'est toujours flatté de la sagesse de ses institutions et de sa fidélité à la parole donnée, soit gouverné à la hussarde par un excentrique, populiste et sans scrupule, voilà qui doit nous amener à réfléchir sur les fondements derniers de la démocratie elle-même.

Démocratie et religion

Nous voilà bien loin des vertus à la fois libérales et émancipatrices de la prospérité économique, telles que les imaginait Fukuyama. Ce qu'il a oublié ou sous-estimé, ce sont les ravages opérés au sein de la citoyenneté démocratique par le flot montant, irrésistible, de l'individualisme moderne.

Qu'est-ce en effet qui fait tenir ensemble les individus à l'intérieur d'une nation ? Une croyance commune.

Ce rôle fédérateur a longtemps été tenu par la religion. Au point que les plus grands penseurs des deux siècles passés, de Rousseau à Benjamin Constant, de Tocqueville à Renan, ont tous pensé, quelles que fussent leurs propres convictions, qu'une religion commune était le ciment indispensable de l'esprit démocratique.

« Pour moi, écrit Tocqueville – peut-être le plus grand esprit politique du XIXe siècle – au chapitre V du deuxième tome de *La Démocratie en Amérique*, je doute que l'Homme puisse jamais supporter à la fois une complète indépendance religieuse et une entière liberté politique ; et je suis prêt à penser que, s'il n'a pas de foi, il faut qu'il serve, et s'il est libre, il faut qu'il croie. »

Rousseau va plus loin encore. Au chapitre VIII ajouté après coup au quatrième livre du *Contrat social*, il critique vivement Jésus d'être venu établir sur terre un royaume spirituel séparé du système politique proprement dit. En termes modernes, d'avoir inventé la laïcité… Et de poursuivre : « Mahomet eut des vues très saines, il lia bien son système politique, et tant que la forme de son gouvernement subsista sous les califes ses successeurs, ce gouvernement fut exactement un, et bon en cela. » Jean-Jacques paraît avoir ignoré les conflits entre sunnites, chiites ou kharidjites, mais qu'importe ! Il finit par proclamer que le christianisme, dans sa pureté originelle, est la véritable « religion de l'homme ».

Et lorsque la République opère la séparation de l'Église et de l'État, c'est bien à une religion de l'homme qu'il remet le soin de fédérer les individus au sein de la nation. D'où la place centrale du système éducatif, et notamment de l'école primaire, destinée non seulement à enseigner aux enfants le tronc commun de la lecture, de l'écriture et du calcul, mais aussi à les élever dans une véritable religion de l'humanité, une et universelle, où se retrouvent les bases essentielles communes à la philosophie chrétienne et aux Lumières du

XVIIIe siècle. Sans ce tronc commun philosophique et moral, fondé sur l'unité et l'universalité du genre humain, il n'y a pas de société politique possible.

Le communautarisme contre la démocratie

Ce qui était vrai dans la France du début du XXe siècle l'est encore davantage dans celle du début du XXIe siècle, où le pluralisme religieux, l'irruption de l'islam et les progrès de l'agnosticisme font de la France un véritable kaléidoscope des croyances et des incroyances. S'il est vrai, comme on vient de le voir, que, dans une société individualiste et totalement sécularisée, le seul lien social imaginable consiste en une anthropologie commune fondée sur l'égale dignité de tous les êtres humains, alors le renoncement à l'universalisme républicain au profit d'identitarismes rivaux est tout simplement destructeur de la paix civique et de la concorde entre citoyens. Que ce diversitarisme d'origine américaine nous revienne ici avec pour bagagiste, comme dirait Jean-Luc Mélenchon, une fraction de la gauche et des partis qui la composent, est tout simplement renversant. On hésite, pour le qualifier, entre l'ignorance, la sottise et l'esprit suicidaire. Ce ne serait pas la première fois que, contre tout bon sens, tout instinct de survie, une gauche dégénérée irait chercher outre-Atlantique les verges pour se faire battre. Jadis le sobriquet de « gauche américaine » distinguait les rocardiens et les libéraux. Il s'applique aujourd'hui à une extrême gauche écervelée, incapable de comprendre que l'individualisme démentiel des universités américaines, cette espèce de « puritanisme sans Dieu » (Joseph Bottum, dans ces colonnes) a eu pour conséquence en 2016 l'élection de Donald Trump à la présidence. Il ne faut pas chercher ailleurs les raisons du divorce entre le clergé de gauche et le peuple de gauche, qui se manifeste à chaque sondage et surtout à chaque élection. Le premier, imprégné de science sociale mal digérée, titube dans un marécage idéologique étranger à sa nature profonde ; le second, resté fidèle à son inspiration, va chercher fortune ailleurs ou se reconvertit dans la pêche à la ligne.

Mais plus important sans doute que l'avenir de la gauche institutionnelle est aujourd'hui en France celui de la démocratie. Je crois avoir montré deux choses.

D'abord, que dans une société sans transcendance, le déni de l'universalisme humain au profit d'une multiplicité de communautés d'appartenance contient un germe de mort pour la démocratie. Ensuite, que cette démocratie n'est pas un sous-produit de telle ou telle formation économique et sociale. L'amour de la liberté, qui en est le ressort, ne se déduit ni de la conjoncture ni même des structures matérielles. Le croire serait succomber à la misère de cet économisme vulgaire, aujourd'hui dominant à gauche comme à droite. L'amour de la liberté est une vertu, celle que nourrissent les âmes bien trempées ; c'est pourquoi la démocratie n'est jamais acquise, elle n'est jamais garantie, elle n'est jamais définitive. C'est une naïveté dangereuse que de la croire naturelle. Elle n'est même pas un régime, mais plutôt un risque, et même, à chaque moment de l'Histoire, un défi.

7

Les deux guerres froides

7 juillet 2022

La deuxième guerre froide, celle qui, jour après jour, se dessine sous nos yeux éberlués, comporte d'emblée une différence essentielle avec la première : c'est qu'elle est, pour partie au moins, une guerre chaude ! C'est l'agression brutale, inattendue, sans aucune préparation diplomatique, de l'Ukraine par Poutine – un policier grossier, cynique, paranoïaque, dans lequel de bonnes âmes en Occident avaient voulu voir un pro-européen résolu, un successeur de Pierre le Grand – qui en a donné le signal de départ.

Les partenaires majeurs de ce nouvel état du monde ne sont plus deux, États-Unis et URSS, comme la dernière fois : il faut y ajouter un troisième, la Chine. Les États-Unis en avaient pris acte depuis longtemps déjà et avaient transporté de l'Europe vers l'Asie l'axe principal de leur confrontation. C'est avec raison qu'Emmanuel Macron avait constaté la « mort cérébrale » d'une Otan dont Donald Trump, autre demi-fou, voulait la mort et s'ingéniait par tous les moyens à affaiblir. C'est Poutine qui lui a d'un seul coup redonné vie en faisant de l'Ukraine et, au-delà, de l'ensemble de sa frontière avec l'Occident le théâtre principal de l'affrontement. Le nouveau forcené du Kremlin est beaucoup plus imprévisible, beaucoup plus aventureux et, à ce titre, beaucoup plus dangereux que Staline, autocrate cruel mais prudent. Il est vrai qu'il ne disposait pas alors de l'arme nucléaire qui donne à la plus folle, à la plus absurde des politiques d'une puissance quelconque l'apparence du sérieux et de la cohérence.

Dans la nouvelle guerre froide, la dimension idéologique est beaucoup moins marquée que dans la précédente. C'est qu'entre-temps, le communisme est mort, en URSS d'abord, puis un peu partout à travers le monde, jusqu'en Chine même, ne laissant de son bref passage à la surface du globe qu'une carcasse absurde, mais redoutable : un appareil dictatorial et policier, totalement déconnecté de la population. Conséquence : il n'y a plus, cette fois-ci, de « camp de la paix » à l'ancienne, c'est-à-dire de cinquième colonne communiste au sein des pays capitalistes. Pareille marchandise serait aujourd'hui invendable au prolétaire le plus combatif, à l'intellectuel le plus jobard. En dépit de ses sympathies poutiniennes, Jean-Luc Mélenchon lui-même a vite compris que le poutinisme n'était pas un article d'exportation, car il n'avait d'autre ressort que le nationalisme à l'état pur. La tentative de Poutine pour présenter son agression barbare contre l'Ukraine comme une croisade contre le « nazisme » a très vite sombré dans le ridicule. Nous sommes dans l'univers de Clausewitz non dans celui de Marx, encore moins dans celui de Gramsci. La stratégie l'emporte sur l'idéologie ; le communisme s'est dégradé en russophilie ; l'anticapitalisme en antiaméricanisme. Faut-il voir là une régression provisoire de l'Histoire, ou la fin d'une illusion, c'est la suite des événements qui en décidera.

Reste que, comme toujours, la guerre est le principal accélérateur de l'Histoire, et que celle d'Ukraine nous oblige, nous autres Européens, à repenser complètement notre situation et notre stratégie.

D'abord à l'égard des États-Unis. Ce sont eux qui depuis 1945 sont en dernier ressort les protecteurs de notre indépendance, et avant d'aller voir là un moyen détourné d'assurer leur prépondérance sur l'Occident, il me paraît normal de les en remercier. Cela dit, selon les moments et les présidents, leur attitude à l'égard de l'Europe est toujours empreinte d'ambiguïté : tantôt ils nous demandent avec insistance de prendre une part financière et militaire plus grande à notre propre défense, et ils ont raison ; tantôt ils s'inquiètent des velléités d'émancipation de quelques-uns, la France en particulier, et marquent leur préférence pour des partenaires plus dociles, ceux de la ligne de front contre la Russie, Pologne et pays baltes.

Il est temps de clarifier nos relations avec nos amis et alliés américains. Il s'est produit, dans les jours qui ont suivi le 24 février, date de l'agression russe contre l'Ukraine, un véritable miracle : les Européens, pour une fois décidés, pour une fois unanimes, ont réagi fortement et opposé un front uni au bellicisme russe. Certes, assez vite les particularismes nationaux ont refait surface, mais l'acquis de ces semaines décisives ne doit pas et ne sera pas dilapidé. Traduisons-le en une formule : l'Europe est attaquée, donc l'Europe existe !

Je trouve là la confirmation d'une idée que je porte

depuis longtemps : à savoir que les données géostratégiques aujourd'hui dominantes rendent pour une grande partie caduc le débat entre européistes et souverainistes. La souveraineté n'est plus dans le monde actuel un bloc monolithe, expression d'une conception pyramidale du pouvoir. Il y a aujourd'hui nécessairement, à l'inverse de ce que suggère le concept, des niveaux de souveraineté, à l'échelon local et régional, à l'échelon national, à l'échelon international. L'idée de souveraineté européenne d'Emmanuel Macron, que j'approuve, n'est pas en contradiction avec le respect des autres niveaux de souveraineté, dès lors qu'elle concerne essentiellement la défense. Le monde d'aujourd'hui est ainsi fait qu'il faut savoir partager sa souveraineté pour conserver son indépendance. Jean Monnet avait lancé l'acte I de l'Europe sous le signe de la primauté à l'économie. Nous voici parvenus à l'aube de l'acte II : primauté à la défense ! Merci, Poutine ! Merci surtout à l'héroïque peuple ukrainien qui a fait de cette nouvelle étape de la construction européenne, non seulement une opportunité politique, mais une exigence de la conscience humaine.

8

La troisième glaciation

20 janvier 2022

J'ai connu au cours de ma vie trois grandes glaciations intellectuelles et politiques, toutes trois venues de la gauche, qu'il est intéressant de comparer.

La première, au lendemain de la guerre, se nommait le stalinisme, et ses partisans, loin de récuser le terme, s'en réclamaient avec délectation. Elle reposait sur une division manichéenne du monde entre un camp du Bien et un camp du Mal, l'Union soviétique et les États-Unis. Il est intéressant de noter que, même chez les intellectuels, les raisons de l'adhésion n'étaient aucunement de nature empirique, et reposaient tout entières sur la croyance. De grands esprits comme Joliot-Curie ou Louis Aragon adhéraient sans la moindre hésitation à un corpus d'articles de foi dont toute vérification était exclue. Quiconque d'ailleurs voulait se renseigner sur la nature de ce régime abominable, un des pires qu'avait connu l'humanité, y parvenait sans la moindre difficulté. Toute volonté de croire fait bon marché des raisons de douter et les faits pénètrent difficilement, comme dit Proust, dans ces régions obscures où vivent nos croyances.

La deuxième glaciation, la maoïste, dans les années 1970,

reposait elle aussi sur une distinction radicale du Bien et du Mal ; mais s'y ajoutait une dimension mystique qui, plus d'une fois, se faisait remarquer par des connotations religieuses. L'« homme nouveau » du maoïsme ressemblait à plus d'un titre à l'homme nouveau de saint Paul, à cela près que ce dernier n'avait pas pour arrière-fond une accumulation presque sans précédent de crimes et de mensonges.

Ce n'est pas des récits de voyageurs, des biographies des acteurs, voire des événements qui se passaient au grand jour, comme l'écrasement de la Commune de Budapest (1956) ou de l'insurrection tchèque (1968) qu'est venue la vérité, ou mieux le dévoilement : mais purement et simplement de l'écroulement soudain de ce rouge carton-pâte. Bien peu des nouveaux désabusés ont fait l'effort intellectuel et moral, à la vérité très difficile, d'analyser leur voyage au pays des merveilles, puis leur retour dans les basses couches de l'atmosphère : l'identité individuelle n'y eût pas résisté, pas plus que les raisons de vivre. L'homme ne vit pas seulement de pain, mais aussi de rêves, qui lui sont en général plus chers que la réalité.

La troisième glaciation, que par commodité on appellera le wokisme, est celle que nous vivons actuellement. Ceux qu'elle a gagnés se feraient hacher menu qu'elle est l'inverse des deux précédentes, qu'elle procède par dévoilement des apparences au profit de la réalité nue. À la différence des autres, elle ne possède pas de Terre promise. Elle repose sur une exaltation inouïe de la personnalité de chacun, à travers des critères distinctifs que le rationalisme précédent avait récusés comme abominables et qui se nomment la race, le sexe, l'ethnie et autres particularités individuelles. Son champ d'action est le monde entier ; il menace les sociétés capitalistes, non de l'extérieur comme le stalinisme et le maoïsme, mais de l'intérieur. Il provoque des réactions tout aussi violentes que l'esprit qui les anime. C'est ainsi qu'aux États-Unis wokisme universitaire et trumpisme populaire sont proprement indissociables. Un même phénomène est en train de se passer en France où la montée du wokisme s'accompagne, sur le plan politique, d'une ascension vertigineuse de l'extrême droite, soit aujourd'hui environ un tiers du corps électoral. Stalinisme et maoïsme étaient les maladies de jeunesse du socialisme ; le wokisme est la maladie sénile de l'individualisme bourgeois.

Quelle sera l'issue, en France tout au moins, de ces maladies de la personnalité ? À la différence de beaucoup de mes interlocuteurs, je ne suis pas pessimiste. Je remarque que dans la plupart des domaines des sciences humaines où sévissent ces maladies de la modernité dévoyée, la contre-attaque s'organise spontanément. Je vois qu'en philosophie, Marcel Gauchet, Alain Finkielkraut, Pascal Bruckner ne se laissent pas intimider et creusent le sillon de l'humanisme universaliste avec un écho croissant ; qu'en sociologie, lieu sensible par excellence de l'idéologie actuelle, un Pierre-André Taguieff traque impitoyablement les impostures des nouveaux rhéteurs ; que Christophe Guilluy et Pierre Vermeren font surgir de la géographie humaine des explications convaincantes des dérives actuelles, tandis que Jérôme Fourquet donne avec son concept d'archipellisation une explication pénétrante du malaise français et que Gilles Kepel propose, livre après livre, une explication rigoureuse du développement de l'islamisme ; que Michèle Tribalat nous offre une version non biaisée de l'immigration ; que Claude Habib ou Bérénice Levet dégonflent la baudruche de la prétendue théorie du genre ; et je ne fais que rappeler ici les travaux ravageurs de Jean-Claude Michéa, qui ont souvent les premiers sonné la charge. Je n'en finirais pas d'énumérer les formes de la riposte intellectuelle au wokisme sous toutes ses formes, au point de tomber à mon tour dans le travers propre à telle journaliste du *Monde* d'établir des listes. À cela près que les miennes sont des listes de recommandation, tandis que celles d'Ariane Chemin sont des listes de délation.

Que conclure ? Que le wokisme, comme jadis le stalinisme et le maoïsme, sera un jour ou l'autre, réduit à l'état de baudruche dégonflée, symbole du manque de lucidité et de courage de l'intellectuel sériel des temps modernes. Certes, il est moins sanglant que ses prédécesseurs, mais partout où il s'installe, il témoigne d'une inquiétante régression de l'esprit humain, propre à notre époque. C'est pourquoi cette peste de l'intelligence doit être combattue partout et toujours sans esprit de recul.

9

Crépuscule de la raison politique

18 août 2022

L'approche de la rentrée politique invite à jeter un regard sur la formidable rupture dans la civilisation que nous sommes en train de vivre. Pendant des siècles, en effet, la population du monde a été régulée, si l'on ose dire, par trois fléaux qui l'empêchaient de croître : la famine, les épidémies, la guerre. Or, ces dernières années, à un rythme variable suivant les sujets et les pays, ces trois fléaux étaient en recul continu dans le monde industriel. Les progrès des rendements agricoles, grâce notamment à l'emploi des engrais, la sélection des espèces et la mécanisation y ont progressivement fait reculer les famines, jusqu'à les faire disparaître. En Occident, il y a déjà plusieurs décennies que l'on ne meurt plus de faim. Même dans les pays du tiers-monde, les famines ont diminué en nombre et en intensité. Une meilleure alimentation ainsi que les progrès de la médecine, par exemple de la vaccination, ont à leur tour fait reculer les épidémies qui, jadis, ravageaient périodiquement la planète. La guerre, enfin, après les deux grandes saignées que furent les deux conflits mondiaux de 1914-1918 et de 1939-1945, semblait céder du terrain. D'où le vent d'optimisme que nous avons connu depuis 1945, et la foi raisonnée et raisonnable dans le « progrès ». Le socialisme marxiste avait beau souligner, à juste titre, que ce progrès était acquis au prix d'inégalités flagrantes… la suite nous a appris qu'il s'agissait là, somme toute, d'un épiphénomène en regard du gigantesque pas en avant qu'était en train d'accomplir la partie la plus avancée de l'espèce humaine. Nul doute que le monde communiste et même le tiers-monde en bénéficieraient à leur tour, sous l'égide d'une idéologie politique dominante, la démocratie libérale. Cette unification progressive de la planète connut son apogée dans la dernière décennie du XXe siècle, explicitée par le livre de Francis Fukuyama qui prédisait le triomphe, en l'absence de tout autre système crédible, du libéralisme économique et politique à l'échelle de la planète.

Mais l'Histoire a des raisons que la raison ne connaît pas. La prédiction de Fukuyama supposait une sorte de rationalité de la nature associée à la rationalité humaine, à l'écart de la passion. Où étaient donc passées les passions ? Ce nouveau siècle, le nôtre, n'avait pas encore deux ans (11 septembre 2001) qu'un attentat fou, absurde, imprévisible frappa le système en plein cœur. La destruction des deux tours jumelles du World Trade Center de New York avait valeur de symbole : c'était la réponse du fanatisme à la rationalité, de Ben Laden à Fukuyama. Là où un au-delà idéologique du capitalisme libéral sous la forme du socialisme avait échoué, un « en deçà » religieux entrait en scène de façon fracassante. Soit, répliquèrent les optimistes, le premier moment de stupeur passé, c'est là l'ultime sursaut de la partie archaïque de l'humanité, qui a pris par surprise son aile marchande, la plus rationnelle. Un acte insensé, unique, ne saurait redonner du sens à ce qui n'en a pas. Mais alors, le 24 février 2022, date de l'agression de la Russie contre l'Ukraine, est une date capitale dans l'histoire de notre malheur ! On avait cru jusqu'alors, ou plutôt on avait voulu croire, que le deuxième monde, c'est-à-dire le monde communiste ou ex-communiste, en litige entre le tiers-monde et les démocraties libérales, choisirait délibérément la collaboration avec ces dernières. Las ! Patatras ! Poutine n'était pas l'héritier de Gorbatchev, mais bien de Staline. Poutine n'était pas communiste, pas plus que Staline d'ailleurs. Tous deux en revanche étaient impérialistes, férocement impérialistes. Poutine reprenait l'Histoire là où en 1989 l'avait interrompue la chute du communisme, à ses yeux la plus grande catastrophe des Temps modernes. Avec l'invasion de l'Ukraine, ce n'était pas la guerre froide qui recommençait, mais la guerre tout court. De Staline, Poutine a la férocité. Il n'en a pas la prudence. Pour le moment, Xi Jinping ressemble plus à Staline qu'à Poutine, mais pour combien de temps ?

La guerre de la Russie contre l'Ukraine, pour localisée qu'elle soit, a suffi à déclencher la crise la plus redoutable qui guette le monde industriel, la crise de l'énergie, dont nous voyons aujourd'hui se déployer les conséquences multiples et terrifiantes. Pendant ce temps-là, la nature – c'est un mot polysémique qui n'exclut ni l'action ni la responsabilité de l'homme – s'invitait à pareille fête en multipliant les agressions sous la forme de pandémies, hier le sida, aujourd'hui le Covid, voire la variole du singe. C'est le moment qu'ont choisi, un peu partout à travers le monde, les esprits les moins rationnels pour remettre en cause le principe de la vaccination, qui était naguère venue à bout des grandes catastrophes épidémiques du monde d'hier. En somme, sous les formes les plus diverses, les passions sont en train de prendre leur revanche sur la rationalité, et nous laissent présager des lendemains de bruit et de fureur, gouvernés par des idiots.

Il est d'usage, à l'issue d'un propos résolument pessimiste, de terminer sur une note empreinte d'optimisme et d'espérance. Mille regrets. C'est un article que nous ne tenons pas en magasin. Je ne connais qu'une forme d'optimisme : celui qui, selon Bernanos, vient couronner le désespoir surmonté. Les temps qui viennent seront durs, et l'amour de la liberté ne se décrète pas. Que faire, par exemple, quand on voit le chef de la gauche, Jean-Luc Mélenchon, opter en toutes circonstances pour l'homme ou le régime le plus contraire à la liberté ? Résister à l'air du temps. Résister aux emportements de son propre camp, sans esprit de recul, sans considération des résultats immédiats. C'est la meilleure façon de ne pas être déçu. Et puis, on ne sait jamais…

10

Bonne année quand même !

5 janvier 2023

Ne nous racontons pas d'histoires : l'année 2023 ne sera pas bonne. Comment du reste pourrait-elle l'être, compte tenu du triste point de départ qui est le sien ? Jamais depuis la fin du XXe siècle les libertés dans le monde n'étaient tombées aussi bas, jamais les menaces de guerre n'avaient été aussi grandes.

Mon ami Luc Ferry s'est fait une sorte de spécialité de railler les chantres complaisants du déclin et du malheur présent. Il n'a pas de mal à montrer que la situation matérielle et économique du monde n'avait jamais été aussi bonne. Les progrès de l'agriculture, de l'industrie, du commerce, mais aussi de la médecine sont continus et incontestables. Jamais ceux de la technique, par exemple en matière de communication et de mobilité, n'avaient offert à chacun de nous, même aux plus modestes, autant de possibilités nouvelles. Tout cela, mon cher Luc, nous le savions, et pour ma part, je ne songe nullement à le contester.

Reste que, comme il est dit dans Tartuffe, « l'homme est, je vous l'avoue, un méchant animal ». Il est capable de faire de la souffrance, de l'oppression, de la mort avec toutes les ressources sans cesse renouvelées de son esprit. Et il ne s'en prive pas.

À la fin du XXe siècle, un grand vent d'optimisme avait balayé le monde et permis à Francis Fukuyama, dans un livre-époque, *La Fin de l'histoire et le dernier homme*[1], d'annoncer une ère nouvelle dans l'histoire de l'humanité, fondée sur le triomphe du libéralisme économique et de la démocratie politique. L'histoire, nous n'en doutons pas depuis Hegel, Marx, et plus près de nous Kojève, est fondée sur la contradiction, la lutte (des nations, des classes) et la guerre. Or, en ce début des années 1990, les deux grands ennemis de ce libéralisme économique et politique, le fascisme et le communisme, étaient à terre, hors de combat. La Seconde Guerre mondiale permit l'élimination du premier (Allemagne hitlérienne, Italie mussolinienne, Japon de Hirohito) ; la guerre froide se terminait le 25 décembre 1991 avec l'effondrement et la dissolution de l'Union soviétique, et la fin des « démocraties populaires » de l'Europe de l'Est. Le combat cessa faute de combattants et la démocratie occidentale restait seule debout sur le champ de bataille. Dans l'esprit de Fukuyama, mais aussi, il faut le dire, de la plupart des observateurs de l'époque, elle ne pouvait que s'étendre à l'ensemble du monde, à mesure des progrès économiques de chaque pays, à son rythme propre. Durant l'éblouissante dernière décennie du siècle, on put croire que la Russie d'Eltsine, sur un rythme chaotique, s'acheminerait vers un régime semi libéral, et même que la Chine, en dépit

1. Flammarion, 1992. Développement d'un article paru en 1989 dans *The National Interest* sous le titre « La fin de l'Histoire ? ».

du massacre de Tiananmen (4 juin 1989) et de la mort de Deng Xiaoping, figure de la « porte ouverte » et de la « démocratie restreinte », allait continuait à se réformer.

Avec le XXIe siècle, tout change. Symboliquement, c'est le 31 décembre 1999 qu'Eltsine démissionne au profit de son Premier ministre, un certain Vladimir Poutine à la tête de la Russie, et moins de deux ans plus tard, le 11 septembre 2001, un nouvel acteur entre en scène à l'échelle mondiale : l'islamisme djihadiste réussit ce coup de tonnerre : la destruction des deux tours jumelles du World Trade Center et ses 3 000 morts. Si le libéralisme économique a de beaux jours devant lui, la démocratie politique, elle, est en reflux à travers le monde : non seulement en Russie et en Chine, mais dans l'ensemble du monde émergeant.

On arrive ainsi à la situation actuelle où, selon l'institut V-Dem rattaché à l'université de Göteborg (Suède), 70 % de la population mondiale vit aujourd'hui sous un régime autocratique, cependant que le nombre de démocraties libérales – trente-quatre – n'a jamais été aussi bas depuis 1995 [1]. Cette « autocratisation du monde », symbolisée par le règne absolu de Vladimir Poutine en Russie et de Xi Jinping en Chine, c'est la défaite de Fukuyama. Le totalitarisme, que l'on croyait naguère définitivement banni de la planète, s'étale aujourd'hui sans complexes, cependant que les intellectuels de gauche, toujours à la pointe de la lucidité et du courage, continuent de dénoncer sans relâche les faiblesses et les manquements de la démocratie occidentale.

1. *Le Monde*, 21-22 décembre 2022.

Pour la première fois depuis la fin de la guerre froide, et de façon beaucoup plus aléatoire – Poutine est plus imprévisible et moins responsable que Staline –, la guerre chaude est redevenue l'un des horizons possibles de l'Europe et du monde.

Dans ce contexte anxiogène, des groupes d'individus, en marge de la politique, ont le courage inouï de se dresser contre la force brute du pouvoir absolu, à l'image de cette jeunesse iranienne qui brave les enturbannés ; ou encore de ces citoyens chinois qui ont réussi à faire reculer, sur la question du Covid, le pouvoir le plus absolu avec la Corée du Nord, existant sur cette planète. Telle est l'originalité de l'année qui commence : la montée quasi asymptotique de l'absolutisme politique ; concurremment, des révoltes héroïques, sans espoir de succès immédiat, venues de simples citoyens avides des formes les plus élémentaires de la liberté. Entre les deux courants, le clash est inévitable, ponctué d'épisodes sanglants, d'avancées et de reculs pour chacun des camps. Mais soyons sans illusion : le moment présent n'est pas celui de la liberté. C'est pourquoi il faut la défendre inconditionnellement, partout et toujours, sans considération des résultats. Quitte à être déçus en bien, comme disent nos amis suisses.

Salut à l'Ukraine libre.

Et pour nous tous : bonne année quand même !

TROISIÈME PARTIE

LA GUERRE D'UKRAINE ET L'AVENIR DE L'EUROPE

Il s'est produit, à l'orée de cette agression barbare de l'Ukraine par Poutine le 24 février 2022, avec pour prétexte la plus fallacieuse, la plus cynique des raisons qu'on puisse imaginer, à savoir la « dénazification » du pays, quelque chose qui ressemble à un miracle : l'Europe que l'on eût dite vouée à la tergiversation, à l'échappatoire et pour le dire sans fard à l'esprit munichois, a, sans concertation préalable, observé un sursaut unanime. C'était non au néofascisme poutinien.

Lors des agressions précédentes, telles la deuxième guerre de Tchétchénie en 1999-2000 au cours de laquelle 10 % de la population fut exterminée, l'intervention contre la Géorgie avec la quasi-annexion de l'Abkhazie et de l'Ossétie du Sud en 2008 et enfin l'annexion de la Crimée en 2014, l'Europe n'avait pas bougé. Du coup, l'Otan, qu'Emmanuel Macron avait peu auparavant dit en état de « mort cérébrale », se trouvait ressuscitée. Certes, il y a un grand pas entre la livraison d'armes à l'Ukraine et une entrée dans la guerre, que personne ne souhaite. Mais l'Europe entière, et pas seulement la Pologne et les pays baltes, a compris que sans la fermeté, elle s'exposait à de nouvelles agressions et à une subordination de fait à l'ogre russe.

Pendant ce temps-là, Jean-Luc Mélenchon demande que la France sorte de l'Otan. Son tropisme en direction des dictatures va bien au-delà de l'Amérique latine.

Le 24 février 2022, le monde entier a basculé dans une nouvelle ère, qui ressemble de plus en plus à une avant-guerre. Il faut éviter toute faiblesse et toute provocation. L'indifférence au sort de l'Ukraine eût été, à sa manière, une provocation.

Les guerres ont été et demeurent les grandes accoucheuses de l'Histoire. La folle agression de l'Ukraine par Vladimir Poutine a plus fait pour la constitution d'une Europe des nations que des décennies d'échanges commerciaux. Aider l'Ukraine à chasser l'envahisseur n'est donc pour l'Europe rien d'autre qu'un acte de reconnaissance.

11

Vive l'Ukraine libre !

7 mars 2022

Peu de Français connaissent le mot « Holodomor ». C'est un terme ukrainien qui désigne l'extermination par la faim, telle que l'a connue le pays, ainsi que le Kouban et le Kazakhstan, en 1932-1933, et qui fit selon les estimations entre 2,5 millions et 6 millions de morts. Le chiffre le plus souvent retenu est celui de 4 millions. Presque l'équivalent de la Shoah. Ainsi l'Holodomor est au peuple ukrainien ce que la Shoah est au peuple juif. La plupart des historiens, à la suite de Robert Conquest, s'accordent à considérer qu'une telle famine, dans une région qui est le grenier à blé de l'Europe, est le résultat d'une décision volontaire de Staline, qui a délibérément puni les Ukrainiens de s'être à plusieurs reprises révoltés contre le totalitarisme bolchevique. Dans le cadre de la collectivisation forcée de l'agriculture (le Grand Tournant – 1929-1933), les réquisitions furent portées par Staline à un niveau tel qu'il privait délibérément les paysans rebelles de leurs subsistances personnelles et de leurs semences.

Comment Poutine écrit l'Histoire

Ce rappel était nécessaire. Comment imaginer qu'une tragédie d'une telle ampleur ne soit pas présente dans l'esprit des uns et des autres, tandis qu'ils se font la guerre ? Comment imaginer que la représentation dominante qu'ont les Ukrainiens du pouvoir central russe soit autre chose que la barbarie ? Comment ne pas comprendre l'aspiration de la quasi-totalité du peuple ukrainien à se rapprocher de l'Occident ? Car à la manière des pires dictateurs, qui ne supportent pas que les faits leur résistent plus que les personnes, Vladimir Poutine n'a pas craint de faire de l'Ukraine une création de Lénine, qu'il aurait en somme détachée de la Russie : « L'Ukraine contemporaine a été entièrement et complètement créée par la Russie, plus exactement par la Russie communiste, bolchevique [...]. Lénine et ses camarades ont agi de façon vraiment peu délicate avec la Russie. Ils ont pris à celle-là, lui ont arraché une partie de ses territoires historiques. »

Il est difficile, dans ce texte, extrait de son discours du 21 février dernier, et cité ici même par Stéphane Courtois, de dire autant de contre-vérités en si peu de mots, quand on connaît les faits que j'ai rapportés plus haut, le martyre infligé par les bolcheviks au peuple ukrainien. Quel manque de délicatesse, en effet. Il n'est pas étonnant non plus que le président ukrainien, Volodymyr Zelensky, lui-même juif, devenu la figure emblématique de son peuple, en ait appelé aux juifs du monde entier pour résister à un projet qui sous-entend l'annihilation de l'Ukraine. C'est dans ce contexte qu'un missile russe tombé à proximité de Babi Yar, c'est-à-dire le monument commémoratif du massacre de 33 700 juifs par les nazis, a pris valeur de symbole. Dans ces conditions, l'exigence formulée par Poutine d'une « dénazification » de l'Ukraine relève de l'humour noir.

Depuis le 24 février, date de l'agression de la Russie contre un pays souverain, l'Ukraine, les défenseurs de Poutine, ou plutôt ses « excuseurs » – car il n'a guère en France et en Occident de véritable défenseurs –, font valoir deux types d'arguments. Le premier, c'est que Poutine, longtemps modèle d'équilibre, à base d'équitation et de judo, serait devenu quasiment fou. Le second, c'est que c'est l'Occident, qui par son refus d'ouvrir les bras à la Russie postcommuniste l'a poussée dans ceux de la Chine, tandis que l'Otan, en déplaçant sans cesse ses frontières vers l'Est, l'a justement inquiété pour sa sécurité et conduit à prendre un gage en Ukraine.

Poutine est-il devenu fou ?

Il est curieux que les diplomates et les politologues s'en remettent, pour décrire l'état mental de Poutine, à une catégorie si vague que la psychiatrie l'a abandonnée depuis longtemps. Reste qu'il y a chez tous les tyrans un solipsisme croissant, qui les éloigne des autres hommes, mais aussi de tout contact avec le monde extérieur. La manière dont Poutine reçoit ses visiteurs, chefs d'État étrangers ou collaborateurs de haut rang, à une distance qui s'apparente plus au terrain de tennis qu'au salon pour la conversation, a quelque chose d'étrange et d'inquiétant, qui ne relève pas seulement de la phobie du Covid – Hitler avait la même hantise du microbe et du virus – mais peut-être bien aussi du refus de tout repère extérieur.

L'homme seul tend naturellement à la folie. Elle est fascinante, la transformation à vue d'œil des deux protagonistes de la guerre. Poutine, réputé habile homme, tend à prendre l'image d'un forcené, tandis que Zelensky, le bouffon égaré dans la politique, devient à la tête de son peuple une figure habitée et presque christique.

Un heureux hasard fait qu'en pleine fantasmagorie ukrainienne Patrick Weil publie sous le titre *Le président est-il devenu fou ?*[1] l'histoire minutieuse et passionnante du manuscrit retrouvé par lui du livre conjoint de Sigmund Freud et William Bullitt, diplomate américain : *Le Président T.W. Wilson. Portrait psychologique*[2]. Le principal intérêt du livre est d'apporter une contribution à cette question controversée : pourquoi le président Wilson s'est-il acharné, au-delà de tout bon sens, à faire échouer devant le Congrès américain la ratification du traité de Versailles (1919), son propre chef-d'œuvre politique, avec les incalculables conséquences de la non-participation des États-Unis à la SDN ? Patrick Weil se garde bien de conclure à la « folie » de Wilson, mais à son « instabilité », et à la place essentielle des individus, à plus forte raison quand ils sont instables, en concurrence avec les grands phénomènes structurels, dans l'histoire et le destin de l'humanité.

1. Grasset, 2022.
2. Payot & Rivages, 2005.

C'est aussi l'occasion de lire ou de relire *La Russie selon Poutine*[1], le livre d'Anna Politkovskaïa, cette grande journaliste assassinée en octobre 2006, probablement sur les ordres du Kremlin. C'est un tableau effarant de la criminalité, des courants mafieux dans la police et dans la justice, de la violence, des prises d'otages dans la Russie de Poutine, alors qu'il n'était pas encore officiellement fou. Poutine, selon l'auteur, « n'a cessé de se conduire comme un lieutenant-colonel du tristement célèbre KGB ». Et d'ajouter que la Russie est loin d'être tout entière derrière lui : « Nous ne voulons plus être des esclaves, même si cela sert les intérêts de l'Occident. Nous exigeons la liberté. »

Car enfin, l'invasion de l'Ukraine en 2022 n'est pas un acte isolé. Toute l'histoire de l'URSS, de Lénine et Staline jusqu'à Poutine, avec pour seule exception les années Gorbatchev (1985-1991), est une interminable série d'agressions et de coups de force à l'intérieur de l'ancienne URSS ; mais aussi des ex-démocraties populaires comme à Budapest en 1956 ; ou en 1968 à Prague, sous les auspices du débonnaire Leonid Brejnev. Poutine n'a pas donné sa part au chat avec la Tchétchénie (1999-2006), la Géorgie (2008), la Crimée (2014) et maintenant l'Ukraine. Je préfère céder ici la parole à Wiktor Stoczkowski qui, dans un article publié sur FigaroVox le 1er mars, déclarait : « Si la politique de Poutine était le fruit d'une folie, alors il faudrait conclure que les dirigeants russes depuis un siècle étaient fous, car ils ont tous, à l'exception notable de Mikhaïl Gorbatchev, mené la même politique brutale et cynique. »

1. Gallimard, « Folio documents », 2006.

La faute à l'Otan

Reste la seconde question, celle que ne cessent de se poser ces jours-ci, non les défenseurs, mais les « excuseurs » de Poutine. Pour expliquer son comportement criminel, ils invoquent deux raisons : d'une part, les Occidentaux n'ont jamais répondu à ses attentes en matière de sécurité. Pis que cela, le président russe s'inquiète de l'avancée de l'Otan à la Pologne, aux pays baltes ; demain peut-être, s'il n'avait rien fait, à l'Ukraine et à la Géorgie.

J'ai beau faire preuve d'imagination, j'ai peine à me représenter l'ancien officier supérieur du KGB grelottant de terreur au fond du Kremlin, devant la menace des renforts de troupes de l'Otan accumulées le long de la grande ligne de front : 5 000 hommes ! On sait en outre que le potentiel nucléaire de la Russie est quantitativement le premier du monde, et qu'à la différence des autres détenteurs de l'arme fatale, elle n'hésite pas à en brandir la menace. Le thème de l'encerclement est un excellent dérivatif pour faire oublier sa propre agressivité : nous savons cela depuis Hitler, qui en a fait le thème majeur de son apologétique.

Quant à l'idée d'un partenariat stratégique de la Russie avec l'Occident, c'est-à-dire l'Otan, pourquoi pas ? Mais c'est le danger qui crée le besoin, et l'on ne voit pas contre qui une telle entente militaire serait dirigée. Contre la Chine ? C'est impensable, et du reste le remède serait pire que le mal. D'ailleurs, une amorce d'entente russo-européenne était contenue dans les accords de Minsk, qui prévoyaient la neutralisation de l'Ukraine : la Russie de Poutine n'a rien fait pour en entreprendre l'application.

J'ajoute une dernière considération à l'intention des néo-neutralistes, comme Jean-Luc Mélenchon qui préconise une sortie de l'Otan au moment même où sous le coup de l'agressivité de Poutine, celle-ci reprend un sens. Cette balance égale entre l'agresseur et l'agressé, nous l'avons vue à l'œuvre à grande échelle en 1936, avec la non-intervention en Espagne et le refus d'envoyer des armes aux républicains, cette politique, munichoise avant la lettre, nous a menés très sûrement à la capitulation des démocraties et au triomphe de la stratégie hitlérienne.

Quand les objectifs de la Russie poutinienne seront purement économiques et commerciaux, il sera temps de lui ouvrir les bras. Mais pour le moment, ceux qui éclatent au grand jour, sont au nombre de deux : d'abord, restaurer, chaque fois que l'occasion se présente, et par tous les moyens, la grande URSS de Staline ou la grande Russie de Pierre le Grand. Quand il intervient en Tchétchénie ou au Kazakhstan, ce n'est tout de même pas pour répondre à une menace de l'Otan ! Ensuite, et peut-être surtout, opposer un barrage infranchissable à la poussée démocratique qui s'exerce à l'intérieur de la Russie ou dans les territoires limitrophes. Faudrait-il, par excès de prudence ou d'égoïsme, traiter l'aspiration des peuples opprimés à la liberté comme une menace contre la nôtre ?

Ce qui précède n'est nullement un appel irresponsable à l'intervention. La politique d'Emmanuel Macron, qui consiste à tout faire pour empêcher un élargissement du conflit, ou pis que cela, à sa nucléarisation, est la bonne. Son discours à la nation, la semaine dernière, est un modèle du genre. Sa seule vraie campagne électorale, c'est son action sur le théâtre extérieur, et nul ne saurait lui faire grief d'un tel avantage de situation, quand il s'en sert dans l'intérêt général.

Fin de l'empire américain et éveil de l'Europe

Reste à tenter de mesurer les conséquences de ce fait nouveau : la guerre d'Ukraine, qui comme toute guerre est une accélératrice de l'Histoire. L'événement primordial, celui qui domine tous les autres, c'est la fin de l'empire américain sur le monde. Qu'un Poutine, à la tête d'un pays à l'économie délabrée, à la démographie déclinante et au prestige effondré, puisse se payer le luxe, fort de son potentiel militaire et nucléaire, d'une agression de grande envergure sur un État de la taille de l'Ukraine en dit long sur la fin de la domination américaine. Du temps de la grandeur des États-Unis, Poutine n'eût pas osé, tout simplement. Mais successivement, et par des voies diverses, les trois derniers présidents américains, Obama, Trump et Biden, ont signifié au monde qu'ils fermaient boutique. Les conséquences en Afghanistan, au Moyen-Orient, et plus encore en mer de Chine n'ont pas tardé à se faire sentir. Partout les régimes autoritaires, des « démocratures » aux plus totalitaires ont relevé la tête.

Mais par un jeu de bascule qui pour une fois nous est favorable, l'Europe s'est réveillée, ou, plutôt, car c'est nouveau, elle s'est éveillée. Elle est en voie d'emprunter le chemin inverse de celui que suivent actuellement les États-Unis d'Amérique. L'Europe, ce géant économique doublé d'un nain politique, s'est retrouvée tout à coup au premier rang de l'Histoire en train de se faire, et cela avec l'accord unanime de ses membres. L'espèce de doux affolement qui a gagné alors les vieilles culottes de peau du souverainisme était comique à voir, si la situation avait laissé place à la catégorie du comique.

Des années durant, l'Allemagne d'Angela Merkel, la douce obstinée, avait constitué le principal obstacle à un développement stratégico-politique de l'Europe. Et voilà tout à coup qu'Olaf Scholz, que Trump eût volontiers traité de « Sleepy Olaf », se réveille, et brisant tous les tabous, autorise la livraison de matériel militaire à l'Ukraine et un réarmement important de l'Allemagne. Le monde est en train de changer, et l'Europe aussi. Elle vient, brusquement, instinctivement, unanimement, de dire non à son déclin annoncé. La suite reste à écrire. En attendant, vive l'Ukraine libre !

12

La guerre en Ukraine et l'avenir de la démocratie

4 avril 2022

Comment qualifier la guerre d'Ukraine qui se déroule à nos portes, et surtout comment l'interpréter ?

Notre embarras en dit long. Depuis le formidable coup de tonnerre du 11 septembre 2001 et la destruction des tours jumelles de Manhattan, personne ne croyait plus à l'utopie, caressée par Francis Fukuyama, d'une fin de l'histoire, grâce au triomphe absolu de la démocratie libérale et à l'extinction des conflits internationaux. Après les dix années non pareilles du XXe finissant, le nouveau siècle commençait mal.

La fin de l'histoire date de 1806

Ensuite, les choses sont allées de mal en pis. Depuis le 24 février 2022 et l'agression de l'Ukraine par la Russie de Poutine, ce n'est pas seulement cette « fin de l'histoire » qui est en question, c'est son sens lui-même.

La plupart des philosophies qui ont dominé la pensée occidentale depuis Hegel, reposaient en effet sur l'idée d'une progression continue et rationnelle vers un stade final, un Absolu, dans lequel viendraient se jeter et se résoudre toutes les contradictions présentes. Hegel est-il allé jusqu'à penser, comme le croyait son interprète Alexandre Kojève, grand philosophe et, à ses heures, agent soviétique, que l'histoire s'est achevée à Iéna, le 14 octobre 1806, par les soins de l'empereur à cheval, par Napoléon, « cette âme du monde » ? Cette thèse a été souvent contestée pour son simplisme, notamment par Jacques Derrida. Il n'en reste pas moins que les philosophies de l'histoire, qu'elles soient marxistes, fondées sur un au-delà du socialisme et une société sans classes, ou qu'elles soient libérales, comme celle de Fukuyama, ont hanté la pensée sociale depuis le XIXe siècle. Du reste, le christianisme lui-même ne repose-t-il pas sur une scansion du temps, l'avant-Jésus-Christ, l'après-Jésus-Christ et le Jugement dernier ? Hegel l'a dit à sa manière : *Die Weltgeschichte ist das Weltgericht* (« L'histoire mondiale est le tribunal du monde »).

Il est clair qu'aujourd'hui personne ne raisonne plus ainsi, au moins dans le domaine temporel. Quel statut donner à cette guerre d'Ukraine, que presque personne n'avait vu venir, et qui va sans doute bouleverser les destinées du monde ? Les commentateurs en sont réduits à invoquer les contingences de la psychologie individuelle du chef, et font l'hypothèse d'une sorte de « folie » propre au cerveau de Poutine. Quelle chute ! Quel aveu d'impuissance ! Nous voilà ramenés au nihilisme grandiose et désespéré du Macbeth de Shakespeare : « La vie n'est qu'une ombre qui passe, un pauvre acteur qui se pavane et s'agite durant son heure sur la scène et qu'ensuite on n'entend plus. C'est une histoire dite par un idiot, pleine de bruit et de fureur, et qui ne signifie rien. » Ou encore le « rien n'est » dans la seconde version de *La Ville* de Claudel, que j'entends encore proféré par la voix sépulcrale de Jean Vilar.

« Besme : Rien n'est.

Lambert : Frère, quelle parole lugubre as-tu dite ? Tu as captivé les forces élémentaires, à la pulsation même de la vie tu as adapté le "mouvement" de ta machine [...]. Et maintenant est-ce la parole que tu dis et pourquoi te retires-tu de la vie des hommes comme un mort ?

Besme : Rien n'est. »

La volonté de puissance

Appelons Poutine cet « idiot » pour lequel « rien n'est », et tout est dit. Sauf que ce bruit, cette fureur, ce mouvement, il faut bien tenter de les expliquer, à défaut de les interpréter. Si le moteur de l'histoire n'est pas la lutte des classes, ni le progrès technique, ni, sur un autre plan, le Verbe incarné, nous en sommes réduits à considérer que l'énergie de ce moteur n'est autre que la volonté de puissance (*Der Wille zur Macht*) qui anime les acteurs. Certes, on a beaucoup dévoyé la pensée de Nietzsche, l'auteur du concept. Chez lui, la « volonté de puissance » ne signifie pas l'effort prédateur pour s'approprier un bien extérieur. Elle désigne plutôt la dynamique propre à la vie elle-même, car il est de la nature de la vie de rechercher son intensité maximale. La vie repose donc sur des rapports de force et non sur des idéaux abstraits, comme les droits de l'homme. La vie à l'état brut est tout sauf humaniste, elle pratique la sélection naturelle, c'est-à-dire la cruelle loi du plus fort.

« Volonté de puissance » est l'expression employée par Mélenchon – qui revient de loin – pour caractériser l'invasion de l'Ukraine par la Russie. Du reste, la rhétorique dont use Poutine pour justifier son agression ne s'apparente ni de près ni de loin aux catégories du social, encore moins du socialisme. Outre l'objet – à la limite du canular – de « dénazification » du pays, elle invoque principalement l'histoire et la langue, l'ethnie, toutes catégories classiquement invoquées par n'importe quel envahisseur à l'égard de son voisin. Il s'agit en somme de récupérer son bien.

Nous vivons donc en direct et au jour le jour un changement d'époque : *Zeitenwende* (« tournant »), a dit le chancelier Olaf Scholz. Nous avons devant nous une histoire désarticulée, balbutiante, qui paraît avoir renoncé à toute intelligibilité propre, pour s'en remettre au bon vouloir des acteurs, elle qui depuis si longtemps était censée les manipuler à leur insu.

De quoi Poutine a-t-il peur ?

Pourtant, sommes-nous condamnés à subir passivement le bruit et la fureur, sans même tenter de lui donner un sens ? Je ne le crois pas, et voici pourquoi. Il est bien vrai que la plupart des tyrans asiatiques ou africains ont peur de l'Occident. Et Poutine est l'un d'entre eux. Mais ce n'est pas de l'Otan qu'ils ont peur, c'est de la liberté, c'est de la contagion de la liberté. Malgré le précédent du bombardement de Belgrade (1999), consenti en faveur de musulmans kosovars menacés de purification ethnique, Poutine sait très bien qu'il ne risque pas une agression qui n'est ni dans les statuts, ni dans les intérêts, ni dans les intentions de l'Otan. Et la proximité des frontières n'y change rien. S'il s'agissait de frapper la Russie, l'Otan est capable de le faire depuis la Pologne, l'Allemagne ou même la France. Cessons de nous laisser prendre pour des imbéciles.

En revanche, la contiguïté géographique, elle, est une menace véritable de contamination politique. Nous connaissons le langage des despotes à l'âge de la communication : il faut le plus souvent entendre le contraire de ce qu'ils disent. Ainsi, quand Poutine éprouve le besoin soudain, irrépressible, de « dénazifier » l'Ukraine, il faut comprendre qu'il veut y extirper les ferments de démocratie nés du Maïdan et cultivés par Volodymyr Zelensky.

Ce n'est pas par hasard si le président ukrainien est visé personnellement : il est le symbole de la liberté du pays, de son aspiration à se rapprocher de l'Occident. Poutine, est-il besoin de le dire, s'accommode au contraire très bien de la présence en son sein de la Tchétchénie, où l'on pratique la charia et qui est gouvernée par une dynastie de tortionnaires et d'assassins, les Kadyrov, auxquels il fait d'ailleurs appel pour « dénazifier » l'Ukraine… C'est pitié que la thèse, à la limite du comique, de la crainte de Poutine à l'égard de l'Otan ait trouvé, surtout dans les premiers jours de l'agression, des défenseurs parmi de bons esprits et des observateurs chevronnés. Ce n'est pas de l'Otan que Poutine a peur, c'est de la contagion démocratique.

Quant à la philosophie de l'histoire immanente au monde actuel, elle s'est singulièrement simplifiée. Ce monde a connu naguère, à la faveur de l'effondrement du communisme, un vaste mouvement en faveur des régimes démocratiques sur le modèle occidental. Il a balayé l'Amérique latine, le monde asiatique lui-même. En Russie, les gouvernements de Gorbatchev et d'Eltsine en furent la démonstration. En Chine même, le mouvement du 4 Mai sur la place Tiananmen (1989) élève une statue à la « déesse de la démocratie », avant d'être brutalement réprimé. Quant au printemps arabe, il se manifeste beaucoup plus tard, à partir de 2010, mais il gagne la quasi-totalité des pays, avec des manifestations prolongées, parfois la chute de régimes corrompus, comme en Tunisie, en Libye, en Égypte, au Yémen. Avec encore plus de retard, le Hirak (mouvement algérien), avec cette série de manifestations hebdomadaires contre le pouvoir de Bouteflika, est l'événement le plus important du pays depuis l'indépendance de 1962.

Inutile de continuer une énumération qui exigerait beaucoup de détails pour tenir compte des situations particulières. En termes de philosophie de l'histoire, nous vivons aujourd'hui une contre-révolution : la réaction des régimes autoritaires et totalitaires qui ont tous été, au cours des trente années écoulées, menacés par l'aspiration des peuples à la liberté et à la démocratie.

La seule force révolutionnaire ? La démocratie

Qu'est-ce donc, au final, que cette démocratie qui renaît plus vivante que jamais dans la conscience populaire quand toutes les utopies, toutes les idéologies, toutes les sociogonies ont été balayées au grand vent de l'histoire ?

La seule échappatoire à la volonté de puissance ! Le seul régime politique capable d'assigner à la puissance publique un autre objectif que celui de son accroissement indéfini. La volonté de puissance finit toujours par s'incarner dans un individu ; la démocratie est au contraire, selon l'expression chère à Claude Lefort, un « lieu vide », seul capable de substituer à l'ambition de ses détenteurs provisoires une alternative sous la forme du bien-être matériel et de l'épanouissement intellectuel et moral des citoyens. La démocratie suppose, par rapport à l'exercice sauvage du pouvoir, une véritable « inversion des valeurs » (*Umwertung der Werte*, Nietzsche).

Dans l'Évangile, c'est Satan qui est porteur de la volonté de puissance, et je ne connais pas d'épisode plus sublime, plus ouvert à l'intelligence de l'humanité tout entière, que cette tentation du Christ dans le désert (Matthieu, IV, 1-11), où Jésus, après avoir jeûné quarante jours, repousse à trois reprises, et sous trois formes différentes, la tentation suprême, satanique par excellence, celle du pouvoir.

Une comparaison historique nous permettra de mieux comprendre la nature du moment que nous vivons. Au lendemain de la Révolution française et de la grande chevauchée napoléonienne à travers l'Europe, un grand vent de liberté balaya le continent, menaçant les autocraties en place. D'où leur mobilisation qui aboutit à la défaite de Waterloo (18 juin 1815). C'est alors que se mit en place, à l'instigation du tsar Alexandre, une « Sainte-Alliance » contre la démocratie, avec l'empereur d'Autriche et le roi de Prusse, pour faire barrage aux idées révolutionnaires. Elle dominera la scène européenne jusqu'en 1848.

Aujourd'hui, cette scène est devenue mondiale. Le nouveau tsar s'appelle Poutine, il a pour puissant et redoutable allié la Chine de Xi Jinping et pour complices la plupart des régimes autocratiques à travers le monde. Leur emprise tend à s'étendre, en plus de l'Asie, au Moyen-Orient et à l'Afrique. L'ennemi désigné s'appelle l'Occident. Comme en 1815, sous prétexte de barrer la route à l'ogre occidental, c'est bel et bien à la constitution d'une « Sainte-Alliance » contre la démocratie que nous avons affaire.

Ne nous faisons pas plus vertueux que nous sommes. Après tout, Napoléon, regardé comme le champion de l'idée révolutionnaire, n'avait rien d'un démocrate. Ne cédons donc pas à une vision moraliste et téléologique de l'histoire, surtout quand l'autocratie dispose, comme aujourd'hui, de ce grand égalisateur des pouvoirs qui se nomme l'arme atomique. Mais nous ne saurions pas non plus, sous prétexte que nous n'en serions pas dignes, repousser comme dangereuses les aspirations des peuples à la liberté, quand elles se tournent vers nous. Ces aspirations disposent, avec les nouveaux instruments de communication, d'instruments aussi formidables que la puissance des autocrates eux-mêmes. Personne n'aurait cru, il y a deux mois, à l'éclatement de la guerre d'Ukraine. Mais, une fois éclatée, personne non plus n'aurait cru à la résistance des Ukrainiens. Faudrait-il, pour plaire à de prétendus réalistes, que nous combattions chez nos voisins l'idée de liberté que nous représentons à leurs yeux ?

Présidentielle : à la roulette russe

Pour autant, la France est loin d'être une démocratie exemplaire. Du fait de la guerre d'Ukraine, la campagne électorale n'a pas eu lieu, et, à la différence de la plupart, je me permets de dire : tant mieux ! Jamais, de mémoire d'historien, on n'avait vu défiler un tel ramassis de propositions où l'ineptie le dispute à la démagogie. Quelques exemples : retraite à 60 ans (pourquoi pas 55, comme à la RATP), embauche de 200 000 fonctionnaires supplémentaires (c'est urgent !), majorité légale à 16 ans (puisque ceux de 18 ne votent pas), blocage des prix (« Foutu maximum ! », comme on disait au passage de la charrette de Robespierre vers l'échafaud), semaine de 32 heures (travailler moins pour gagner plus).

Valérie Pécresse est la seule à avoir résisté à cette ivresse démagogique et à avoir fait des propositions pour réduire une dette astronomique de 113 % du PIB. Résultat : on le lui a fait payer et elle a dégringolé dans les sondages.

« Elle n'imprime pas », disent les experts. Il est vrai qu'elle imprime moins de sottises que ses concurrents.

Depuis que Macron s'est débarrassé des Gilets jaunes en ouvrant sa bourse et a payé la crise du Covid à guichets ouverts, ce keynésianisme de crise a pris la forme du refus de toute rationalité comptable. Comment, dans ce pays qui a perdu la boule, rêver d'un partenariat avec l'Allemagne et d'un leadership européen ? Que serait-ce si nous n'avions pas eu à la tête de la France un financier et un technocrate ?

Quand les ivresses électorales du printemps seront retombées, il sera temps de convoquer les États généraux de la société française, pour faire les comptes, répartir justement les sacrifices, remettre en marche des institutions qui battent de l'aile (École, Justice, Parlement) et redonner une ambition commune à ce pays dominé par des élites dans lesquelles le peuple ne se reconnaît plus.

13

Au secours, monsieur Xi Jinping !

3 octobre 2022

La date du vendredi 30 septembre, qui a vu Vladimir Poutine jeter le masque en annexant les territoires d'une puissance étrangère qu'il ne contrôlait même pas en totalité, à l'issue d'une parodie de consultation populaire, restera-t-elle comme un tournant décisif ? Dans la guerre d'Ukraine, assurément. Toute négociation est désormais pour longtemps impossible : Poutine a commis l'irréversible, tandis que Zelensky a répliqué en refusant toute idée de négociation avec lui.

Mais dans la guerre que le même Poutine a ouvertement déclarée le même jour à l'Occident tout entier ? C'est-à-dire dans l'Histoire contemporaine prise dans son ensemble ? Ici rien n'est encore clair, car rien n'est définitivement joué. S'il fallait encore une preuve que le rôle des personnalités dominantes peut être dans l'Histoire aussi déterminant, sinon plus, que les causes profondes, qui relèvent de l'économique, du social, de l'anthropologique, tout ce qui se joue sous nos yeux nous la fournirait aisément.

Prenez le cas de Vladimir Poutine. Un personnage somme toute assez ordinaire. Un kagébiste pur parvenu au pouvoir dans un pays dépourvu de mécanismes démocratiques ; puis un homme dépassé par son destin qui, après s'être lourdement trompé sur l'analyse de la situation, va rechercher son salut provisoire dans la fuite en avant. L'Ukraine nous résiste, pis que cela, nous met sur le reculoir ? Qu'à cela ne tienne, déclarons la guerre à l'Occident tout entier ! Non seulement à l'Otan, mais aux valeurs occidentales, de la liberté politique à la libération des mœurs, de notre arsenal nucléaire aux LGBT. En passant par un éventail étourdissant de chefs d'accusation qui comprend le colonialisme, l'impérialisme, le génocide, le racisme, l'esclavage et j'en passe.

On peut être un petit politicien et un grand paranoïaque. Je me demandais depuis des mois, ballotté comme chacun par des événements qui se pressent, se bousculent et nous dépassent, si psychologiquement Poutine s'apparentait plutôt à Staline ou à Hitler. En termes de malfaisance ou de criminalité, le choix est difficile. Mais Staline, ce grand barbare, était aussi un ours prudent. Il est vrai que le retard de l'URSS sur les États-Unis en matière nucléaire rendait cette prudence impérative. Mais il n'a jamais donné l'impression d'être un aventurier ; il acceptait d'être le produit d'une situation historique particulière. Poutine, sous des dehors calmes et sombres, est un exalté qui finit par adhérer à ses propres mensonges. Un homme qui, à propos de la lutte ouverte contre l'hégémonie occidentale, déclare que « le destin nous appelle sur le champ de bataille » peut se laisser prendre lui-même à ce que Jonathan Littell appelle dans ces colonnes son « poker menteur », notamment en matière nucléaire, par le biais de la rhétorique qu'elle induit. Et puis, la similitude de la situation en Ukraine avec la question des Sudètes, au nord de la Tchécoslovaquie en 1938, est tout de même troublante : si le communisme, selon Lénine, c'était les soviets plus l'électricité, la Russie de Poutine, c'est Hitler en 1938 plus l'arme nucléaire. Il n'y a donc aucune faute à commettre, ni dans le sens de la provocation ni dans celui de la capitulation.

Tout le calcul de Poutine est d'entraîner le monde entier dans sa folle aventure, en espérant isoler l'Occident et coaliser contre lui le reste du monde, des non-alignés au Très Grand Frère chinois. Mais sa fuite en avant le laisse à peu près seul. Il semble que ni la Chine ni l'Inde, qui hier ont refusé de condamner l'agression, ne soient prêtes aujourd'hui à entériner l'annexion. Ce ne sont pas les manières chinoises, et puis y adhérer serait céder la main à la Russie dans les affaires du monde. La Chine de Xi Jinping tient trop à son affrontement singulier avec les États-Unis pour s'en laisser détourner par un pays qui ne représente, en somme, qu'un dixième de sa population. L'affrontement entre l'Occident et la Russie, sous les dehors de l'URSS, a déjà eu lieu ; il s'est terminé par la victoire éclatante du premier sans avoir tiré un coup de fusil. Peut-être que la formule définitive pour caractériser la Russie de Poutine, c'est le nucléaire plus la décadence. Qu'iraient faire les Chinois dans cette galère ?

Poutine devra finir par se faire une raison. L'héritière de l'utopie soviétique, ce n'est pas la Russie, c'est la Chine jusques et y compris dans le totalitarisme. Les seuls vrais amis de Poutine, aujourd'hui, ce sont un peu partout dans le monde les tenants du nationalisme pur classique, appuyé sur la force la plus brutale. « La vérité, c'est la force », a-t-il déclaré vendredi. Le marxisme, qui est un des piliers de la pensée occidentale, et même le léninisme, un blanquisme qui a réussi, méritaient mieux, pour héritier, que ce machiavélisme vulgaire.

La faute à Rousseau

Sur le front de la pensée socialiste, avouons-le, nous commencions à nous ennuyer. Proudhon était mort en 1865, Marx en 1883, Bernstein en 1932, depuis, plus rien, ou pas grand-chose. Comme si les bases de la doctrine, commune aux théoriciens les plus opposés, étaient définitivement établies. L'opposition entre le capital et le travail n'était contestée par personne, quitte pour chacun à en tirer des conclusions différentes.

Enfin Sandrine Rousseau vint. De quelques formules hardies, de quelques jugements rageurs, elle révolutionna le secteur un peu sommeillant de la pensée sociale. L'Histoire retiendra à coup sûr la plus novatrice de ces propositions : « Le travail est une valeur de droite. »

Tiens donc ! Marx avait beau s'être évertué à démontrer que la force du travail du prolétaire était non seulement sa richesse propre, mais qu'elle était seule à produire de la richesse. C'était justement là l'objet de la lutte des classes : en payant le travail de l'ouvrier au-dessous de sa valeur réelle, le capitaliste s'appropriait une plus-value qui ne lui appartenait pas. En cela consiste l'exploitation de celui-ci par celui-là. L'action ouvrière, qu'elle fût réformiste ou révolutionnaire, politique ou syndicale, avait pour effet de limiter cette exploitation, voire de l'abolir. Le socialisme, en somme, consistait à rendre à chacun ce qui lui appartenait.

Quant aux syndicats ouvriers, ils se faisaient de façon pratique les défenseurs de la valeur travail possédée par les ouvriers. Comme l'a rappelé Antoine Prost, l'un des meilleurs de nos historiens sociaux, la CGT, fondée à Limoges en 1895, s'était intitulée Confédération générale du travail (et non des travailleurs, ou des syndicats). Mieux encore, la CFTC, qui jusqu'alors entendait regrouper les travailleurs chrétiens, profita de sa déconfessionnalisation (1964) pour substituer le travail aux travailleurs eux-mêmes dans sa nouvelle appellation : CFDT, ou Confédération française démocratique du travail (et non des travailleurs).

Parlons maintenant sérieusement. La cause est entendue : le travail est dans l'esprit des travailleurs et de leurs représentants une valeur de gauche, ou mieux, la leur propre, et non une valeur de droite, celle, par hypothèse, des patrons. Cela est si vrai que lorsque, à la fin du XIXe siècle et au début du XXe, une poignée d'anarchistes s'essayèrent à préconiser le sabotage, c'est-à-dire la négation même du travail ouvrier, comme moyen de la lutte des classes, ils se heurtèrent à l'opposition résolue de la masse ouvrière, qui n'entendait pas renier ce qui faisait sa dignité : le travail, et même le travail bien fait. Philippe Martinez, secrétaire général de la CGT, a abondé dans ce sens : « Le travail, c'est essentiel dans la vie. Demandez aux chômeurs ce qu'ils pensent de n'avoir pas de travail… Il faut soigner le travail[1]… » On ne saurait mieux dire.

---

1. *Libération*, 27 septembre 2022.

Il y a un honneur ouvrier comme il y a un honneur aristocratique : le travail est son expression même. Je ne crois pas que Mme Rousseau l'ait compris. Cela n'empêchera pas les médias qui, comme on dit, ont repéré en elle la « bonne cliente », celle qui fait de l'écoute, en raison même de l'énormité de ses propos, de faire appel à elle en toutes circonstances, au-delà de son combat légitime pour la dignité des femmes. Je ne désespère donc pas de connaître demain son avis, sur tout sujet d'actualité ou non, du théorème d'Euclide à la précession des équinoxes, de la musique atonale aux traités de Westphalie. Ainsi va de nos jours le système médiatique : ce n'est pas la nature de son contenu qui fait la valeur de l'information, mais la personnalité de l'informateur.

Parti de classe et parti de déclassés

Et maintenant, une devinette. Qui a écrit : « Je redoutais qu'on transformât ainsi le socialisme, parti de classe, en un parti de déclassés. Je redoutais qu'en procédant, comme le fascisme, par un rassemblement des masses confuses, en faisant appel, comme lui, à toutes les catégories d'impatiences, de souffrances, d'avidités, on ne noyât l'action de classe du Parti socialiste sous ce flot d' « aventuriers » – aventuriers, bien souvent par misère et par désespérance – qui a porté toutes les dictatures de l'Histoire » ? Ne cherchez pas. L'auteur de ces admirables formules, qui règlent leur compte à ce qu'on n'appelait pas alors couramment populisme, c'est Léon Blum, leader du Parti socialiste SFIO. C'est ainsi qu'il répond le 19 juillet 1933, dans *Le Populaire*, à Marcel Déat, qui avait préconisé l'abandon par les socialistes du rôle dirigeant de la classe ouvrière. Je me garderai bien de comparer la personnalité du chef des « néos », au sein du Parti socialiste, à quiconque aujourd'hui, tant sa dérive collaborationniste et même nazie sous l'Occupation a d'insupportable. Ce que je compare, ce sont des situations. D'un côté, un monde des travailleurs organisé autour des valeurs de classe, notamment la valeur travail ; de l'autre, la cohue indifférenciée de tous les malheureux, de tous les paumés, aujourd'hui de tous les assistés, que rien d'autre ne réunit que leur dénuement et qui sont disponibles pour n'importe quelle aventure, sous la direction de démagogues. En raison même de ce qui vient d'être dit plus haut au sujet de la valeur travail, dans le débat qui oppose, chacun à sa manière, Fabien Roussel, communiste, et François Ruffin, Insoumis, à la grande majorité des dirigeants de la NUPES, sur le rôle respectif du travail et de l'assistance, ce sont les deux francs-tireurs qui ont raison, cent fois raison, dans la droite ligne de la pensée ouvrière et socialiste la plus orthodoxe. On ne leur fera pas l'injure de les rapprocher de la critique droitière de l'assistanat : ce qu'ils mettent en cause, ce ne sont pas les bénéficiaires de l'assistance ni son bien-fondé, mais un système qui réduit l'être humain à un ayant droit, en dehors de tout accomplissement personnel. Une gauche qui parviendrait au pouvoir sur la base d'un assistanat généralisé serait dépourvue de tout ressort moral, de tout idéal d'émancipation, et livrée aux inspirations de ses meneurs. Faut-il rappeler que l'idée d'une redevance universelle attribuée à chacun sans aucune contrepartie en matière de travail est une idée ultralibérale de l'école de Chicago, non une idée socialiste ? Il est clair en effet qu'une telle redevance ne confère aucun droit, sinon celui de la subsistance, et abandonne la direction de la société aux assistants, non aux assistés. Les populistes ont une clientèle ; les socialistes ont des militants. Une société d'assistés ne sera jamais une société d'« hommes fiers et libres » (Fernand Pelloutier).

Souvenir de Jean d'Ormesson

À mesure que le temps passe, le vide laissé dans nos esprits et dans nos cœurs par la mort de Jean d'Ormesson ne cesse de s'agrandir. Nous en avons pris la mesure avec l'hommage que lui a rendu Chantal Thomas, quand elle lui a succédé à l'Académie française (16 juin 2022) ; plus récemment par la réédition chez Plon (L'Abeille) du *Dictionnaire amoureux de Jean d'Ormesson*, de Jean-Marie Rouart, qui est comme le bréviaire du parfait pratiquant dans l'art d'aimer Jean d'O. Je le relis avec le même plaisir que la première fois.

Ce n'est pas au lecteur du *Figaro* que j'apprendrai l'être exquis que nous avons perdu ; mais je m'arrête à l'article « Conversation » de Rouart, qui à mes yeux résume le plaisir aristocratique que l'on goûtait cn sa compagnic, avec cette attention à autrui, ce souci de l'entendre et surtout cette liberté de ton qui faisait une fête du moindre bavardage avec Jean. L'art de la conversation, comme l'a si bien montré Benedetta Craveri, reflète toute une société, toute une *Weltanschauung*, mais sans rien sur lui qui pèse ou qui pose… Y défilaient la nature, les voyages, l'histoire, la littérature, l'École normale, les femmes, la France… En un mot, l'amour de la vie.

Dans nos échanges à front renversé, où il entrait toujours une part de jeu, il n'était jamais si heureux que lorsqu'il pouvait conclure : « Tu vois, je suis plus à gauche que toi ! »

Il a écrit malicieusement quelque part que je suis de gauche comme lui-même était de droite, et j'ai considéré que c'était là un sacré compliment.

L'un et l'autre nous adorions Aragon, auquel il a plus d'une fois emprunté le titre de ses livres : « Je dirai malgré tout que cette vie fut belle »…

— Et tu y as grandement contribué. Merci, Jean.

14

La guerre d'Ukraine et la paix du monde

10 mars 2022

Qui eût dit, il y a un mois encore, que nous en serions aujourd'hui à spéculer sur les risques d'une guerre nucléaire, à l'échelle de l'Europe, ou peut-être même de la planète ? Et qui l'eût cru ? Il faut que ceux qui nous gouvernent aient été bien distraits, ou bien légers, pour ne pas réaliser que quelque chose ne tournait pas rond dans la tête de Vladimir Poutine.

À leur décharge, il faut reconnaître que si quelque grand de ce monde avait formulé pareille hypothèse, c'est de son propre état mental qu'il eût été surtout question. Je suggère à un éditeur de faire établir d'urgence une anthologie de ce que les politiques de toutes origines, à commencer par les Français, ont dit de Poutine depuis vingt ans. Dire ce que l'on voit est difficile. Voir ce que l'on voit, selon Péguy, l'est bien davantage. Faire voir ce que l'on voit est le plus difficile de tout.

Il y a deux formes principales de relations entre les États : le commerce et la guerre. Dans la version optimiste, celle de Montesquieu et du libéralisme, le commerce, « le doux commerce », est propre à éviter la guerre. Dans la version pessimiste, celle de Rousseau et du socialisme, le commerce n'est jamais autre chose que la guerre poursuivie par d'autres moyens. Le commerce est le primat des intérêts sur les passions ; la guerre est le primat des passions sur les intérêts, comme l'a bien montré le regretté Albert Hirschman. L'égalité par exemple est une belle passion, et le socialisme une version romantique de la nature humaine. Ce n'est pas nécessairement la plus vraie, et encore moins la plus aisée à mettre en pratique. Après un siècle de tentatives catastrophiques, on y a renoncé. C'est pourquoi il ne faut pas dire trop de mal du libéralisme, quand on n'a rien de mieux à proposer.

Revenons à l'Ukraine. Ce qui s'y passe est pourtant une grande défaite de ce libéralisme qui, sous sa double version, politique et économique, semblait depuis 1989 et la chute du mur de Berlin avoir partie gagnée partout et pour longtemps. Poutine qui a décidé de conquérir l'Ukraine, quitte au passage à la détruire complètement, comme il a fait naguère de la Tchétchénie, n'est pas seulement un paranoïaque, doublé d'un mégalomane. Il est l'héritier d'une double tradition violemment autoritaire et antilibérale, le tsarisme et le stalinisme. Au sens rationnel du terme, tel que je l'ai dit plus haut, il n'avait aucun intérêt à agir comme il l'a fait. Il n'est pas en effet difficile de prévoir que cette affaire se terminera par une grande catastrophe pour la Russie, et que Poutine achèvera sa vie très mal. Mais chez les natures emphatiques, l'emphase est naturelle, dit Stendhal, et chez les natures passionnées, la passion tient lieu d'intérêt.

Or c'est le monde entier qui risque de pâtir de la folie criminelle de Vladimir Poutine. Depuis trente ans, je l'ai dit, ce monde inclinait vers le commerce, sinon vers le libéralisme, malgré cet horrible abcès de fixation de toutes les passions humaines que l'on nomme le Proche-Orient, où se mêlent archaïsme et religion, pétrole et misère, tyrannie et dépravation. Ailleurs les tyrans se contentaient d'exercer leur tyrannie à l'intérieur de leurs frontières, comme Xi Jinping contre les Ouïghours, ou le gouvernement birman contre les Rohingya. Une agression de l'ampleur de celle que Poutine vient de commettre à l'égard d'un État souverain de plus de 40 millions d'habitants est une nouveauté. Il faut qu'elle demeure une exception.

Mais comment ? Les deux tentatives successives pour organiser le règlement pacifique des conflits entre les États, Société des Nations (SDN) puis l'Organisation des Nations unies (ONU) ont échoué, la première faute de participation des États-Unis, la seconde par l'installation du conflit au sein même du Conseil de sécurité, le bien mal nommé. Pendant le demi-siècle qui a suivi la Seconde Guerre mondiale, c'est une double gendarmerie, assurée conjointement par les États-Unis et l'Union soviétique, qui a assuré la paix du monde. L'implosion de cette dernière suivie de l'irruption de la Chine ont mis fin à cette organisation *de facto* de l'espace international. Aujourd'hui, ce sont des espaces régionaux, autour des États-Unis, de la Chine, de la Russie, qui assurent l'équilibre. La crise ukrainienne démontre que l'Europe ne peut plus s'en remettre exclusivement aux États-Unis du soin de sa sécurité. En quelques jours, le verrou allemand, qui limitait l'Union européenne à une fonction purement économique, a sauté, grâce à la détermination d'Olaf Scholz, que l'on n'attendait pas aussi décisif. Rien pourtant n'est réglé, car l'Union européenne, qui est une entente à l'amiable, non une fédération, ni même une confédération, n'est pas et ne sera sans doute jamais à vue de pays une puissance nucléaire, à la différence des États-Unis et de la Chine. De sorte que la France, que cela plaise ou non, est condamnée à vivre quant à sa défense sous le régime d'une double souveraineté, nationale et nucléaire d'une part, européo-atlantique de l'autre. Ce n'est pas nouveau. De Gaulle lui-même s'en accommodait. Mais l'Europe a dû, à son grand dam, renoncer au rêve utopique, à la Montesquieu, de pacification du monde par le commerce. Pour elle, plus encore que pour n'importe quelle autre partie de la planète, c'est une nouvelle histoire qui commence. Pas nécessairement la plus drôle, mais en fin de compte, la seule possible.

15

À qui la faute ?

15 septembre 2022

Quelles sont les crises, qui sont les responsables de cette guerre d'Ukraine qui bouleverse soudainement et durablement l'ordre du monde ? Deux tendances se font jour. Les uns, sans excuser l'agression sauvage de la Russie contre un pays indépendant, l'Ukraine, soulignent à l'envi qu'il s'agit d'une réponse, devenue inévitable, à l'expansion de l'Otan en direction de l'Est, et à la politique agressive des États-Unis, en soutien aux puissances de la ligne de front, comme la Pologne.

Les autres, beaucoup plus nombreux tout de même, en France comme dans tout l'Occident, mettent en avant le nouvel impérialisme russe, tout droit venu du tsarisme, et surtout du soviétisme, qui s'est déjà manifesté en Géorgie par la guerre et la « libération » de certaines provinces comme l'Abkhazie ou l'Ossétie du Sud, en Crimée par l'annexion pure et simple (2014) et aujourd'hui par la tentative d'annexion de l'Ukraine tout entière. En attendant, en cas de succès, désormais bien aléatoire, les pays limitrophes du Nord.

La première explication conduit naturellement à une

attitude de compréhension, voire d'indulgence à l'égard de Poutine. Ses partisans, tenant la balance égale entre agresseurs et agressés, réclament à cor et à cri des négociations, comme s'il s'agissait d'un banal conflit de frontières, sans se préoccuper du degré de bonne volonté des uns et des autres. Emmanuel Macron, qui a paru hésiter entre les deux attitudes, en sait quelque chose, lui qui a accepté sans moufeter des conversations picrocholines de part et d'autre d'une table de six mètres de long, puis des entretiens téléphoniques encore plus longs, sans aucun résultat. Les tenants les plus résolus de cette thèse sont en général hostiles aux sanctions contre la Russie et aux livraisons d'armes en faveur de l'Ukraine.

La seconde explication plaide au contraire pour une résistance déterminée au nouvel impérialisme russe, comme menaçant l'unité européenne et la paix du monde. Elle dénonce le nouveau cours de la politique poutinienne qui s'apparente à un fascisme : dictature autocratique d'un individu, généralisation du régime policier, étranglement de la liberté accompagnée d'assassinats ou d'emprisonnements arbitraires de journalistes, prévarications en tous genres qui ont fait de Poutine un des hommes les plus riches du monde, ouverture de camps, déportation de populations, usage de la torture, massacres, russification forcée des territoires conquis. Les partisans de cette explication sont naturellement favorables aux sanctions contre la Russie et aux livraisons d'armes à l'Ukraine. Mon lecteur a déjà compris que c'est à cette deuxième explication que je me range, et je voudrais expliquer pourquoi.

Je note tout d'abord que la prétendue mauvaise volonté

de l'Occident envers la Russie de Poutine est une légende. Les Occidentaux lui ont ouvert les portes du Fonds monétaire international, de la Banque mondiale, de l'Organisation mondiale du commerce et du G7, en somme de toutes les institutions sur lesquelles ils sont censés fonder leur puissance. Ils lui ont apporté une aide économique et des prêts massifs. Quant à l'Otan, elle songe si peu à envahir la Russie, que Donald Trump, autre demi-fou, voulait la dissoudre et que naguère encore Emmanuel Macron la jugea en état de « mort cérébrale ». S'il y a changement, il est venu de Moscou, non de Washington ou de Bruxelles.

Mais pourquoi ? Parce que, on ne l'a pas suffisamment souligné, Poutine s'est avisé au fil des années que de bonnes relations avec l'Occident entraînaient inévitablement la contagion des idées occidentales de liberté et de démocratie dans la zone d'influence russe, jusqu'en Russie même. En mettant fin à la guerre froide, Mikhaïl Gorbatchev avait *de facto* mis fin à l'Union soviétique, et Vladimir Poutine, qui a déclaré que la fin de l'Union soviétique était « la plus grande catastrophe géopolitique du XXe siècle », n'a pas envie de devenir Gorbatchev. Tout simplement. Dans l'affrontement séculaire en Russie entre slavophiles et pro-occidentaux, Poutine se range résolument du côté des premiers ; il fait de l'affaiblissement d'un Occident, à ses yeux en perte de vitesse, une question vitale pour la Sainte Russie. C'est ce que les tenants d'une politique conciliante envers Poutine ne comprennent pas.

Alors que faire ? Je ne suis ni va-t-en-guerre ni munichois. Après tout, la situation actuelle est celle que nous avons connue du temps de Staline, auquel Poutine tend de plus en plus à ressembler. L'un et l'autre ne comprennent que les rapports de force. Il faut donc, comme sut le faire Truman face à Staline, lorsque celui-ci tenta, au lendemain de la Seconde Guerre mondiale, de pousser à fond ses avantages, résister sans provocation ni esprit de recul.

Car la partie du monde aujourd'hui la plus menacée n'est pas la Russie, mais bel et bien l'Europe. Elle l'a compris, mieux que l'on ne pouvait le prévoir, à la grande surprise de Poutine, mais aussi de ces antieuropéens, qui ne sont en vérité, quand on va au fond de choses, que des antiaméricains. Il n'est pas ici question de morale, mais bien de métaphysique. Si elle veut survivre et sauvegarder avec elle le type de civilisation dont elle est le symbole aux yeux de tous les peuples de la terre, l'Europe doit veiller à son unité et à sa solidarité comme à la prunelle de ses yeux.

16

Portrait du poutinien

3 septembre 2022

À quoi reconnaît-on le poutinien français ? C'est bien simple. La conversation n'a pas débuté depuis trois minutes que notre homme, sur ce ton d'assurance qui n'appartient qu'aux diplomates aguerris et aux géostratèges entendus, lance : « Quoi qu'il arrive, la Russie sera toujours la Russie. À la fin, il faudra bien en venir à des négociations. » Le moyen de résister à pareilles lapalissades ? Il faudrait être abandonné par le bon sens le plus élémentaire pour ne pas reconnaître que la Russie est, de par sa superficie, le plus grand pays du monde ; et qu'après les guerres, il y a toujours la paix. Et non nécessairement d'ailleurs des négociations. Dans leur lutte contre l'Allemagne nazie, les Alliés annoncèrent qu'ils poursuivraient le combat jusqu'à sa capitulation sans conditions. En vérité, le moment où il évoque d'inévitables négociations en dit long sur l'état d'esprit du personnage. Évoquer des négociations ultérieures avec l'Allemagne en 1945, c'était parler en vainqueur. Le faire en 1941, c'était parler en collabo. Pour le coup, la comparaison avec la Seconde Guerre mondiale a le don de mettre en fureur notre poutinien : « Ce n'est pas la même chose. » Ce n'est jamais la même chose lorsque la comparaison révèle une réalité gênante que l'on veut passer sous silence. Or il y a dans le Poutine de 2022 quelque chose qui ressemble à l'Adolf Hitler de 1937-1938 : le cynisme, le mensonge, le sens de la provocation, la cruauté froide et au bout du compte la barbarie.

Le deuxième élément qui caractérise le poutinien, c'est la remise en cause de l'identité de l'agresseur. Pour le sens commun, la Russie a agressé l'Ukraine le 24 février 2022. C'est beaucoup trop simple pour le poutinien, adepte de l'adage *is fecit cui prodest* : l'auteur d'une action, c'est celui auquel elle profite : dans le cas de la guerre d'Ukraine, le véritable responsable de l'agression, ce sont les États-Unis d'Amérique, qui n'y trouvent que des avantages. C'est si vrai que les *midterms elections* (« élections de mi-mandat ») pourraient bien dégager une majorité hostile à cette guerre !... Étrange pays, si prompt à voter contre ses intérêts... Sans parler du risque d'une victoire, à la prochaine présidentielle, de Donald Trump, grand ami de Poutine et ouvertement opposé à l'appui que les États-Unis donnent aujourd'hui à l'Ukraine. De plus en plus bizarre. La vérité, c'est que le doute jeté sur l'identité de l'agresseur rend impossible toute condamnation morale de l'agression : l'Histoire redevient cette « histoire racontée par un idiot, pleine de bruit et de fureur et qui ne signifie rien » (*Macbeth*).

Mais enfin, personne ne pourra nier que cette guerre a suscité un renforcement de l'Otan ; mieux que cela, la renaissance d'un organisme en état de « mort cérébrale » (Macron). Soit. Mais est-il si sûr que l'Otan soit la chose des Américains plutôt que celle des autres participants ? Rappelons que Trump, encore lui, avait juré sa mort. Et notons qu'en cas de conflit généralisé, les Alliés auraient plus besoin des États-Unis que ceux-ci de leurs Alliés. C'est si vrai que devant la montée de la menace russe, les pays limitrophes ou voisins, de la Géorgie à l'Ukraine, de la Finlande à la Suède, ont exercé la plus forte pression pour adhérer à l'Otan.

L'obsession antiaméricaine dans certaines fractions de l'opinion française, de l'extrême droite à la droite jusqu'à l'extrême gauche, est une étrange permanence. Elle se réclame à tort du général de Gaulle qui, dans tous les cas de tension entre l'Est et l'Ouest (crise de Berlin – 1958-1963 ; affaire des fusées de Cuba – 1962), se révéla pour les États-Unis comme le plus ferme des alliés. J'avais jadis écrit, plagiant Bebel, que l'antiaméricanisme est le socialisme des imbéciles. Il faut hélas le voir à l'œuvre chez bien des gens intelligents. Le poutinien français est en réalité plus proche de la France seule de Charles Maurras que de la grande France de Charles de Gaulle.

Le poutinien – c'est le troisième trait – est avant tout un réaliste. Moyennant une désinvolture affichée à l'égard du « droit-de-l'hommisme », il prétend se mettre dans le sens de l'Histoire et prendre acte du nouvel équilibre des forces à l'échelle mondiale qu'est en train de précipiter la guerre d'Ukraine. On voit les grands pays « non alignés » tels l'Inde, l'Iran, ainsi que l'ancien tiers-monde africain se ranger de facto dans le camp des dictatures – la Russie – et des pays totalitaires – la Chine.

Pas si vite ! S'il y a aujourd'hui renforcement des dictatures presque partout où elles existent, c'est parce que l'aspiration des peuples à la liberté ne s'y était jamais montrée aussi pressante. Dans le conflit potentiel entre l'Occident et le reste du monde, on oublie ou l'on feint d'oublier ce troisième partenaire, invisible, encouragé par les progrès de la communication et des réseaux sociaux, qui rend par exemple la fermeture hermétique du Grand Frère chinois impossible à long terme. Dans tous les pays totalitaires, la frontière est avant tout tournée contre l'ennemi de l'intérieur : l'aspiration irrésistible à la liberté. Voyez ce qui se passe en Iran, où la répression contre la dictature des mollahs a déjà fait des dizaines de morts. Héroïques Iraniennes, héroïques Iraniens ! Salut à ces martyrs de la liberté ! Pour ma part, je me refuse à croire que la modernisation du monde conduise nécessairement à un asservissement généralisé. Mon poutinien, personnage de synthèse qui, je l'ai dit, emprunte aux deux extrêmes, à la droite classique, et même parfois à Emmanuel Macron lui-même, confond la réalité avec l'immobilité. Il lui manque l'imagination nécessaire à la lecture de l'Histoire en train de se faire.

17

Le révélateur ukrainien

10 novembre 2022

Quand il s'agit des hommes, des institutions et des nations, la guerre est – hélas ! – la véritable épreuve de vérité. Le conflit russo-ukrainien n'échappe pas à la règle, et quiconque prétendrait n'avoir rien changé à sa manière de penser à propos de l'Europe et des pays qui la composent depuis le 24 février serait un imbécile ou un menteur.

La Russie, tout d'abord, ou plutôt Poutine, ou, mieux encore, la Russie de Poutine. Nous en étions restés à l'image d'un Vladimir Poutine certes différent de Gorbatchev et d'Eltsine, mais pour l'essentiel assumant l'héritage de l'implosion de l'URSS et, somme toute, désireux de prendre sa place dans le concert européen. Songeons qu'il y a moins d'un an, au terme de seize années à la chancellerie, Angela Merkel alla au Kremlin faire ses adieux au cher Vladimir… Depuis longtemps déjà, l'Occident avait pris son parti des séances de musculation du maître du Kremlin, et il avait à peine toussoté lorsque celui-ci avait purement et simplement annexé la Crimée en 2014. C'était, pensait-on, le dernier acte d'un passé prédateur et impérialiste en voie de liquidation. On n'avait pas compris que c'était exactement l'inverse : il s'agissait, dans son esprit, du premier acte d'une refondation, celle de l'URSS, dont la guerre en Géorgie et surtout l'agression contre l'Ukraine étaient la suite logique. Là où on s'attendait à un Kerenski à l'envers, c'est un Adolf Hitler en gestation qui avait soudain surgi.

L'Europe, ensuite. Si l'on avait nourri d'étranges illusions sur la Russie de Poutine, on avait en revanche sous-estimé les capacités de réaction des nations européennes, sans exception. Contrairement aux spéculations du dictateur russe, qui s'était habitué à voir dans chacune d'entre elles un ensemble dégénéré, prêt à acheter la paix au prix de la lâcheté et de l'aveuglement volontaire, ce fut le sursaut dans presque toute l'UE. Aussitôt, chacun comprit que l'idée d'une paix perpétuelle, qui était sous-jacente au projet européen, n'était en vérité qu'une utopie. Selon les situations, l'idée d'un réarmement, comme en Allemagne, la volonté d'adhérer à l'Otan, comme en Finlande et en Suède, et un peu partout la nécessité d'une aide militaire à l'Ukraine s'imposèrent d'un coup comme des évidences et des impératifs. Poutine apparaît inopinément comme le fondateur involontaire d'une idée politique européenne qui se cherchait depuis longtemps.

L'Allemagne, enfin. Si Poutine peut être tenu pour le fondateur involontaire de l'Europe politique, il est devenu du même coup le liquidateur d'une légende qui, depuis quelque temps, n'avait cours que de ce côté-ci du Rhin, et qui avait de la peine à se survivre : celle du couple franco-allemand. La France s'est longtemps imaginé que, parce que le général de Gaulle s'était en somme porté caution bourgeoise de la jeune démocratie allemande au sortir du nazisme auprès du monde civilisé, l'Allemagne nous en serait éternellement reconnaissante. J'ai moi-même écrit que la réconciliation franco-allemande, sous les auspices de De Gaulle et d'Adenauer, était l'acte le plus révolutionnaire du siècle, et je continue de le penser. Quand, sous l'effet de l'invasion de l'Ukraine, le chancelier Scholz se convertit en un tournemain et convainc les Allemands de la nécessité de redevenir une puissance militaire, il le fait sous pavillon américain, et non, comme il eût été logique, sous pavillon franco-américain. De ce fait, la France découvre, avec quelque effarement que, en matière énergétique (le gaz russe…), l'Allemagne joue depuis longtemps perso, terriblement perso. De toute façon, placer les relations avec un pays tel que l'Allemagne sous l'empire du sentiment me paraît, c'est le moins qu'on puisse dire, peu conforme à la psychologie des peuples.

Pourtant, l'acquis demeure : la prochaine guerre européenne ne sera pas franco-allemande, et c'est déjà là un résultat immense. Pour le reste, la France et l'Allemagne continueront d'avoir besoin l'une de l'autre, pour permettre à l'Europe d'exister à l'échelle internationale. Voire plus, si affinités.

De cet examen rapide, il ressort que la guerre d'Ukraine, l'épreuve d'Ukraine, le révélateur ukrainien, obligent chacun de nous à une sorte de mise à jour politique, à la lumière de la réalité. Les Européens convaincus doivent désormais imaginer une Europe qui, comme la précédente, n'existera longtemps que sous la menace russe et ses moyens d'action. Virtuellement, la « troisième guerre mondiale » a commencé. Factuellement, il est possible qu'elle n'ait jamais lieu. Quant aux souverainistes qui ont trouvé bien des satisfactions dans la fragilité, à l'épreuve des faits, de la construction européenne, ils doivent savoir que, dorénavant, celle-ci est inéluctable. L'Europe, qui fut depuis des décennies un choix politique, est devenue subitement une réalité géopolitique incontournable. On imagine mal un souverainiste se dérobant tout à coup à ce qui demeure sa part de vérité : le respect de la réalité des faits.

18

Machiavel ou Gribouille ?

15 décembre 2022

Avec le respect que je dois au président de la République, je trouve, je le confesse, chez Emmanuel Macron, cet homme au visage clair et ouvert, quelque chose dans l'esprit de versatile, de tortueux, de chimérique, qui ne laissera jamais de m'étonner. Témoin sa politique en Ukraine. Elle est de nature à ne satisfaire ni les Ukrainiens, ni les Russes, ni les Français. Quelque chose m'échappe et nous échappe...

Ainsi, aux mois de mai et juin derniers, alors que le sort des armes est très incertain, il déclare à deux reprises – ce n'est donc pas un lapsus – qu' « il ne faut pas humilier la Russie » (4 juin). Tiens donc ! Ne pas humilier l'agresseur est une idée étrange, baroque, qui a laissé pantoises la plupart des chancelleries, ou encore Hillary Clinton, qui ne manque pas d'expérience. Imaginons, *mutatis mutandis*, que le général de Gaulle déclare vers 1942, au micro de Radio Londres, que la France libre est tout entière du côté des Alliés, mais qu'enfin il ne faut pas humilier l'Allemagne nazie... Du jour au lendemain, son prestige eût été réduit à néant.

Rebelote. Le 3 décembre dernier sur TF1, le même

Macron aggrave son cas en se demandant « qu'est-ce qu'on est prêt à faire, tout en donnant des garanties pour sa propre sécurité à la Russie, le jour où elle reviendra à la table des négociations ». On se pince. Je relis trois fois la phrase. D'abord, Poutine ne saurait revenir à la table des négociations, parce qu'il n'y a jamais eu ni table ni négociations. Ensuite, la France, qui s'est rangée du côté ukrainien en lui livrant des armes, se préoccupe d'offrir des garanties de sécurité à un agresseur bien plus puissant que ses voisins et que personne ne menaçait. Qui donc serait agresseur potentiel ? L'Estonie ? La Lituanie ? La Géorgie ? La Pologne ? C'est se moquer. Alors, l'Otan, c'est-à-dire nous-mêmes ? De plus en plus étrange. Qu'irions-nous faire à Moscou ? En vérité, le président français reprend textuellement l'argumentaire de la propagande poutinienne qui, à la veille de chaque agression – songeons à la Crimée en 2014 – ne manque jamais d'invoquer les menaces qui sont censées peser sur elle. Les agresseurs, c'est bien connu, sont toujours pacifiques, et seule l'absurde obstination des agressés continue de faire couler un inutile bain de sang. Hitler invoquait sans cesse son *Lebensraum*, son espace vital, pour justifier ses guerres de rapine…

Machiavel ou Gribouille ? Si les remarques étranges d'Emmanuel Macron sont le résultat de ses longues heures de conversation avec Vladimir Poutine – au fait, on n'en a jamais connu d'autres – on incline, malgré une légère inflexion de son discours sur les « garanties », vers la seconde hypothèse.

Les poutiniens, explicites ou déguisés, ne cessent de réclamer des négociations, comme vient de le faire à son tour

Poutine lui-même. Mais dans l'état actuel des choses, négocier quoi ? Sur la base de statu quo, ce serait une prime à l'agression. Négocier le Donbass contre la Crimée, l'Alsace contre la Lorraine ? Ce n'est pas sérieux : il y a un préalable absolu à toute négociation, c'est le retrait des forces russes sur la base des frontières existantes le 24 février dernier.

En vérité, le désaccord entre poutiniens et défenseurs de l'Ukraine porte sur la nature du conflit. Pour les premiers, il s'agit d'un conflit comme il en a tant existé dans le passé, de ceux à propos desquels on disait qu'une mauvaise négociation vaut mieux qu'une bonne guerre. Pour les seconds, il s'agit d'un conflit de type nouveau, dont la portée excède largement les limites géographiques. Pour les premiers, qui sous-entendent que les torts sont partagés, un compromis politique et territorial est possible. Je crains qu'Emmanuel Macron, même s'il reconnaît la responsabilité de la Russie dans le déclenchement des hostilités, n'appartienne à ceux-ci. Pour les seconds, Poutine est un despote et un criminel de guerre, prêt à tout pour rétablir l'Union soviétique dans sa splendeur stalinienne. La faiblesse des réactions internationales lors de l'invasion et de l'annexion de la Crimée en 2014 l'a encouragé dans cette voie. Faute d'y parvenir, il est prêt à faire de l'Ukraine tout entière un champ de ruines. Un belligérant « normal » n'inflige à l'ennemi les horreurs de la guerre que dans les proportions nécessaires pour l'emporter militairement. Un criminel de guerre est celui qui inflige ces horreurs comme substitut à la victoire : bombardements de populations sans enjeu militaire, exécutions sommaires, viols, tortures, déportations. C'est pourquoi j'ai dit plus haut que la guerre ukrainienne de Poutine s'inscrit dans le registre hitlérien.

La nation ukrainienne est avec le peuple juif un des grands martyrs des temps modernes. L'Holodomor, c'est-à-dire l'imposition par Staline d'une famine (1932-1933) délibérée de la population ukrainienne pour la mettre au pas, a fait 4 millions de morts, soit un habitant sur huit, selon Serhii Plokhy[1], une des autorités reconnues en la matière. À comparer aux 541 000 morts subis par la France pendant la Seconde Guerre mondiale, c'est une différence d'échelle. Lors de l'invasion de l'URSS par l'Allemagne nazie, un juif sur six morts de la Shoah, était d'origine ukrainienne. Le massacre de Babi Yar, dans la banlieue de Kiev, est le plus tristement célèbre, mais ce n'est que l'un d'entre eux.

La nation ukrainienne a payé cher et continue de payer cher le droit d'exister et de vivre libre. C'est ce droit qui lui est dénié par Poutine, au risque d'une troisième guerre mondiale. Il faut arrêter Poutine pendant qu'il est encore temps.

1. *Aux portes de l'Europe, histoire de l'Ukraine*, Gallimard, 2022.

19

Europe : qu'elle ose paraître ce qu'elle est !

7 avril 2022

Pour qui voter dimanche ? Quant à moi, je vote Ukraine. Autrement dit, j'exclus a priori tous ceux qui, d'hier à aujourd'hui, ont manifesté une complaisance coupable à l'égard du criminel de guerre Vladimir Poutine ; ceux qui aujourd'hui encore tiennent la balance égale entre le bourreau et les victimes, suivant le principe bien connu de la neutralité et du « réalisme » : « un quart d'heure pour les juifs, un quart d'heure pour Hitler ».

Autrement dit, j'exclus a priori et définitivement Zemmour, Le Pen et Mélenchon. Remarquez : le risque était déjà faible, en dehors de l'affaire ukrainienne, que mon choix se portât sur l'un de la bande des trois grands de la démagogie. Il y a suffisamment de variété entre des candidats honorables, Hidalgo ou Jadot à gauche, Pécresse à droite et Macron partout et nulle part… Nous verrons bien.

J'ai bien conscience de la part de subjectivité d'un tel choix. J'ai beau feuilleter le recueil de mes articles, je n'y trouve aucun cri d'indignation contre le martyre infligé précédemment par le même Poutine à Grozny, en Tchétchénie

(2000) ou à Alep en Syrie (2016). C'est un fait. Pourquoi ? Parce que dans ces deux villes les victimes étaient musulmanes, alors qu'elles sont chrétiennes à Marioupol ? Non pas ! J'ai passé ma vie militante à me battre en faveur des musulmans en Algérie, en Bosnie, au Darfour, et on ne me fera pas à moi le coup de l'indignation différentielle selon la religion des victimes. Mais parce que, si le degré d'horreur est sans doute comparable, la guerre d'Ukraine a toutes chances de devenir une date majeure de l'histoire contemporaine, et pour nous autres Européens, un test d'aptitude à la survie, dans un monde où l'Occident est devenu pour tous les dictateurs et les corrompus un bouc émissaire commode.

L'agression de Poutine contre l'Ukraine a inopinément réalisé d'un coup deux unifications : celle des Européens à l'intérieur de l'Europe ; celle du monde entier contre cette même Europe.

L'unification de l'Europe est une chose proprement stupéfiante, même si elle reste à confirmer dans la durée. Mais on mesure une fois de plus à quel point la guerre, ou même seulement la menace de guerre est un accélérateur de l'Histoire. Tout à coup, l'Allemagne d'Olaf Scholz a compris en une heure ce que la chancelière Angela Merkel a refusé de voir pendant seize ans : que le commerce n'est pas le dernier mot des relations internationales, et la solution enfin trouvée à la guerre entre les nations. Nos ancêtres seraient bien étonnés de nous voir nous réjouir que l'Allemagne ait enfin recouvré la fibre militaire, alors que le militarisme allemand a été le problème numéro 1 de l'Europe, de Bismarck à Hitler. Mais c'est ainsi, et l'Europe tout entière a suivi le même chemin, jusqu'à la Suède et la Finlande. L'explication est toute simple : nous avions à nos portes un autocrate impérialiste, bien décidé, il n'a cessé de le dire, à reconstituer l'empire stalinien, et nous ne le savions pas, ou plutôt nous feignions de l'ignorer. Tous ceux qui expliquent ce qui se passe actuellement en Ukraine faute d'une application correcte des accords de Minsk sont plaisants. C'est à peu près comme si l'on expliquait la colonisation de l'Algérie par le coup de chasse-mouches du dey d'Alger Hussein sur notre consul Deval (1827) ou la guerre franco-prussienne de 1870-1871 par la dépêche d'Ems du 13 juillet 1870. La vérité est que l'Europe est née une première fois au lendemain de la Seconde Guerre mondiale parce qu'elle craignait la menace stalinienne, et une deuxième fois, le 24 février 2022, parce qu'elle craignait la menace poutinienne.

Mais les mêmes événements ont souligné aussi – c'est peut-être une seconde surprise – l'isolement de l'Europe à travers le monde. Non pas aux yeux des peuples : il n'y aurait évidemment pas de tels mouvements migratoires venus des pays les plus divers pour tenter de s'y faire une place si le régime politique apparaissait à ces peuples comme intolérable. Il n'en va pas de même des gouvernements, pour la plupart autoritaires, autocrates, policiers et même totalitaires qui pullulent sur la planète. Ce n'est pas, quoi qu'ils en disent, l'impérialisme économique des Européens qu'ils redoutent le plus – à ce compte, ils devraient être plus méfiants à l'égard de la Russie et surtout de la Chine –, c'est le ferment démocratique que véhicule avec lui l'hégémonie occidentale. Celui-là est détesté par la plupart des grands pays d'Asie, à l'exception du Japon et de la Corée du Sud ; par la quasi-totalité des dictateurs africains ; par les pays musulmans à peu d'exceptions près, comme le Maroc, sans parler de l'Amérique latine qui, tout entière, déteste les États-Unis.

Le surgissement de la Chine à l'échelle mondiale a tout changé. Désormais l'anti-occidentalisme a trouvé un chef de file et une bonne partie des dictateurs de la planète sont prêts à la suivre. Dans la nouvelle guerre froide qui s'ouvre et qu'elle n'a pas voulue, l'Europe retrouve une double mission – sauvegarder la paix, défendre la démocratie – qui lui manquait depuis longtemps pour devenir elle-même.

20

Pourquoi faut-il tenir bon contre Poutine

16 février 2023

On reconnaît un partisan larvé ou inconscient de la capitulation devant Poutine dans la guerre d'Ukraine à ce qu'il déteste et récuse toute espèce de comparaison historique. Prononcez devant lui les mots d'Alsace-Lorraine, de Munich, d'hitlérisme, et vous le voyez incontinent entrer en transe et jurer que tout cela n'a rien à voir.

Il me paraît pourtant indiscutable que, pour tout esprit non prévenu, l'annexion du Donbass par la Russie, au terme de la guerre ou de la négociation, aurait pour effet une situation comparable à celle de l'annexion de l'Alsace-Lorraine par la Prusse au terme de la guerre de 1870-1871, celle qui conduisit au déclenchement de la Première Guerre mondiale en 1914 ; non moins indiscutable qu'une telle annexion serait de même nature que celle qui vit l'acceptation par la France et l'Angleterre à Munich (29-30 septembre 1938), de l'annexion du territoire des Sudètes, au nord de la Tchécoslovaquie, par l'Allemagne de Hitler, qui invoquait non sans raison le droit des peuples à disposer d'eux-mêmes ; et qu'enfin à l'exclusion des chambres à gaz, qui ne sont certes pas « un point de détail », et au bric-à-brac national-socialiste, il y a dans l'évolution du personnage de Poutine et du régime qu'il impose à la Russie quelque chose d'hitléroïde, qui interdit de traiter l'agression de l'Ukraine comme un banal conflit de frontières entre deux nations, sur pied d'égalité.

Fort heureusement, de manière surprenante, et à l'exception de la seule Hongrie de Viktor Orban, les vingt-sept pays de l'Union européenne ont fait preuve d'une rare unanimité et d'une rare détermination, même si les actes ne sont pas toujours à la hauteur des paroles. Deux pays seulement ont eu une attitude ambivalente, eux qui d'ordinaire passent pour les locomotives de l'Union : l'Allemagne, qui s'est mise depuis Angela Merkel dans la dépendance énergétique de la Russie, et la France d'Emmanuel Macron, qui s'est longtemps flatté, tout en soutenant l'Ukraine, d'entretenir un dialogue fécond avec Poutine. Or il n'est rigoureusement rien sorti de leurs innombrables conversations téléphoniques au début du conflit, et Volodymyr Zelensky, qui n'est pas avare d'embrassades, ne le lui a pas envoyé dire lors de sa visite à Paris mercredi soir 8 février. À Isabelle Lasserre qui l'interrogeait pour *Le Figaro* sur l'attitude du président français, il a répondu : « Je crois qu'il a changé. Et qu'il a changé pour de vrai cette fois. » Le « cette fois » en dit long sur ce qu'il pense « pour de vrai » d'Emmanuel Macron. J'ai même appris, en écoutant comme chaque soir l'indispensable 18-20 de David Pujadas sur LCI, qu'on a formé en Ukraine un verbe : « macroner » pour dire balancer, chipoter, ménager la chèvre et le chou… De nouveau, à propos de la livraison d'avions, voilà que notre président macrone. Pour les néo-munichois, il convient d'ouvrir au plus vite des négociations et faire des « concessions » à la Russie de Poutine. Autrement dit, le Donbass contre la paix…

Or une telle prime à l'agression ne serait pas seulement honteuse moralement au regard du droit international, mais aboutirait au résultat inverse de celui qui est recherché : le maintien de la paix sur le continent européen. La preuve ? Mais tout simplement le précédent de l'invasion et l'annexion de la Crimée par Poutine en 2014. La communauté internationale, par pusillanimité ou crainte de complications, s'est abstenue de réagir, non plus d'ailleurs que de reconnaître l'annexion, à l'exception de quelques grandes démocraties comme l'Afghanistan, la Syrie, la Corée du Nord, mais non la Chine ou l'Inde… C'est fort de cette impunité que Poutine a envahi l'Ukraine le 24 février de l'année dernière. S'il obtenait satisfaction, en totalité ou en partie, on ne voit pas pourquoi il ne poursuivrait pas la reconstitution de l'Union soviétique et au-delà. D'où l'inquiétude plus que légitime des pays limitrophes comme la Finlande, les Pays baltes, la Pologne, la Moldavie, la Géorgie, et la volonté pour ceux qui n'y sont pas déjà, de rejoindre l'Otan, qui vaut sanctuarisation de leur territoire.

Le seul véritable argument des partisans de concessions à Poutine, mais il est redoutable et, du reste, partagé par tout homme de bon sens, c'est le chantage nucléaire que celui-ci est capable d'exercer. C'est l'argument de l'Apocalypse. Sommes-nous désormais condamnés à accepter sans mot dire toute violation du droit international, toute violence contre ses voisins, dès lors que l'agresseur est détenteur de l'arme nucléaire ? Il n'y a pas, reconnaissons-le, de réponse satisfaisante à cette question. L'existence de l'arme absolue a complètement transformé l'ordre international, aboli en grande partie la différence relative entre le fort et le moins fort, voué la planète à vivre sous un chantage permanent et interdit toute espèce d'intervention au nom de la démocratie, dès lors que l'agresseur possède la bombe atomique. Et quand on pense que ce sera le cas demain d'un pays comme l'Iran et de son abominable régime des mollahs, il y a de quoi se faire du souci sur l'avenir de cette planète. La détention de la bombe signifie un absolu du pouvoir, indépendamment de la puissance réelle, et la vérification de l'intuition profonde qui était, je crois, celle du grand philosophe protestant Paul Ricœur[1], à savoir que dans la Bible, la volonté de domination sur autrui est la source unique du mal, sous les espèces de la violence. Néo-munichois ou va-t-en-guerre, nous sommes ici au rouet. Il faut parier. Pour résister à Poutine, il faut donc parier qu'il n'est pas complètement fou.

---

1. Voir sur ce point le livre profond et pénétrant d'Olivier Mongin : *Démocraties d'en haut, démocraties d'en bas*, Seuil, 2023.

21

Un criminel nommé Poutine

4 mai 2023

Il y a quatre manières différentes, mais complémentaires, d'appréhender la place et le rôle de la Russie poutinienne dans le conflit qui l'oppose à la République d'Ukraine depuis le 24 février de l'an dernier.

Un État belligérant, impliqué dans un conflit classique contre un autre État, susceptible d'être dénoué par la négociation, grâce à l'entremise d'une tierce puissance neutre. C'est ce que ne cessent de répéter les braves gens : à la fin, il faudra bien, comme toujours, terminer la guerre par la négociation. Cela n'est pas exact. Les Alliés ne négocièrent jamais, à la fin de la Seconde Guerre mondiale, avec Hitler. D'emblée, ils avaient lancé leur exigence : « capitulation sans condition ! ».

Un État dictatorial, à tendance impérialiste, qui s'identifie pleinement et presque exclusivement à la personne du dictateur, en l'occurrence Vladimir Poutine. Le but de celui-ci, à travers les différents conflits qu'il a déclenchés successivement en Tchétchénie, en Géorgie, en Ukraine, n'a d'autre objectif que la reconstitution de l'Empire soviétique de l'époque stalinienne. Dans la guerre contre l'Ukraine, il vise l'annexion de tout ou partie de cette dernière.

Un État agresseur en violation de la charte des Nations Unies, dont il est pourtant un membre permanent ; un État criminel, procédant par la terreur, le meurtre, le viol, la torture, la déportation, l'enlèvement des enfants : toutes choses qui relèvent de la justice internationale.

Une puissance nucléaire, que l'on est contraint, en dépit de tous les crimes dont elle se rend coupable, de traiter avec ménagements ; une puissance qui pratique le chantage à l'Apocalypse, un risque qu'aucune autre puissance ne saurait raisonnablement courir.

C'est dans ce contexte particulièrement compliqué que trois éminents spécialistes du droit international, Robert Badinter, Bruno Cotte et Alain Pellet publient *Vladimir Poutine, l'accusation*[1], un titre dont le titre dit assez l'objet : il s'agit d'établir, selon les règles du droit international, la responsabilité propre de Vladimir Poutine, dans un conflit qui pourrait dégénérer en troisième guerre mondiale. Un livre rigoureux, sans concession, appelé à faire date dans l'histoire des relations internationales à l'époque contemporaine, et notamment dans la renaissance d'un danger pour la paix mondiale.

Le « statut de Rome » du traité du 17 juillet 1998 créant la Cour pénale internationale, dont le siège est à La Haye, limite sa compétence à quatre infractions : le crime de génocide, les crimes contre l'humanité, les crimes de guerre, le crime d'agression. Non sans hésitation, les trois juristes ont

1. Fayard, 2023.

écarté le crime de génocide, en dépit des éléments de preuve qui existent à cet égard, parce qu'il n'est pas établi de manière formelle que tous les actes qui constituent ce crime, et qui ont été commis en Ukraine, l'avaient été « dans l'intention de détruire, tout ou partie, un groupe national, ethnique, racial ou religieux ».

En revanche, les trois autres infractions citées plus haut sont retenues pour étayer l'acte d'accusation contre Vladimir Poutine. On ne saurait détailler ici les diverses preuves apportées par les auteurs pour constituer ces trois crimes. Particulièrement précieuses sont celles qui permettent de dresser contre Vladimir Poutine, chef suprême de l'armée russe, le crime d'agression. Robert Badinter a souligné qu'il n'aurait jamais pensé, hormis la guerre intestine consécutive à l'éclatement de la Yougoslavie, voir de son vivant la guerre revenir sur le territoire européen. Entièrement absorbée par l'affaire des retraites, l'opinion française paraît se détourner de cette affaire gravissime. Faut-il pourtant rappeler que l'invasion de la France par l'Allemagne hitlérienne n'a suivi que de trois années les moments de joie pure du Front populaire de 1936 ?

Pour finir, il faut répondre à deux objections qui reviennent couramment. D'abord cet établissement de preuves est-il bien utile, tant les crimes cités plus haut relèvent de l'évidence ? À quoi l'on répondra qu'un tribunal international ne saurait se fonder sur des évidences journalistiques, mais sur des preuves en bonne et due forme.

D'autre part, est-il de quelque utilité de mettre en accusation un homme protégé par sa fonction derrière les murs du Kremlin ? À quoi il faut répondre que l'on ne sait ce que l'avenir réserve à la Russie en général et à Poutine en particulier. De toute façon le jugement formel des criminels est la condition, dans l'esprit des peuples, pour condamner à jamais la mémoire de leurs forfaits : le nazisme a été définitivement éradiqué de la mémoire allemande grâce au procès de Nuremberg et la pendaison des dignitaires nazis encore survivants. À l'inverse, les crimes de Staline (et à plus forte raison de Mao) n'ont jamais été formellement condamnés. C'est pourquoi le ventre est encore fécond qui a vu se développer la bête immonde du stalinisme. Le droit ne saurait se substituer à la destruction par les armes de la folle entreprise de Poutine, mais il est sa suite nécessaire.

QUATRIÈME PARTIE

LE MALAISE SOCIAL FRANÇAIS

La fixation de l'âge de la retraite est un grand classique de la vie sociale française. On lira un peu plus loin le bilan, ramené à l'essentiel, de plus de trente années de réformes avortées ou mal acceptées qui scandent notre histoire contemporaine. Michel Rocard avait vu juste, quand il avait estimé qu'il y avait dans cette affaire, de quoi faire passer de vie à trépas plusieurs gouvernements de la République.

C'est qu'au-delà du problème lui-même, la retraite est un symbole, ou mieux encore un symptôme d'un malaise plus profond : celui des Français au travail. Comme il n'y a aucune raison de penser que ceux-ci arrivent à l'âge de 60 ans plus fatigués, plus usés que n'importe lesquels de leurs semblables en Europe, il faut bien tenter une explication. Celle qui se présente avec le plus grand caractère d'évidence est la succession de trois épisodes a priori disparates qui auront marqué les années Macron : les Gilets jaunes, le confinement, la guerre des retraites. Ces trois moments ont ceci de commun qu'ils suscitent le même sentiment de dépaysement par rapport à l'existence quotidienne : le rond-point à la place de l'atelier ou de l'usine ;

le chez-soi par rapport au lieu de travail ordinaire ; le repli sur le privé au lieu du départ quotidien pour le travail.

Revient alors à la surface un thème traditionnel jamais abandonné, du mouvement ouvrier élargi aux classes moyennes : une autre vie est possible. La sécession sur l'Aventin, dans des conditions chaque fois exceptionnelles, suggère à chacun cette conviction longtemps enfouie dans le non-dit du subconscient : la vie, la vraie vie, est ailleurs.

22

La pantoufle ou le marteau

12 février 2023

Eh bien ! Nous y voilà. Tout est prêt et il ne manque pas un bouton de guêtre. La France s'apprête à se jouer à elle-même un spectacle dûment éprouvé, qui n'a d'équivalent nulle part, hors du pays de Descartes, et dont on connaît d'avance toutes les modalités, sinon les résultats : la réforme des retraites, vous l'aviez deviné !

1982 : en abaissant à 60 ans l'âge légal de départ à la retraite, le gouvernement Mauroy, sous la présidence de François Mitterrand, déclencha une série d'allées et venues, de marches et de contremarches qui avaient pour but de camoufler ce désastre inaugural derrière une série de réformes et surtout de projets dont aucun ne résout la question dans son ensemble. C'est le chantier de Pénélope. Du livre blanc de Michel Rocard (1991) visant à sauver la réforme par répartition, de la réforme Balladur (1993) relevant de 37,5 à 40 les années de cotisation ; du fonds de réserve pour les retraites de 150 milliards institué par le gouvernement Jospin – il ne dépassera jamais 32,6 – ; de la réforme Fillon alignant progressivement le régime des fonctionnaires sur celui du privé ; de la réforme Sarkozy des régimes spéciaux (2008) ; du relèvement à 62 ans de l'âge légal de départ (Woerth) jusqu'à la réforme Marisol Touraine allongeant progressivement à 43 ans la durée des cotisations, assortie de l'institution du compte personnel de pénibilité, jusqu'à la situation actuelle, tout ou presque paraît devoir être remis en chantier… Ouf ! Vous l'aurez voulu.

Ou plutôt les Français l'auront voulu. On a compris, à travers cette énumération harassante, qui se borne pourtant aux grandes lignes, que la question des retraites est plus qu'une grande cause : c'est une névrose nationale. Quelque chose comme le culte du cargo dans certaines tribus aborigènes de la Mélanésie. Une névrose contre laquelle viennent se briser toutes les idées intelligentes, au premier rang desquelles la retraite par points, proposée par la CFDT, réforme systémique caractérisée par sa souplesse et son universalité, qui se heurta à l'immobilisme forcené des autres syndicats et à la maladresse du gouvernement. On dirait que dès que l'on prononce le mot retraite, le peuple réputé le plus intelligent de la terre se referme comme une huître, tandis que les principales forces politiques se mettent à bégayer leurs idées phares qui sont aussi des idées fixes, pour ne pas dire des idées folles. Au moment où la plupart des pays d'Europe portent, selon les cas, l'âge légal de départ dans la tranche 65 à 67 ans – les maladroits, les incapables ! – les diverses composantes de la NUPES proposent tout simplement de ramener à 60 ans cet âge légal à taux plein pour tout le monde. L'allongement progressif de la durée de la vie n'y fait rien : 60 ans est par un décret des puissances célestes le chiffre magique, le chiffre sacré, au-delà duquel les humains sont réputés n'être bons à rien, sinon à fréquenter le Club Med ou jouer à la pétanque.

Je respecte infiniment l'institution des retraites ouvrières (1910), qui sont pour la classe ouvrière un acquis essentiel, plutôt d'ailleurs qu'une conquête : à l'origine, la CGT anarcho-syndicaliste la combattit, assurant que l'âge d'entrée en jouissance coïncidait avec la mort du travailleur : une retraite pour les morts, en somme.

Les choses ont bien changé depuis et l'on a vu s'instituer en toutes circonstances ce que Pascal Bruckner appelle joliment le « sacre des pantoufles[1] ». Progressivement, la gauche qui depuis Marx et l'Internationale se présentait comme le grand parti du travail et des travailleurs[2] se définit aujourd'hui plutôt comme celui de la cessation de l'activité. À telle enseigne que lorsque Fabien Roussel, secrétaire général du Parti communiste, prétendit revenir à la doctrine initiale (« La gauche doit défendre le travail et le salaire, et ne pas être la gauche des allocations, minima sociaux et revenus de substitution »), il provoqua un tollé jusque dans son propre parti et Sandrine Rousseau, qui est à la gauche d'aujourd'hui ce que Joseph Prudhomme était à la petite bourgeoisie, au XIXe siècle, déclara incontinent que « le travail était une valeur de droite ». Tiens donc !

Pour le dire autrement, si je suis en priorité pour le relèvement des petites retraites et la prise en compte de la pénibilité ; si je pense que l'avenir est à un ralentissement

1. *Le Sacre des pantoufles. Du renoncement au monde*, Grasset, 2022.

2. « Ouvriers, paysans, nous sommes le grand parti des travailleurs » (paroles de « L'Internationale »).

progressif de l'activité à partir de 60 ans et non pour une rupture brutale dont les effets physiques et psychologiques sont au moins aussi néfastes qu'un maintien prolongé d'une activité à plein temps, en revanche, je m'inquiète de l'avenir d'un pays dont les habitants ne s'enflamment que pour la pêche à la ligne ou les croisières en Méditerranée. Je préfère une jeunesse entrant dans la vie l'insulte à la bouche plutôt que défilant en rangs serrés pour sa retraite future.

Tout cela est à ranger dans le cadre du débat sur le déclin français. Et je crains que la majorité des Français de tout âge, de toutes opinions et de toutes origines qui se prépare demain à des manifestations massives contre la retraite à 64 ans, sera la même qui, après-demain, dira dans les urnes que, décidément, la gauche est incapable de gouverner la France. Je le regretterai, mais ce ne sera pas volé.

Cela étant, comme dit Arletty dans *Hôtel du Nord* : « Bonne pêche et bonne atmosphère ! »

23

Pouce !

2 février 2023

Nous sommes partis pour un conflit de longue durée. Aucune des parties en présence n'est disposée à négocier, et pourtant, cette négociation est bien nécessaire. Personne ne maîtrise la situation, et les risques d'extension du conflit sont considérables.

À la fin, il n'y aura que des perdants.

Vous parlez, bien sûr, de la guerre russo-ukrainienne ?

Pas du tout ! Je parle de la guéguerre de France, autrement dit, de la réforme des retraites. Mais que l'on puisse s'y tromper en dit long sur la toxicité d'un conflit incongru, au moment où se joue à l'Est la paix de l'Europe, et peut-être celle du monde. Comme dit le proverbe polonais : « La maison brûle et la grand-mère se repeigne. » C'est pourquoi je dis « Pouce ! », comme jadis dans la cour de récré, pour demander une trêve.

Je dis « Pouce ! » au gouvernement, et plus encore, à Emmanuel Macron lui-même, qui, dans cette affaire, a multiplié les maladresses : la principale ayant été de laisser tomber en rase campagne la réforme Jean-Paul Delevoye, soutenue notamment par la CFDT, qui instaurait un système universel par points (2019-2020) se substituant aux 42 régimes existants. Fondée sur le principe qu'un euro cotisé ouvrait les mêmes droits pour tous, elle avait le mérite de la clarté et de la justice, et, surtout, elle permettait d'éviter d'aborder frontalement l'épineuse question de l'âge de départ.

Mais Édouard Philippe fit capoter le projet en ajoutant à cette réforme dite « systémique » une clause dite « paramétrique », sous la forme d'un « âge pivot » fixé à 64 ans : du coup, il perdait le soutien des syndicats dits « réformistes », qui rejoignirent les opposants et, au printemps 2020, Emmanuel Macron se débarrassait de ce sparadrap encombrant, à la faveur de la crise du Covid et de l'instauration du confinement. Revenir deux ans plus tard avec un autre projet, visant exclusivement l'équilibre des régimes par fixation d'un âge légal à 65 ans ramené ensuite à 64, a eu pour effet de convaincre l'opinion qu'il n'y avait pas urgence, puisque l'on pouvait passer sans crier gare d'une réforme à l'autre, avec un autre exposé des motifs et d'autres dispositions. Et, surtout, en négligeant la concertation avec les partenaires sociaux, il perdait l'appui de ceux-ci, ainsi que d'une fraction supplémentaire de l'opinion. On ne réforme pas sans l'appui des réformistes, et il est grand temps que le gouvernement reprenne le problème sur la base d'une concertation générale, voire d'un référendum.

Mais je dis également « Pouce ! » aux opposants à cette réforme, et même à toute réforme, qui paraissaient considérer que le système des retraites par répartition peut supporter à la fois l'allongement de la durée de vie des retraités et la diminution constante du nombre de travailleurs actifs pour alimenter les caisses. Par quel miracle la France serait-elle le seul pays d'Europe à échapper aux conséquences de ce double phénomène ? Du reste, nulle part ailleurs les modifications rendues nécessaires dans le régime des retraites n'ont donné lieu à pareil concert de cris de douleur, de mobilisations de masse répétées, et au sentiment d'une petite fin du monde. En Italie, on est passé d'un coup à 67 (soixante-sept !), sous le gouvernement Mario Monti (2012), sans coup férir ! Il y a dans la relation des Français à leur retraite comme une névrose d'échec, une fuite devant la vie active qui ne saurait s'expliquer entièrement par les duretés de cette dernière et qui fait appel à une représentation dégradée à leurs yeux de l'ordre du monde.

Dans l'effondrement qui menace de s'étendre tout le mois de février et au-delà se fait jour le heurt de deux politiques, mais aussi, du côté du gouvernement comme de celui des syndicats, quelque chose comme un jeu de rôles. D'un côté, l'impératif financier ; de l'autre, la préservation des avantages acquis. Sans leur demander d'y renoncer, serait-il inimaginable de demander aux deux parties de défendre leur position respective au sein d'une renégociation générale ? Depuis l'apparition de ces séquences exceptionnelles qui ont nom Gilets jaunes, Covid, et maintenant retraites, les Français pris séparément et leur gouvernement lui-même ont tant demandé dans la dernière période à l'entreprise France – c'est le « quoi qu'il en coûte », dont chacun a tant bénéficié – qu'ils pourraient bien, sans renoncer à leurs priorités respectives, donner sa chance à une grande négociation collective sans préjugés ni préalables. Il serait toujours temps, en cas d'échec, de revenir à l'intransigeance et à l'épreuve de force.

Je sais que cette proposition, qui n'a pour elle que le bon sens et l'intérêt général, a peu de chances d'aboutir. Abba Eban, qui fut ministre israélien des Affaires étrangères, disait qu'en politique on n'en vient aux décisions de bon sens qu'après avoir essayé toutes les autres. Ce qui est vrai au Proche-Orient est aussi vrai en France, la France, qui est un peu à cet égard l'Israël de l'Occident. On pourrait au moins essayer. Je n'ajouterai pas, pour être plus convaincant, que le pays ne va pas bien : c'est devenu une habitude. Que, depuis quelque temps, il se plaît à accumuler les handicaps : c'est désormais sa manière d'être. On pourrait donc essayer de se mettre d'accord sur un minimum incompressible, ou plutôt essayer d'essayer. Se mettre d'accord sur la nature et la dimension des désaccords serait – qui sait ? – une façon de les réduire. Dans cette affaire des retraites, c'est bien la seule chose qui ne coûterait rien à personne.

24

La retraite de France

23 février 2023

Tout ça pour ça !

Je crains en effet qu'à l'issue de la énième reprise de la grande saga des retraites qui, périodiquement, accapare la France au point de lui faire tout oublier, y compris le bon sens, rien ne soit réglé et qu'il n'y ait en vérité que des perdants. Perdant, le président de la République, Emmanuel Macron, qui n'aura pas réussi à régler le seul dossier d'envergure auquel il s'est attaqué depuis son entrée à l'Élysée, abandonnant sans crier gare le principe de la retraite par points, sur lequel il aurait trouvé l'appui de la CFDT, pour un simple ajustement financier, rendu tôt ou tard nécessaire par le déséquilibre croissant, pour des raisons démographiques, entre le nombre de cotisants et le nombre de bénéficiaires ; oubliant que les relations sociales, dans un pays civilisé, reposent sur la négociation entre partenaires, lui qui pourtant ne craint pas de maintenir la nécessité d'une négociation in fine entre un criminel de guerre, Vladimir Poutine, et la victime, en l'occurrence l'Ukraine ; déconcertant ses partenaires les plus affirmés par de perpétuels changements de pied, incompatibles avec la fonction qui est la sienne sous la Ve République.

Perdants, les partis politiques dont aucun ne brille dans cette affaire par la cohérence, avec une mention particulière pour la NUPES, tout entière dépendante de la stratégie personnelle de Jean-Luc Mélenchon, et au sein de la NUPES, le Parti socialiste, qui semble avoir perdu toute autonomie de décision au profit des Insoumis et de leur chef d'orchestre ; mais perdants aussi à droite Les Républicains qui se divisent comme à plaisir et semblent incapables, ou d'aider le gouvernement ou de constituer une solution alternative. Seule exception à cet affaissement, préoccupant dans une démocratie, le Rassemblement national, auquel s'applique parfaitement le mot du spirituel Louis XVIII à propos du duc d'Orléans, futur Louis-Philippe : « Il ne se remue pas, et cependant, je m'aperçois qu'il chemine » (1822). La situation est devenue telle que, je dois bien le confesser, aujourd'hui les raisons que je puis avoir de préférer la gauche à la droite ne sont plus du tout en elles ; elles sont tout entières en moi.

Perdant, le Parlement, en l'espèce l'Assemblée nationale, qui a donné, tout au long de l'examen en première lecture du projet de loi, un spectacle lamentable, moins par la violence des affrontements que par la débilité des propos et la bassesse des attitudes ; interdisant, contrairement au rêve caché de tous les partis politiques, tout retour en arrière du système présidentiel du présent au système parlementaire du passé, quelles que soient les faiblesses du premier. Voltaire : « Sous quelle tyrannie aimeriez-vous vivre ? Sous aucune, mais s'il fallait choisir, je détesterais moins la tyrannie d'un seul que celle de plusieurs. Un despote a toujours quelques bons moments, une assemblée de despotes n'en a jamais[1]. »

Perdante enfin et surtout, la France, et c'est bien là le plus préoccupant. La crispation presque insensée de tout le pays sur une question que l'avenir fera sans doute considérer comme mineure, soit le report de 62 à 64 ans de l'âge légal de départ à la retraite, que le Conseil national de la Résistance, dont on ne saurait mettre en doute l'esprit de progrès social, n'avait pas craint de proroger jusqu'à 65 ans, alors que l'espérance de vie était alors de près de vingt ans inférieure à ce qu'elle est aujourd'hui, en dit long sur la disparition de toute ambition collective dans le pays et sur le formidable individualisme qui préside aujourd'hui à toute espèce de vie sociale. Que cette ruse du capitalisme se retourne aujourd'hui contre lui ne doit pas nous égarer : c'est l'ambition collective pour la France, représentée jadis par Charles de Gaulle et Pierre Mendès France, qui a disparu et qui fait aujourd'hui de ce pays si conquérant, si tourné vers l'avenir dans les années 1960, l'homme malade de l'Europe, dépendant de plus en plus exclusivement de sa dette – 3 000 milliards – et à la merci d'une hausse brutale des taux d'intérêt. Que la jeunesse des écoles et des universités défile aujourd'hui pour la défense de ses retraites futures, à saute-mouton par-dessus sa vie active, n'est pas non plus un signe très encourageant.

Le lecteur aura remarqué que dans la liste des perdants qui précède, je n'ai pas mentionné les syndicats. Et pour cause. Ils sont pour le moment dans l'esprit public les seuls

1. *Dictionnaire philosophique*, article « tyrannie ».

bénéficiaires du mouvement actuel. Encore convient-il de le préciser : il n'y a pas, comme on l'écrit toujours, d'un côté des syndicats révolutionnaires, de l'autre des syndicats réformistes, pour la bonne et simple raison qu'il n'y a pas de révolution à l'horizon lointain. De sorte qu'il n'y a pas non plus des syndicats révolutionnaires mais des syndicats immobilistes ; ni des syndicats réformistes, mais des syndicats réformateurs. Et parmi ceux-ci, le premier d'entre eux, la CFDT, et son secrétaire général Laurent Berger, dans la lignée de ses illustres prédécesseurs, Edmond Maire, Nicole Notat, François Chérèque. Pour avoir été associé de près à cette entreprise, je ne puis m'empêcher de ressentir une sorte de fierté collective pour le chemin parcouru et le résultat obtenu. Ce dont l'opinion publique, presque unanime, fait crédit à la CFDT et à Laurent Berger, au-delà de la bataille actuelle sur l'âge de départ à la retraite, c'est la capacité à inventer un avenir social pour la France, dont l'objet est toujours le même, depuis les heures glorieuses de l'anarcho-syndicalisme : faire des travailleurs les acteurs de leur histoire, et de la société française tout entière une société « d'hommes fiers et libres » (Fernand Pelloutier). Dans une France qui, je le répète, manque cruellement d'ambition collective, c'est, tout le monde l'a compris, un point de ralliement.

25

Tout ça pour ça !

23 mars 2023

Commençons par le commencement, c'est-à-dire par le président de la République. Emmanuel Macron est un homme doté d'immenses qualités, l'agilité intellectuelle, l'esprit de décision – il l'a montré quand il s'est lancé à la conquête de l'Élysée –, mais il lui manque l'intelligence des situations. Sa volonté de réformer les retraites était légitime, nécessaire même ; mais il a commis une première erreur en abandonnant en rase campagne, pour cause de Covid, le système universel par points, soutenu notamment par la CFDT. Au passage, il a traité celle-ci avec la dernière désinvolture, alors que tout le monde savait qu'elle avait une situation pivot dans l'affaire. Il est revenu cet automne avec un nouveau projet, mal conçu, mal ficelé, pour tout dire bâclé, où l'accent était mis non plus sur l'universalité du système et sur sa justice mais sur sa viabilité financière ; puis comme l'argumentation ne portait pas, sur son acceptabilité par les marchés. Depuis trois mois il a laissé pourrir la situation, en abandonnant sa Première ministre Élisabeth Borne en première ligne, sans lui apporter aucun soutien apparent et en paraissant se désintéresser de l'affaire. Quand il est apparu que l'âge légal de départ – 64 ans – était un point de crispation, que je trouvais moi-même excessif, mais qui était devenu la donnée principale du problème, il n'a aucunement cherché à contourner l'obstacle. Quant au 49.3 qui est une arme redoutable aux mains du pouvoir, il s'en est servi très mal et trop tard, comme d'une bouée de sauvetage.

Il faut dire que les Français sont un drôle de peuple. Imprévisible. Tantôt indifférent, tantôt éruptif. « Ce sabre est le plus beau jour de ma vie, avec lui je jure de soutenir, de défendre nos institutions, et au besoin de les combattre. » Cette immortelle déclaration de Joseph Prudhomme, le bourgeois solennel et ridicule d'Henri Monnier, je me demande si elle n'a pas une résonance en chacun de nous. Le 49.3 justement. C'est aux mains de l'exécutif une arme légitime, nécessaire, compte tenu de la quasi-incompatibilité de la France avec un régime parlementaire efficace et responsable. Le spectacle donné par le Parlement depuis quelques semaines est indigne de la démocratie. Les Insoumis l'ont transformé en champ de foire ou en cours de récré, comme vous voulez. En aucun cas en organe, digne de ce nom, de nos institutions. Quand Mathilde Panot, présidente du groupe Insoumis compare Emmanuel Macron à Caligula, le désigne comme le « forcené de l'Élysée » et ajoute qu'il oblige les Français à voler dans les supermarchés, eh bien ! comme dit le poète du XIXe siècle François Ponsard, digne émule de Joseph Prudhomme : « Quand la borne est franchie, il n'est plus de limite. »

Les partis maintenant. Il est clair que les Insoumis, par leurs provocations, leur comportement d'enfants mal élevés sont aujourd'hui un des seuls atouts du pouvoir, tandis que les socialistes se révèlent inexistants, incapables de se distinguer de leurs turbulents alliés. La gauche, qui devrait être la grande bénéficiaire de la situation, paraît incapable d'en tirer profit, de façon à présenter à la prochaine présidentielle un candidat avec quelque chance de succès. À droite, le parti des Républicains a explosé, et on voit mal comment il pourrait continuer d'exister autrement que comme un satellite du macronisme. Seul le Rassemblement national paraît être à même à tirer parti de la crise, mais il est bien isolé, comme l'échec de sa motion de censure à dépasser le cadre de ses seuls députés l'a montré. La chance d'Emmanuel Macron, c'est qu'il n'existe pas à l'Assemblée nationale d'autre majorité, fût-elle relative, que celle qui le soutient.

Seuls les syndicats sortent renforcés de l'épreuve actuelle. Eux que l'on estimait depuis des années en perte de vitesse ont fait preuve à la fois de vitalité et de responsabilité. La CFDT est la vraie gagnante de cette péripétie, tandis que la CGT, depuis qu'elle est débarrassée du joug communiste, retrouve son identité. La solidité de l'axe CFDT-CGT est la conséquence inattendue de cette situation nouvelle.

Au total, tout ça pour ça ! Il y a une disproportion effarante entre la minceur de l'enjeu, après les concessions d'Élisabeth Borne – moins de 10 milliards –, et l'ampleur de la crise qui secoue notre univers politique et social.

Certes, la France est coutumière des crises qui, au rythme d'environ une par génération, font fonction de purge du système. La logique de la Ve République – c'est aussi son mérite – est en pareil cas le recours au peuple. Les échéances électorales régulières sont trop éloignées pour qu'on s'en satisfasse. C'est pourquoi j'approuve l'appel lancé par *Marianne*, et signé par des personnalités de diverses origines, pour la tenue d'un référendum. À condition d'en bien choisir le sujet ; cela ne saurait être une simple duplication du débat au Parlement sur la réforme des retraites, conclue par une victoire aux points du gouvernement. Il est clair que, derrière la réforme des retraites, la question sous-jacente est celle de la place du travail dans notre société. Le confinement dû au Covid avait amorcé le débat : le travail de demain ne sera plus celui d'aujourd'hui. Pour une fois que l'on débattrait en France de l'avenir plutôt que du passé, faisons de cet épisode un peu dérisoire, qui s'apparente à une grossesse nerveuse, une chance pour la France de demain.

26

Pour une sortie par le haut

30 mars 2023

Pendant trois mois, l'union de tous les syndicats autour de la CFDT et de la CGT avait accompli cette espèce de miracle : tenir la crise sociale provoquée par le projet de réforme des retraites en dehors du jeu politique traditionnel. Du jour où l'exécutif a fait appel à l'article 49.3 de notre constitution, la politique a repris ses droits. Sans doute cet article avait-il été conçu, au sein des institutions de la Ve République, pour résoudre des crises de ce genre, mais les Français ont un rapport très particulier, unique au monde, à leurs institutions : chacun d'eux estime avoir le droit d'en réclamer le changement chaque fois qu'elles contrarient ses projets. C'est la défaite posthume du général de Gaulle, on n'y peut rien.

De ce fait, le débat autour du passage de 62 à 64 ans de l'âge légal de départ à la retraite a perdu sa centralité : il n'est plus désormais qu'un objet parmi d'autres : la réforme des institutions et même les bassines de stockage d'une eau puisée dans la nappe phréatique…

Et voilà que les rapports de force entre les formations politiques, qui étaient restés stables depuis l'automne, se sont mis à bouger, au point de modifier en profondeur la donnée politique fondamentale. Dans un sondage IFOP publié dimanche par le *JDD*, le Rassemblement national qui avait culminé lors des législatives de juin dernier autour de 18 % est aujourd'hui crédité de 26 % des intentions de vote, à égalité avec la gauche NUPES et devant la formation macroniste (22 %). Sous réserve de confirmation, un tel bond en avant, comme le soulignait Jérôme Jaffré dimanche dernier, fait du parti de Marine Le Pen le parti de l'ordre, à l'image du gaullisme à l'issue des événements de Mai 68. Tous les actes de violence, qui se multiplient aujourd'hui, ne peuvent que le conforter dans cette situation de favori d'éventuelles législatives. C'est la « mélonisation » du RN, du nom de Giorgia Meloni, leader du parti néofasciste italien devenue présidente du Conseil des ministres.

Car il y a bel et bien un problème de la violence dans la France d'aujourd'hui. Il n'est pas venu de là où on l'attendait traditionnellement, c'est-à-dire de l'extrême droite, mais de l'extrême gauche. En se refusant à condamner clairement le recours à la violence de ce néofascisme de gauche, Jean-Luc Mélenchon joue un jeu dangereux et, aux yeux de l'opinion, compromet la gauche tout entière. Que toute manifestation soit désormais le prétexte et le théâtre de scènes de guérilla urbaine et d'affrontements délibérés avec la police est une dégénérescence démocratique, et pour qui se refuse à la condamner, un jeu en eaux troubles aux conséquences incalculables. Les attaques, qui tendent à se multiplier, contre des parlementaires, contre leurs domiciles privés et leurs permanences, sont un signe qui ne trompe pas : c'est bel et bien d'un néofascisme de gauche qu'il s'agit.

Il y a une grande absente de la scène politique et sociale actuelle : à savoir la gauche démocratique et républicaine.

Sans doute, mais les besoins de l'unité…

Que me chantez-vous là avec votre sacro-sainte unité ? Outre que Jean-Luc Mélenchon s'assoit dessus sans le moindre scrupule chaque fois qu'il l'estime contraire à son destin personnel, faut-il vous rappeler que les trois fois où la gauche a remporté l'élection présidentielle, son candidat finalement élu, François Mitterrand en 1981 et 1988, François Hollande en 2012, avait au premier tour une tripotée de concurrents de gauche ? La gauche, comme du reste la droite, est par nature multiple ; c'est le regroupement de ses composantes, non son unité organique, qui fait sa force.

Comment le Parti socialiste peut-il ne pas se désolidariser d'un discours de gauche dont l'insoumise Mathilde Panot a donné le modèle inégalé en comparant Macron à Caligula, ou même du communiste Fabien Roussel qui d'ordinaire maîtrise son langage mais dont j'ai saisi au vol cette affirmation : « l'âge des retraites a été repoussé jusqu'à des limites que le corps humain ne peut pas atteindre ». Que vient faire le PS dans ce concours Lépine du misérabilisme et de l'ineptie ?

Je prétends que la carence de la social-démocratie est pour beaucoup dans l'impasse d'aujourd'hui. Certes, je ne dis pas que si elle était présente en tant que telle sa situation serait facile, mais elle retrouverait vite son identité et permettrait une sortie de la crise par le haut.

Cette sortie, je le répète, ne saurait consister en une victoire par K.-O. d'un camp sur l'autre à propos de l'âge des retraites. Quand les passions seront retombées, on mesurera l'écart abyssal entre l'ampleur de la mobilisation et la modicité de l'enjeu. En revanche, depuis le confinement et à travers la crise actuelle, la question du travail est désormais posée en termes nouveaux. Par exemple, le passage brutal du travail à plein temps à l'inactivité totale, quel qu'en soit l'âge, est une aberration. Que tous les partenaires sociaux, gouvernement, syndicats, patronat mettent à profit la pause réclamée par Laurent Berger pour imaginer une phase de transition – par exemple sous la forme d'un mi-temps de quelques années entre l'âge mûr et la vieillesse –, et l'année 2023 pourrait prendre place parmi les grandes heures de la République sociale.

27

D'où vient l'exception sociale française ?

9 février 2023

À l'échelle européenne, la France est maillot jaune en termes de grèves et lanterne rouge en termes de syndicalisation[1] : difficile de nier qu'il y ait corrélation entre les deux phénomènes. Il s'agit donc d'expliquer la préférence nationale pour l'affrontement par rapport à la négociation, autrement dit la grande médiocrité du système français de relations sociales. À l'origine de cette particularité, on trouve un autre couple antagoniste et inséparable : l'autoritarisme patronal – on parle de patronat de droit divin – et le radicalisme ouvrier, dont le syndicalisme révolutionnaire, parfois désigné sous le nom d'anarcho-syndicalisme, dans la France d'avant 1914 est l'expression la plus achevée. Et comme c'est le chef d'entreprise qui recrute le personnel salarié et non l'inverse, c'est du côté du premier qu'il faut chercher la source de cette particularité.

---

1. 127,6 jours de travail perdus par an pour 1 000 salariés dans la période 2010-2019 et 10,3 % de salariés syndiqués en 2019 (hors pays baltes). Source : European Union Institute, cité par *Le Point*, 2 février 2023.

Là encore, les choses ne vont pas de soi, car si la France est, sous la IIIe République, la terre d'élection de la petite entreprise et de son patronat autoritaire, on ne saurait oublier qu'elle fut, de Colbert à Napoléon III, celle de l'esprit étatique et saint-simonien, et qu'elle l'est redevenue quelque temps pendant la Ve République, sous les auspices du général de Gaulle. D'où l'importance du secteur public et nationalisé : c'est là que le taux de syndicalisation est le plus élevé, et, pourtant, là aussi que la propension à la grève est la plus forte : on fait davantage grève dans le public, parce que c'est là que l'on court le moins de risques. Quitte, comme on l'a dit souvent, à pratiquer la « grève par procuration ». À maintes reprises, les grèves de la fonction publique et du secteur nationalisé expriment plus largement l'état d'esprit de la classe ouvrière tout entière : c'est probablement ce que nous vivons une nouvelle fois aujourd'hui, où le privé est beaucoup moins présent dans les grèves et les manifestations, mais n'en pense pas moins… On serait tenté de dire qu'en France, en matière de conflits sociaux, c'est le public qui donne les troupes et le privé qui donne le ton.

Dans ce dispositif si particulier, il est un secteur qui ne joue guère le rôle qui est le sien dans les pays de tradition sociale-démocrate, comme l'Allemagne, la Belgique, l'Autriche, la Scandinavie. Là, le dispositif général du mouvement ouvrier est classiquement commandé par de puissants syndicats dans la grande entreprise privée, articulés sur le plan politique, et le cas échéant au gouvernement, avec des partis sociaux-démocrates. La France a toujours évité – ou manqué – la marche sociale-démocrate.

L'idéal d'« autonomie ouvrière[1] » est en quelque sorte à saute-mouton par rapport à l'âge social-démocrate du mouvement ouvrier. Il lui est d'abord antérieur, et caractérise le stade préindustriel de l'économie, avec la prédominance du petit atelier – c'est là que naît la tradition anarcho-syndicaliste. Il suffit, en somme, de changer de propriétaire, et de substituer au petit patronat de droit divin la direction collective des travailleurs, sous la forme de conseils ouvriers. « L'atelier remplacera le gouvernement » est la formule qui résume le mieux cette aspiration. On pourrait la croire définitivement archaïque et obsolète, si elle ne resurgissait obstinément à chaque grande émotion populaire. C'est le cas en mai 1968, où elle prend la forme du mot d'ordre d'autogestion. Et non, comme on pourrait le penser, dans la mouvance de la CGT, qui est après tout l'héritière en droite ligne du syndicalisme révolutionnaire, mais qui a été remodelée en profondeur après la Première Guerre mondiale par la vision marxiste, qui est elle-même en quelque sorte la version radicale de la social-démocratie ; mais à la CFDT. Des ouvriers des Pays de la Loire, où l'empreinte de Fernand Pelloutier, fondateur des Bourses du travail, n'a pas totalement disparu et où la filiation chrétienne est toujours visible. Gilbert Declercq, leur flamboyant leader historique, me disait un jour : « Ils pendraient bien les patrons au nom du Christ-Roi. »

La leçon de tout cela ? C'est qu'en France, tout mouvement social et ouvrier de quelque ampleur, ne saurait être

1. Cf. mon livre *Autonomie ouvrière. Études sur le syndicalisme d'action directe*, Hautes Études, Gallimard/Seuil, 1989.

interprété seulement au vu de son contenu explicite – la revendication dûment formulée – mais aussi à partir de son aspiration latente qui est la conquête de l'autonomie : ici, l'histoire est une seconde nature, et cette revendication relève autant de ses origines historico-culturelles que de son conditionnement socio-économique. Voilà pourquoi, bien souvent, on ne comprend la signification profonde des mouvements sociaux que longtemps après leur apparition. C'est le cas avec celui des Gilets jaunes, dont les interprétations d'aujourd'hui sont très différentes de celles qui furent données sur le moment et qui étaient étonnamment pauvres ; cela risque d'être aussi celui de l'actuel mouvement des retraites, où le refus radical de la modification de l'âge légal de départ renvoie à un profond malaise du travailleur à l'égard de son travail. Longue suite à prévoir.

28

Soudain la CFDT !

9 mai 2023

Sur la mer démontée de l'opinion publique, sur fond de défiance généralisée à l'égard de toute espèce d'autorité, à commencer par celle du président et de sa Première ministre, mais aussi de la totalité des partis, y compris les partis d'opposition, la CFDT surgit tout à coup comme le seul point fixe, et son secrétaire général, Laurent Berger, comme le seul homme qui inspire confiance à gauche comme à droite, chez les travailleurs comme chez les dirigeants. Lors de la « déconfessionalisation » de la centrale (1964), on avait choisi un sigle en quatre lettres, parce que la CGT n'en comportait que trois, et la CGT-FO, cinq. L'accord fut vite fait sur le T, comme « travail ».

Il n'y a que Jean-Luc Mélenchon, qui raconte décidément n'importe quoi, pour prétendre que le T doit se lire comme « travailleurs » et non comme « travail ». Comme si le travail n'était pas le bien par excellence des travailleurs ! Quant au D, comme « démocratique », il fut l'objet d'un accord unanime. Tiens donc ! Personne, ailleurs, n'y avait pensé : la CFDT s'est voulue, d'hier à aujourd'hui, la centrale démocratique par excellence. Cela n'allait pas de soi.

Dans la tradition marxiste, « démocratique » est un terme péjoratif, qui n'est d'usage que chez les traîtres et les mous, comme dans l'expression « social-démocrate ». Les mots ne mentent jamais, à condition de savoir les lire.

De la Résistance aux « Cahiers Reconstruction »

Lors d'une précédente chronique, où j'avais parlé de la « longue marche de la CFDT », plusieurs lecteurs m'ont demandé d'aller plus avant. Je le fais d'autant plus volontiers que c'est une question directement liée à l'actualité.

La déconfessionalisation de la centrale (1964) à laquelle je viens de faire allusion n'est pas un point de départ, mais un point d'arrivée : celui d'une confédération fondée au lendemain de la guerre (1919), sur fond d'éclatement de la CGT, longtemps centrale unique, entre éléments proches du Parti communiste naissant, qui constitueront la CGTU (1921), et la majorité fidèle à la tradition d'indépendance du syndicalisme français : cette nouvelle centrale, la CFTC, se réclame explicitement de l'appartenance chrétienne de ses adhérents et de la collaboration de classe. C'est pourtant cette organisation au départ très conformiste qui proteste contre la dissolution des confédérations ouvrières par le régime de Vichy et qui signe avec la CGT, sous l'impulsion de son secrétaire général, Gaston Tessier, le « Manifeste des douze » (15 novembre 1940), dans lequel on a pu voir le premier acte public de la Résistance.

Au lendemain de la guerre, c'est une organisation fière de son passé, obligée de se confronter avec une CGT dominée par le Parti communiste, qui s'érige en « gardienne de l'indépendance syndicale », qui se prononce pour un « socialisme démocratique » dans la lignée de la gauche travailliste anglaise (Aneurin Bevan) et de personnalités comme Pierre Mendès France, et qui ne tarde pas à penser que la référence confessionnelle contenue dans ses statuts et dans son sigle est un obstacle à son plein développement. Ce travail idéologique en profondeur est l'œuvre d'une revue : les *Cahiers Reconstruction*, dirigés par Paul Vignaux, spécialiste de mystique médiévale, et qui regroupe sur un pied d'égalité dans son organe directeur des travailleurs manuels et des travailleurs intellectuels. Pour avoir été associé de près à cette démarche, je n'hésite pas à dire que j'ai trouvé là des principes qui depuis ont guidé ma pensée et mes engagements. Et puis c'est là que j'ai laissé mon cœur.

Une fois cette déconfessionalisation acquise, en 1964, au prix de la scission d'une minorité fidèle à la doctrine sociale chrétienne, la CFDT se trouve de plain-pied avec le mouvement de Mai 68, solidaire des étudiants de l'UNEF, et actrice à part entière dans les grèves et les manifestations. Il en résulte une grande fermentation sociale et intellectuelle, et la définition d'un mot d'ordre qui existait déjà à l'état latent dans l'ADN de l'organisation : l'autogestion.

Les origines de l'autogestion

Je vais aller plus loin. Le débat s'est provisoirement éteint autour de ce mot, mais il faut comprendre qu'il recèle une charge permanente, constitutive de la condition salariale. En veut-on la preuve? Je vais la chercher à la CGT elle-même, qui déclare à l'article 2 de ses statuts, adoptés à son congrès fondateur de Limoges, en 1895, que « la CGT groupe, en dehors de toute école politique, tous les travailleurs conscients de la lutte à mener pour la disparition du salariat et du patronat ». Pas moins! L'idéal du mouvement ouvrier n'est ni le socialisme ni la retraite à 60 ans, c'est le travail libre, autrement dit, idéalement, l'abolition conjointe du capitalisme et de la condition salariale. De 1895 à nos jours, cette idée directrice a revêtu des formes très différentes, et personne n'ose plus penser avec Proudhon et avec l'anarcho-syndicalisme que « l'atelier remplacera le gouvernement ». Mais il y a bel et bien une continuité d'aspiration, de l'objectif d'abolition du salariat et du patronat de jadis en passant par l'idéal d'autogestion, jusqu'à la remise en cause du travail et de ses conditions d'exercice, survenue à l'occasion du confinement.

Tout se passe comme si, alors que dans l'action syndicale quotidienne, la revendication porte sur des points précis, il subsiste toujours comme basse continue dans l'esprit des travailleurs la remise en cause générale de la notion de travail salarié. Cet au-delà du quotidien, qui donne à un mouvement comme le syndicalisme son autorité, sa résonance exige d'être portée par des hommes et des femmes exceptionnels. D'Eugène Descamps à Laurent Berger, en passant par Edmond Maire, Nicole Notat, François Chérèque, la CFDT a eu la chance de posséder pareilles personnalités. Pour les uns l'action catholique et pour tous la formation syndicale ont joué un rôle essentiel. La JOC (Jeunesse ouvrière chrétienne) pour les uns, le centre de formation de

Bierville pour tous, ont fait à la CFDT et à la France tout entière cet irremplaçable cadeau.

Cet idéal d'émancipation intégrale de la condition ouvrière est difficilement compatible avec une articulation entre les syndicats et les partis politiques. À l'intérieur de la CFDT, le débat a longtemps opposé les partisans d'une unité d'action prioritaire avec les autres syndicats, dont la CGT, et les tenants d'un bloc réformateur, grâce à l'établissement d'un lien étroit avec les partis sociaux-démocrates, comme c'est le cas en Allemagne, en Belgique, et plus généralement dans les pays de culture politique modérée. Pour l'historien du syndicalisme, l'unité d'action qui a paru aller de soi entre la CFDT, la CGT et Force ouvrière dans toute la campagne contre la réforme des retraites est une grande nouveauté. Dans le passé, une telle unité d'action était l'exception.

Du léninisme à la charte d'Amiens

Que s'est-il donc passé ? Tout simplement que la CGT, longtemps sous l'emprise du Parti communiste français, a retrouvé sa liberté lorsque ce dernier s'est effondré. Et l'on a vu alors la CGT abandonner, contrainte et forcée, le léninisme, c'est-à-dire la subordination du syndicat au parti, au profit de la culture syndicale française, la sienne dans le passé, symbolisée par la charte d'Amiens (1906), c'est-à-dire l'indépendance vis-à-vis de toutes les forces politiques. Voir Laurent Berger et Philippe Martinez cogner de concert à la fois sur Emmanuel Macron, c'est-à-dire sur l'homme qui incarne le refus de toute politique contractuelle, et sur Jean-Luc Mélenchon, qui n'a jamais caché vouloir disputer aux syndicats la direction du mouvement social, est pour quiconque a été marqué par les profondes impulsions du mouvement ouvrier français, c'est-à-dire le syndicalisme d'action directe, cause d'une véritable jubilation.

D'où mon scepticisme quant à une éventuelle candidature de Laurent Berger à la présidence de la République... dans quatre ans ! Assurément, il ne serait pas indigne d'occuper la magistrature suprême. Bien au contraire. Mais du jour où il serait candidat, et où il cesserait d'être adossé à une puissante organisation syndicale, il perdrait cette espèce de virginité politique qui est pour beaucoup dans la faveur dont il jouit présentement. Il aurait à se situer par rapport aux innombrables querelles qui font de la gauche politique actuelle un panier de grenouilles sautant dans toutes les directions. Même dans les pays de culture sociale-démocrate, la carrière syndicale et la carrière politique demeurent des parcours distincts. Laurent Berger et son « pouvoir de vivre » ont encore beaucoup à apporter dans le débat public. La carrière politique est autre chose, et à part des circonstances exceptionnelles, il est bien qu'il en soit ainsi. C'est d'ailleurs, à ce que j'ai entendu, le point de vue de l'intéressé lui-même.

La séquence qui s'est ouverte en début d'année avec la grande mobilisation contre le projet de loi sur les retraites ouvrières est, à n'en pas douter, quelque chose de nouveau dans notre histoire sociale puisque les conditions d'unité d'action sont pour une fois réunies, au-delà de la différence des origines et des traditions. Que Force ouvrière, qui est née en 1947 du refus de l'unité d'action par hostilité au léninisme syndical, soit désormais partie prenante de cette unité d'action sans réticences, voilà qui est nouveau. Que la CFTC maintenue parle le même langage que la CFDT, voilà qui est remarquable. On est tenté de dire que si les deux scissions, celle de la CGT en 1947 et celle de la CFDT en 1964, n'avaient pas eu lieu, elles ne se produiraient plus aujourd'hui. Mais il y a, on le sait, dans le mouvement ouvrier une forte rémanence, c'est-à-dire la persistance des effets quand la cause a disparu. Les réunifications ne sont pas pour demain.

Il n'y a pas de relations sociales en France

Demeurent aussi les caractéristiques majeures du syndicalisme français. Bien que son image se soit considérablement améliorée dans la période récente, et que les adhésions soient en hausse un peu partout, il n'en reste pas moins que comparé à ses homologues européens – allemand, belge, scandinave –, il reste très fortement minoritaire, aux environs de 10 % des salariés, avec une faiblesse plus marquée dans le secteur privé et une force relative plus grande dans le public. Pour la majorité des travailleurs français, le syndicalisme n'est pas une pratique permanente, c'est une institution extérieure à laquelle on a recours exclusivement quand il s'agit de mener une action persévérante et de négocier avec la partie adverse. Du reste, le mode opératoire de la négociation sociale diffère du tout au tout par rapport à l'étranger. Soit R la revendication, N la négociation et G la grève, ce mode opératoire est le suivant dans la plupart des pays : R > N > G.

Autrement dit, on ne se met en grève que lorsque la négociation est dans une impasse. En France, au contraire, le schéma courant est : R > G > N, la grève étant le moyen d'obtenir la négociation. Le refus de négocier, traditionnel dans le patronat français, est pour beaucoup dans ce schéma baroque. Il arrive même ici qu'un quatrième facteur entre en ligne de compte : la colère (C), qui parfois précède la revendication elle-même, celle-ci n'étant souvent exprimée et affinée qu'au cours de la grève. Le schéma est donc souvent, à la grande stupéfaction de tous les observateurs étrangers : C > G > R > N.

Autrement dit, la tradition d'un patronat de droit divin combinée à la posture souvent révolutionnaire du mouvement ouvrier aboutit à ce schéma baroque : il n'y a pas en France, à proprement parler, de système de relations sociales, mais plutôt une procédure coutumière et empirique de gestion des affects collectifs. Le plus grand ennemi du syndicalisme, et avec lui de la démocratie sociale, n'est ni l'État ni le patronat. Cet ennemi de tous les instants, c'est l'individualisme des citoyens. Pour Marylise Léon, qui à la fin du mois de juin succédera sans histoires à Laurent Berger au faîte de son rayonnement, il y aura du travail. Bon vent !

PS : Tony Dreyfus, qui vient de mourir, a été pendant des années l'avocat de la CFDT. Je saisis cette occasion pour saluer fraternellement la mémoire du militant et de l'ami.

29

« Réflexions sur la violence »

6 avril 2023

Si j'ai donné à l'article que l'on va lire le titre d'un ouvrage à la fois célèbre et méconnu de Georges Sorel, à l'image de son auteur, c'est pour souligner d'emblée l'ambiguïté fondamentale du concept de violence dans le champ politique. À telle enseigne que ce que Sorel nomme violence correspond à peu près à ce que nous appelons force et, qu'inversement, ce qu'il nomme force est très souvent ce que nous appelons couramment violence. Ces coquetteries de vocabulaire ont coûté cher au solitaire de Boulogne, ignoré ou incompris dans son pays natal tandis qu'en Italie où sa notoriété a toujours été beaucoup plus grande, il a servi de référence à la fois aux fascistes (Mussolini), aux marxistes (Gramsci) et aux libéraux (Gobetti). On retiendra pour notre propos que la violence prolétarienne, telle que la décrivait Sorel, n'était nullement synonyme de brutalité ou de sang versé, mais désignait la coupure de classe, mieux, la rupture – le compromis social étant à ses yeux la forme suprême de l'immoralité[1].

1. Les *Réflexions sur la violence* seront l'objet à la fin mai aux Éditions

La violence est revenue au premier plan de l'actualité ces jours derniers avec les désordres et les poussées sporadiques de guérilla urbaine qui ont accompagné les dernières manifestations à propos de la réforme des retraites, jusqu'alors parfaitement maîtrisées par les syndicats. Ces mouvements sont d'abord opportunistes, les agitateurs et autres black blocs se moquant de l'âge de départ à la retraite comme de leur premier feu de poubelles ; elles sont de surcroît le fait de très petites minorités ; elles relèvent enfin clairement de la politique du pire, les mêmes espérant susciter un climat de tension sociale et politique – d'où le thème classique des violences policières – voire la révolution. Outre que l'on ne voit pas très bien, dans le contexte d'aujourd'hui, quels pourraient être les objectifs d'une révolution et surtout le type de société qui pourrait en sortir, c'est une erreur historique de croire que l'on déclenche une révolution comme un feu de broussaille par temps de grand vent. Il y a révolution quand les institutions d'une société donnée ne correspondent plus du tout aux rapports de classes au sein de cette société. À la différence des incendiaires de poubelles, le peuple dans ses profondeurs ne se lance pas dans une aventure révolutionnaire pour le plaisir, ou pour la beauté supposée de la chose.

Il sait qu'une révolution est un acte grave, douloureux, pour les vainqueurs presque autant que pour les vaincus. Avec son concept de révolutionnaires professionnels, Lénine a perverti la nécessité politique et la noblesse morale des

---

Krisis d'une nouvelle édition avec une importante préface de Pierre-André Taguieff qui périme toutes les précédentes.

grandes révolutions : il a ouvert la voie à des régimes minoritaires, qui ne se maintiennent que par la violence éthique. Le malheur est qu'à la différence du nazisme, le lénino-stalinisme n'a pas connu son procès de Nuremberg, destiné à mettre à nu sa véritable nature, minoritaire et barbare.

Qu'en est-il dans la France d'aujourd'hui ? J'ai le regret de dire que la violence pseudo-révolutionnaire vient de l'ultra-gauche et non de l'ultra-droite. Oh ! je ne suis pas naïf. Ce n'est pas parce que Marine Le Pen a choisi intelligemment la voie pacifique pour accéder au pouvoir que le potentiel fasciste est définitivement annihilé dans notre société. Il reste que le climat ne lui est pas favorable, d'autant plus que depuis plus de deux siècles, le peuple de France n'aime pas l'extrême droite, le régime de Vichy n'ayant pu s'y installer qu'à la faveur de la défaite ; du reste sa nature profonde était trop réactionnaire pour secréter le fascisme, qui appartient hélas à la modernité.

C'est pourquoi le jeu de Mélenchon est un jeu trouble. Je ne prétends pas qu'il est positivement complice de la violence ; mais en refusant de la condamner clairement au nom de la démocratie, il déclenche un mécanisme de complicité implicite qui va de l'ultra-gauche au PS en passant par les communistes et les écolos. Les socialistes à la Olivier Faure, réduits au rôle de porteurs de bidons des Insoumis et des Agités, c'est du Mitterrand à l'envers, lui qui avait su s'appuyer sur l'unité pour ramener les communistes au rôle de comparses.

D'où l'importance symbolique de la législative partielle de l'Ariège dimanche dernier, qui a vu la socialiste dissidente Martine Froger distancer largement (plus de 60 % des voix au second tour) la sortante insoumise invalidée Bénédicte Taurine. Certes, la nouvelle élue, soutenue notamment par Carole Delga, présidente socialiste de la région, contre la direction socialiste nationale, soumise aux Insoumis, a certainement bénéficié d'un apport des voix du centre et de la droite. Mais dès le premier tour, elle avait fait presque jeu égal avec la sortante. C'est un rude coup pour la NUPES, ce Front populaire à l'envers, et le rappel de cette constante de notre histoire politique : la gauche ne l'emporte que lorsque sa fraction sociale-démocrate est dominante par rapport à sa fraction extrême.

Je me résume. Une des principales motivations pour le peuple de voter à gauche, c'est l'espoir d'accéder à une société à tous les égards moins violente que celle dans laquelle il vit. C'est pourquoi j'aurais pu intituler cet article « Impasse Mélenchon » : son ambiguïté à l'égard de la violence lui garantit certes un matelas incompressible de voix petites bourgeoises, mais fait peser sur l'ensemble de la gauche un plafond de verre insurmontable. Il faut donc savoir ce que l'on veut : la posture ou le pouvoir.

30

Encore la gifle

29 septembre 2023

Est-ce la chute de la maison Mélenchon ? L'avènement de la maison Rousseau ? (Sandrine, pas Jean-Jacques). Le fait est que l'omission de la victime féminine, Céline, dans le message de réconfort envoyé par le chef de la France Insoumise à son lieutenant Adrien Quatennens a déclenché dans l'opinion et dans le parti des Insoumis lui-même une houle si puissante qu'elle paraît ébranler ce dernier jusque dans ses fondations.

Il est vrai que ces fondations ne sont guère profondes. Ce n'est certes pas la première fois en France que les extrêmes dominent les modérés à l'intérieur de la gauche (par exemple les communistes tout au long de la IVe République), mais c'est tout de même la première fois qu'un grand parti libertaire se forme sur la frange gauche de la gauche, au point de dominer les éléments sociaux-démocrates ou libéraux. Seulement voilà : les libertaires français sont de drôles de gens. Ils font profession de détester l'autorité – c'est le sens de leur nom d'insoumis, une première dans l'histoire de la République – mais il se dégage de cette nébuleuse antiautoritaire un tel parfum de machisme et, disons-le, de goût pour l'autorité elle-même, qu'un jour ou l'autre la contradiction devait finir par éclater. C'est la pente naturelle des partis qui se refusent à l'ennuyeuse épicerie de la démocratie interne avec ses statuts pointilleux, ses cérémonies formelles, le jeu délicieusement pervers des tendances, que de s'en remettre au génie particulier d'un homme. C'est ce que les Anglo-Saxons appellent le leadership démocratique. Mais en vérité, ce leadership n'est démocratique que s'il est exercé par une personnalité équilibrée, un homme-orchestre, pourvu d'une large culture humaniste. Les deux hommes que j'admire le plus au siècle dernier, Charles de Gaulle à droite et Léon Blum à gauche, possédaient au plus haut degré ces qualités. Je note au passage que l'un et l'autre étaient profondément féministes, comme en témoigne pour le second son livre *Du mariage*, et pour le premier l'octroi du droit de vote aux femmes dès avril 1944.

Et Mélenchon ? Eh bien ! Mélenchon a failli être cela ! Il y a chez lui, caché sous des dehors flamboyants, un côté « en même temps » qui n'a rien à envier à celui de l'autre… Je m'explique : il existe en lui une double postulation, la première à se comporter en social-démocrate de gauche – il l'a prouvé quand il siégea au gouvernement Jospin (2000-2002) –, la seconde à s'affirmer révolutionnaire professionnel. Mais comme il n'y a pas en France de révolution en vue, même à horizon lointain, il se conduira en « bousculeur ». « Je suis révolutionnaire et non bousculeur », avait écrit Proudhon à Marx.

Jean-Luc Mélenchon, il faut qu'on vous le dise une bonne fois : on ne peut être à la fois Jaurès et Blanqui, au risque de paraître aux yeux de l'Histoire comme un regrettable brouillon. De plus, c'est Jaurès qu'il faut imiter, et non Blanqui. Et cela pour plusieurs raisons.

La première, c'est qu'il est vain, dans un vieux pays où le suffrage universel est profondément ancré dans la conscience politique, de vouloir rassembler à l'aile. Le rassemblement, c'est au centre gauche qu'il se fait, comme en témoigne l'histoire glorieuse du Front populaire. Maurice Thorez, le chef des communistes, avait compris cela. Et non, comme le suggérait ici même la semaine dernière Emmanuel Todd, en un lieu de nulle part qui réunirait l'extrême droite et l'extrême gauche.

Car, c'est la deuxième raison, l'union des extrêmes ne peut s'opérer que sur une base populiste, destructrice des libertés démocratiques, nationaliste et antieuropéenne. L'union de l'extrême droite et de l'extrême gauche ne profitera jamais à la gauche. Le populisme est notre caricature ; il ne sera jamais notre credo.

Revenons à la situation française actuelle. La levée des boucliers à propos du message de sympathie de Jean-Luc Mélenchon à Adrien Quatennens, sans nul souci de la victime Céline, va bien au-delà de la dénonciation d'une maladresse. Le geste du leader des Insoumis témoigne d'une incompréhension profonde des enjeux du moment. Une « main courantc », la bicn nommée, s'agissant d'une gifle, nous renvoie à un épisode tragique (2003) : quand la comédienne Marie Trintignant décède des gifles assénées par son compagnon, Bertrand Cantat, du groupe de rock Noir Désir (encore une désignation troublante). D'autres affaires (Taha Bouhafs, Éric Coquerel) montrent qu'au-delà des violences faites aux femmes, c'est le déni dans un parti qui se veut d'avant-garde de la place de celles-ci dans la société française qui est en cause.

Or, en dehors même de la question politique au sens étroit du terme, le génie de la société française est marqué par la place éminente qu'y tiennent les femmes. Ce sont les milieux aristocratiques et littéraires (les salons notamment) qui, au XVIIIe siècle, montrèrent la voie et servirent d'exemple, tandis que la bourgeoisie censitaire (1815-1848) fut beaucoup plus machiste. Et les milieux populaires sont souvent restés à la traîne… Retrouver, en matière sociétale, l'esprit du XVIIIe siècle, c'est un beau programme pour la gauche.

CINQUIÈME PARTIE

RÉFORMER LA RÉPUBLIQUE ?

La réforme des institutions est le grand sport national qui est censé répondre à toutes les situations difficiles. Quand un étranger perd au jeu, il n'a qu'une idée : améliorer sa façon de jouer. Quand un Français perd au jeu, il n'a qu'une idée : en changer les règles. Voilà pourquoi la France additionne les régimes politiques successifs comme des billes de loto dans un sac. Quand le régime en vigueur est d'essence parlementaire, la classe politique tout entière se prend à rêver d'un système présidentiel. Mais que d'aventure celui-ci soit restauré et ladite classe redécouvre incontinent les charmes du parlementarisme.

La vérité est qu'elle n'a jamais dans son for intérieur accepté les réformes introduites par le général de Gaulle, qui la dépouillaient de sa toute-puissance et rendaient au peuple, par la voie de l'élection présidentielle et du référendum, le pouvoir de décider en dernière instance. Sa mauvaise foi éclate à travers les réformes institutionnelles qu'elle préconise, du Rassemblement national à la NUPES, en passant par la minorité présidentielle. Comme par exception, le scrutin majoritaire à deux tours a l'an dernier privé la France d'une majorité claire, les politiques n'ont désormais d'autre projet que d'institutionnaliser cet état de fait en proposant de revenir à la représentation proportionnelle pour l'élection des députés : c'est l'instabilité garantie.

En vérité, il me semble qu'une seule réforme est compatible avec l'esprit de la Ve République, tel que l'a pensé le général de Gaulle : la suppression du Premier ministre. Loin de le renforcer, comme on le dit étourdiment, la personnalisation du pouvoir, la concentration de l'exécutif entre les mains du président de la République rend celui-ci responsable devant le Parlement, et dans tous les cas obligé de collaborer avec lui. Chiche !

31

Au secours, la IVe République revient !

3 avril 2023

Je viens de parcourir les chroniques mensuelles que j'ai données au *Figaro* depuis six ans, c'est-à-dire depuis les débuts de la présidence d'Emmanuel Macron. La tonalité en est crépusculaire, avec une tendance à l'aggravation. Est-ce moi qui vieillis mal, ou est-ce la France qui s'affaisse ? Je crains, malheureusement, que la seconde hypothèse soit la bonne. Scandée par le soulèvement des Gilets jaunes, l'épreuve du confinement pour résister au Covid, et maintenant l'émeute de la réforme des retraites, c'est une succession d'épisodes convulsifs et de phases de frustration, une alternance du désordre et de l'apathie, de velléités sans lendemain ou de résignation et de repli. Dans tous les cas, la pente est descendante : et dire que nous avons un président jeune, qui promettait à la France la reprise de la marche en avant ! Plus que cela : la Révolution, du nom de son livre programme. En fait de révolution, nous n'avons que le chambard.

Notre jeunesse

Durant les années de Gaulle, prolongées par Pompidou et Giscard, la France a connu, dans tous les domaines, une ascension continue, prolongée par le plateau des années Mitterrand, et depuis, la descente, d'abord imperceptible, aujourd'hui accélérée, et bientôt vertigineuse. N'allez pas surtout croire que le bonheur nous rendait heureux : il faut rappeler que de Gaulle a été détesté, vilipendé, attaqué mille fois plus que tous ses successeurs réunis. C'est bien simple : la gauche le traitait de fasciste, et la droite fomentait des attentats contre lui. Il n'y avait que le peuple qui parût content, mais il était bien le seul. Pour mettre fin à ce don gratuit de l'Histoire à la nation française, il a subi au terme de son principat un assaut en règle, injuste, coloré, magnifique et dérisoire à la fois : Mai 68. Un épisode devenu mythique, qui a fini par le chasser, mais que lui seul avait rendu possible : une imposture créatrice. Alors que ce que nous vivons aujourd'hui…

Que l'on me permette un bref instant de nostalgie. Oh ! Juste un paragraphe, un soupir, comme l'on dit en termes musicaux. Alors la France était respectée, admirée, et même aimée dans le monde. Contre l'OAS, contre une grande partie de la classe politique, de Gaulle – et à lui seul, ne l'oublions pas ! – avait mis fin à la malaventure coloniale et à la guerre d'Algérie. Son portrait était porté par les foules africaines. Entre le totalitarisme communiste et l'impérialisme américain, il apparaissait à lui seul, à tort ou à raison, comme un chemin original. Le véritable tiers-monde, c'était lui ! À l'intérieur, l'économie était en plein essor, les institutions fonctionnaient. Naturellement, il avait contre lui toutes les soi-disant élites, le complot misérable des politiciens et des intellectuels. Il le savait du reste depuis toujours. Malraux et Mauriac n'étaient que de splendides exceptions, vilipendées par leurs congénères… Je m'arrête là. Je pourrais continuer – Mais alors vous, qu'étiez-vous à l'époque ? – Oh rien, une sorte de gaulliste de gauche, denrée un peu paradoxale, ou plutôt un gauchiste de Gaulle…

Trêve de nostalgie. Il faut bien se résigner à revenir au présent, c'est-à-dire au cauchemar. Pour résumer : une désindustrialisation massive qui, depuis le début du siècle, a diminué de près de moitié notre potentiel et nous a fait perdre le contact avec nos amis allemands, qui désormais nous regardent avec condescendance. Une dette publique de près de 3 000 milliards, véritable poudrière à la merci d'une hausse des taux d'intérêt, le sabotage de notre nucléaire civil, l'aggravation de la pauvreté (9 à 10 millions de pauvres, dans les termes de l'Insee), la perte du contrôle de l'immigration, la crise hospitalière, l'effondrement scolaire, qui nous met à l'arrière-garde de l'Europe dans les classements internationaux.

Pour compenser la paupérisation qui nous guette : l'augmentation de 50 % de la prime d'activité en réponse à la crise des Gilets jaunes, le « quoi qu'il en coûte », c'est-à-dire la prise en charge par l'État des conséquences du Covid, des boucliers tarifaires pour compenser la hausse du prix de l'énergie. Dans un monde d'où le socialisme a disparu, sinon sous la forme de la dictature et de la guerre, la France est devenue le conservatoire de ses ambitions passées. Mais on ne pourra indéfiniment combiner la perte de notre production avec la hausse de notre consommation. L'individualisme ravageur qui nous tient désormais lieu de modèle social accompagne notre déclin, mot qu'il est interdit de prononcer à défaut de le combattre.

Les coupables ? Au premier chef les partis politiques qui se saoulent délibérément de leur propre médiocrité et s'affaissent sur eux-mêmes, en entraînant dans leur abaissement le pays tout entier. Voyez-les à l'œuvre au Parlement. L'absence de majorité lors de la dernière élection législative a affaibli l'exécutif et re-parlementarisé la France.

Le résultat passe les espérances. L'Assemblée nationale transformée en champ de foire ou en cour de récré, comme on voudra, où le débraillé du langage le dispute à celui du vêtement, par le soin des Insoumis et plus encore des Insoumises ; l'impuissance érigée en norme constitutionnelle, le président de la République traité de « forcené de l'Élysée » et comparé à Caligula[1] dans la bouche de Mathilde Panot, présidente du groupe des Insoumis ; les socialistes incapables de se dissocier de cette bouffonnerie, tandis que Les Républicains étalent le spectacle de leurs divisions et de leurs ambitions personnelles. Pendant ce temps, le président, accusé de despotisme, est saisi de paralysie, humilié au point de devoir annuler la visite officielle du roi d'Angleterre, Charles III.

---

1. Au passage, que Mme Panot, qui ne paraît pas avoir lu Suétone, sache que Caligula, parvenu au pouvoir avec l'aide du préfet du prétoire, un certain Macron – cela ne s'invente pas –, fut très populaire dans le peuple grâce à son libéralisme et à ses libéralités, mais se heurta très vite, avant de devenir fou, à toutes les élites gouvernantes à Rome et notamment au Sénat.

Tous constitutionnalistes

Dans tous les pays du monde, lorsque la maison brûle, les voisins oublient un moment leurs querelles ; ils aident à dérouler les tuyaux d'incendie ; au besoin ils font la chaîne avec des seaux d'eau. En France, grande nation d'intellectuels, on nomme une commission sur les causes du sinistre et l'on convoque des architectes pour tracer sans tarder les plans d'un nouvel édifice.

Eh bien ! C'est le moment que choisissent les spécialistes de droit constitutionnel – il y a dans l'âme de chaque Français un bricoleur de Constitution qui sommeille – pour sonner l'hallali et déclarer qu'il est temps de changer nos institutions. On l'attendait, celle-là. Et dans quel sens, je vous prie ? Dans celui du désordre et de l'impuissance, naturellement, avec renforcement des pouvoirs de cette Assemblée nationale structurellement incohérente.

Trois accusés : le 49.3, le scrutin majoritaire à deux tours, l'élection du président de la République au suffrage universel. Le 49.3 avait été conçu par les rédacteurs de notre Constitution, approuvée par les quatre cinquièmes des Français pour obliger l'Assemblée, dans un régime qui demeurait d'essence parlementaire, à la responsabilité, selon l'adage : « On ne détruit que ce que l'on remplace. » Le scrutin majoritaire, quant à lui, joua un rôle décisif dans la stabilité de la Ve République, au rebours de la représentation proportionnelle, qui comme son nom l'indique, représente les Français, mais les dispense de former entre eux une majorité propre à gouverner.

L'élection du président au suffrage universel, enfin, va dans le même sens ; du reste les Français d'aujourd'hui se laisseraient difficilement dépouiller de ce pouvoir que le général de Gaulle a confié au peuple. En un mot comme en cent, la dernière chose à changer dans ce pays immobiliste, ce sont les institutions. Ce sont elles qui, quelle que soit la personnalité du président, nous mettent à l'abri des derniers malheurs.

L'ardente obligation du Plan

Tout ce que le socialisme a de socialement utile, après l'effondrement des régimes autoritaires qui se réclamaient frauduleusement de lui, s'est réfugié dans l'idée de planification, c'est-à-dire d'élaboration concertée entre les divers groupes sociaux d'un avenir commun. Sous sa forme contraignante pratiquée dans les anciens pays communistes, elle avait pour inconvénient de brider l'initiative individuelle et la créativité qui a toujours été et demeure la grande force du système capitaliste.

Sous sa forme libérale et indicative, elle a pour but de coordonner les initiatives et de leur donner des objectifs communs et utiles à l'ensemble de la société. On ne manquera pas de faire remarquer qu'Emmanuel Macron, qui comprend toute chose et agit en sens inverse, a prétendu ressusciter la planification à la française, en en confiant le soin à François Bayrou. Depuis, on n'en a plus entendu parler.

Pour faire bonne mesure, il a même, au lendemain de sa réélection, institué un Conseil national de la refondation, dont les initiales, CNR, ont été pensées pour évoquer le

Conseil national de la Résistance. Il s'agissait en somme, et rien n'était plus opportun, de mettre en place, comme à tous les grands tournants de l'Histoire de la France moderne, des États généraux de la société. C'est une institution mort-née, comme si Emmanuel Macron s'ingéniait à invalider d'avance toutes les procédures qui en France ont historiquement présidé au renouveau et à la concorde des citoyens. Il faut avouer que c'est un grand illusionniste.

On ne recrée pas les États généraux et la planification sans susciter d'abord un mouvement convergent dans les esprits et dans les volontés : telle est même la fonction principale, préalable à tout autre, du président de la République, dans la lignée du refondateur de nos institutions : le général de Gaulle. Car, dans mon esprit, ce renouveau de la planification, auquel j'appelle, ne devrait pas concerner exclusivement l'économique ; il devrait inclure le social, et notamment l'élaboration d'une nouvelle philosophie du travail, pour faire droit à l'aspiration sous-jacente à tous les mouvements sociaux actuels.

Devant la carence d'Emmanuel Macron et de ses états-majors, cette tâche incombe à la social-démocratie. Encore faudrait-il, on en revient toujours là, que celle-ci prenne le risque d'exister. Pour l'heure, elle n'en prend pas les moyens. Il y a pourtant en son sein des hommes et des femmes tels que François Hollande, Bernard Cazeneuve, Manuel Valls, Carole Delga, persuadés de la nécessité de ce que je ne fais ici que rappeler. On en revient toujours à la formule d'Épictète, qu'Eduard Bernstein, le grand penseur du révisionnisme marxiste, appliquait à la social-démocratie : « Qu'elle ose paraître ce qu'elle est. »

La douceur du déclin et l'attente du renouveau

Oui, la France est orpheline de la social-démocratie comme elle l'est de Charles de Gaulle ; deux façons complémentaires d'incarner et de mettre en œuvre le patriotisme, qui n'a rien à voir avec le nationalisme, mais qui est l'inverse de cet individualisme petit-bourgeois, qui prend les apparences de l'esprit libertaire, mais qui n'est que le consentement au déclin collectif.

Ici s'arrêtent la tâche et les pouvoirs du chroniqueur. Il ne saurait substituer ses idées ni même ses espoirs à celles et ceux de ses compatriotes. Mais il sait, de toute sa conscience historique, que la France a eu souvent besoin de toucher le fond pour amorcer d'un élan décisif les conditions de la remontée : c'est alors qu'elle commence à prouver qu'elle est une nation, c'est-à-dire un ensemble solidaire et volontaire. De Jeanne d'Arc à Charles de Gaulle en passant par Danton et Clemenceau, elle trouve alors les héros qui l'aident à reprendre collectivement conscience d'elle-même. Nous sommes une nation à courant alternatif, on ne nous changera pas. Nous n'avons fait jusqu'ici que savourer les douceurs du déclin, peut-être faut-il, conformément à notre Histoire, qu'il se transforme en épreuve et même en malheur pour susciter en son sein les conditions et les hommes d'un renouveau. C'est, comme on dit justement, tout le mal que je nous souhaite. À moins qu'une conscience accrue de nos constantes historiques nous incite par bonheur à devancer l'appel.

32

À qui perd gagne

13 avril 2023

N'allons surtout pas croire que les hommes politiques ont un sens infaillible de leurs intérêts. Même chez les plus chevronnés, les plus opportunistes, les plus cyniques, on voit les préjugés, les passions, le conformisme, l'emporter souvent sur les intérêts. Voici, à propos de la gauche, empêtrée dans ses problèmes internes, une illustration de ce que j'avance. Trois propositions, trois paradoxes, qui en disent long sur la paresse d'esprit qui règne dans le milieu.

Il faut en finir avec le régime présidentiel

À ce que l'on dit, un déni de démocratie. Une quasi-dictature… Alors que, me semble-t-il, ce qui domine aujourd'hui la situation, ce serait plutôt l'impuissance d'Emmanuel Macron… Mais passons. Le point essentiel est le suivant : si, d'aventure la gauche, alliée à d'autres partisans du régime parlementaire, réussissait à jeter bas le dernier édifice encore debout de l'héritage gaullien, elle se priverait, pour une durée indéfinie, de toute chance de parvenir au pouvoir. Je ne fais ici que rappeler une confidence que me fit un jour François Mitterrand, avec qui il m'arrivait d'avoir des discussions fécondes, en dépit de la pancarte de rocardien que je portais dans le dos : la gauche, disait-il, est désormais structurellement minoritaire en France, et seule une personnalité capable de lui apporter l'appoint de voix qui lui manquent est susceptible de la faire triompher. Il pensait sans doute à lui-même, et à la petite frange d'extrême droite qui s'attachait à lui. Seul le régime présidentiel, ajoutait-il, est capable d'un tel miracle. C'est un orfèvre qui parlait, assurément un grand politique, et je n'ai jamais oublié cette leçon. Je me reproche seulement de n'avoir pas recherché plus souvent sa compagnie. En s'attaquant au régime présidentiel, la gauche, avec un rare sens de l'opportunité, scie consciencieusement la branche sur laquelle elle est assise.

Pour l'emporter, la gauche doit se présenter unie dès le premier tour

Voilà qui fait chaud au cœur. Sauf que c'est faux, archifaux et que la mythologie de l'unité est plus forte dans les têtes que la réalité des chiffres et des leçons de notre histoire électorale récente.

La France a connu depuis les débuts de la Ve République, onze élections présidentielles. La gauche l'a emporté trois fois, en 1981 et 1988 avec Mitterrand, avec Hollande en 2012. Les trois fois, le candidat élu avait contre lui au premier tour une tripotée de concurrents de gauche.

Mieux : au total, François Mitterrand a été quatre fois candidat. Les deux premières, en 1965 et en 1974, comme candidat d'union de la gauche : il a été battu. Les deux autres, en 1981 et en 1988, avec des rivaux à gauche : il a été élu ! Même chose pour François Hollande.

L'explication me paraît simple. Une candidature unique au premier tour écarte les gens de gauche qui ne se reconnaissent pas pleinement dans le candidat. Résultat : il ne dispose pas pour le second de troupes fraîches. En 1974, avec 43,24 % des voix au premier tour, à deux pas de la majorité absolue, Mitterrand a pourtant été défait par Giscard au second.

Conclusion : l'unité, non ; le rassemblement, oui !

La social-démocratie c'est fini, elle appartient au passé

Nouvelle erreur. Certes, avec Anne Hidalgo qui, à la présidentielle de 2022, a atteint 1,75 % des suffrages exprimés, la social-démocratie a en effet raclé le fond. Pour un peu, elle trouvait du pétrole.

Et pourtant accrochez vous ! je prétends que la France n'a jamais été aussi sociale-démocrate qu'aujourd'hui. Dans ses profondeurs, y compris à droite, elle veut le progrès social dans la paix civile. Non seulement, la social-démocratie n'est pas morte, mais sa renaissance en tant que formation politique majoritaire au sein de la gauche est la condition sine qua non des retrouvailles de cette dernière avec le succès. C'est une loi à la fois historique et géométrique : la gauche ne peut gagner une élection qu'à la condition expresse que son aile modérée y soit dominante par rapport à son aile extrémiste. Sinon, c'est la révolution, et nous entrons dans un autre cas de figure. Or il y a aujourd'hui en France malaise démocratique, non, Dieu merci, rejet de la démocratie.

L'élection partielle de l'Ariège, l'autre semaine, qui a vu la candidate authentiquement sociale-démocrate Martine Froger l'emporter haut la main sur l'insoumise Bénédicte Taurine en est la preuve quasi irréfutable. La première aurait commis le péché originel d'attirer des voix du centre et de droite ? Et alors ? Vous connaissez, vous, d'autre moyen pour la gauche, de se refaire une santé électorale que de reprendre des voix à la droite ?

À travers ces trois paradoxes, j'ai voulu souligner ce fait incontestable : la gauche politicienne marche littéralement sur la tête. Quand un être prétend désirer quelque chose en se refusant à en prendre les moyens, il faut s'interroger sur la vérité de ses intentions. Et peut-être même sur son état psychique. Ce que nous dit la psychologie des profondeurs, c'est que dans son inconscient, la gauche n'a pas envie de gagner.

PS : Sublime match entre Toulouse et les Sharks sud-africains en quart de finale de la Coupe des champions (54-20) avec la paire de demis toulousaine, Antoine Dupont-Romain Ntamack, la plus brillante qui se soit levée depuis longtemps sur la planète rugby. Tout de même : les chocs entre mastodontes de plus en plus lourds et de plus en plus rapides font peur. Ne faudra-t-il pas en venir à limiter, un peu à la manière de la boxe, le nombre total de kilos qu'une équipe aurait droit de lancer sur le terrain ?

33

Je vote Clemenceau ou « peut-on réformer en France ? »

5 septembre 2022

La France est à l'arrêt. Peut-elle repartir ? À mesure qu'ils avancent en âge, les gens se gardent bien de poser pareille question. Ils craignent comme la peste de se voir rétorquer : « En somme, vous pensez que c'était mieux avant ? Que dites-vous des famines, des épidémies, des guerres du passé ? » Sans doute. Nous vivons mieux que jadis et plus longtemps. Il faut pourtant savoir affronter cette ironie facile. Si le déclin n'était jamais qu'une illusion nostalgique, alors il n'y aurait jamais eu de déclin véritable. Mais Athènes, mais Rome, mais l'empire inca, mais les dynasties chinoises du passé… Pourquoi donc la France serait-elle à l'abri ? Et l'Occident tout entier ? La France a besoin de se réformer, sinon il faudra se résigner au déclin.

Alors, que faire en cette rentrée de septembre ? Mais préparer l'après Macron, naturellement ! On ne voudrait pas insulter l'avenir, mais il est vrai que les seconds mandats présidentiels n'ont jamais été féconds, et celui d'Emmanuel Macron, réélu par défaut, menace de l'être moins que tout autre, tant l'imbroglio parlementaire dans lequel il s'est mis presque délibérément a rendu difficiles des changements d'envergure. Le plus probable, lorsqu'il s'agira de dresser le bilan de la décennie Macron, c'est qu'il sera regardé comme un bon gestionnaire du quotidien, meilleur que l'on ne craignait, mais un piètre réformateur, moins bon qu'on ne l'espérait.

Il serait pourtant temps, comme dit la chanson, de réformer l'école et l'hôpital, l'université et la recherche, le travail et la retraite. La retraite, tiens donc !

La sacro-sainte retraite

Nous y voilà. Réformer la retraite ou plutôt les retraites, car c'est leur diversité qui fait une partie de leur charme. Mais vous n'y pensez pas ! Ne savez-vous point que les retraites sont à la France ce que l'autruche est à la savane, l'ours blanc à la banquise, la crise ministérielle à l'Italie ou la corruption bureaucratique à la Russie : un symbole ? Mieux ou pis que cela, une névrose ! Car il y aurait beaucoup à dire sur la signification symbolique du mot « retraite » au pays de la pétanque et des ponts du mois de mai. Sacralisé à de telles profondeurs, un mot qui désigne la fin de la vie active, en attendant celle de la vie tout court, mais aussi, en termes militaires, la grande débandade, (la retraite de Russie) ; voilà qui en dit long sur l'inconscient national. De quelque façon que l'on pose la question, quand un pays, face à l'allongement de vingt années, en un siècle, sans précédent dans l'histoire de l'humanité, de la durée moyenne de vie, répond « retraite ! », et même, à l'extrême gauche, « avancement de l'âge de la retraite ! », il faut comprendre : « Quoi que vous disiez, quoi que vous fassiez, nous ne sommes plus là pour personne. » Hier la retraite aux flambeaux, aujourd'hui la retraite à la chandelle, en attendant demain l'extinction des feux.

Je note encore qu'au rebours du destin sémantique flatteur du mot « retraite » celui de « réforme » n'est guère enviable. Réformer, c'est mettre au rancart. Réformer : une vieille paire de chaussures !

La France, c'est bien connu, est un pays conservateur. Elle tolère, à la rigueur, des révolutions pour rattraper le temps perdu, mais des réformes en temps voulu, jamais ! Sans parler des fausses révolutions comme Mai 68, qui eut pour effet principal de mettre fin au réformisme gaullien. Rappelons-nous d'ailleurs que les Français n'approuvèrent le retour au pouvoir du général de Gaulle en 1958 que pour les tirer du guêpier algérien, et que les réformes qui vinrent ensuite et sur lesquelles nous vivons encore ont pris par surprise un pays qui n'en demandait pas tant. Comme si la France, terre de rouspétance, était au fond si satisfaite du statu quo qu'elle avait besoin d'une grande épreuve ou d'un grand malheur pour se décider à changer de pantoufles. Il fallut donc, à deux reprises, l'élan réformateur impulsé par un authentique traditionaliste, militaire de surcroît, pour la décider à épouser son siècle.

Alors, derrière ce pessimisme de précaution, cette mauvaise foi fondamentale du Français, qui, lorsqu'il s'écrie « cela ne peut durer », signifie « cela ne saurait changer », il y a le sentiment inavouable qu'il est somme toute heureux – « heureux comme Dieu en France », disent les Allemands –, d'où, en toutes circonstances, la préférence pour le statu quo et l'inaptitude au changement, hormis dans la convulsion. L'explication ? Elle est peut-être bien dans un individualisme invétéré, qui fut d'abord révolutionnaire et qui est aujourd'hui conservateur et paralysant.

Individu et personne

Jadis, Emmanuel Mounier, le fondateur de la revue *Esprit* et l'un des penseurs les plus influents de l'avant-guerre et de l'immédiat après-guerre, avait distingué l'individu de la personne et fondé son « personnalisme » sur cette distinction empruntée à Péguy mais aussi à Kant et à Berdiaev. Pour le dire d'une façon schématique, l'individu est ce qui dissout le sujet dans une vision purement égoïste qui n'a pour objet que le consumérisme et le bien-être. La personne, au contraire, envisage l'être humain dans toutes ses dimensions, notamment dans ses rapports avec la communauté, et proclame, avec Jacques Maritain, la primauté du spirituel. Dans le contexte des années 1930, la « révolution personnaliste et communautaire » de Mounier se voulait une réponse aux idéologies totalitaires qui déferlaient dangereusement sur le monde occidental, le fascisme et le communisme. Le personnalisme est aujourd'hui bien oublié, comme la plupart des idéologies de l'immédiat après-guerre. Mais la distinction de Mounier entre l'individu et la personne reste capitale, en notre temps qui voit l'individu escamoter le collectif, le sociétal l'emporter sur le social et les Français devenir le sujet unique de la politique au détriment de la France elle-même. Telle est, du reste, la signification dernière du récent livre de François de Closets *La Parenthèse boomers*[1], excellent à tous égards, qui reproche de façon sanglante à cette génération de l'après-guerre d'avoir profité de façon éhontée de l'essor de la France gaullienne, célébré avec intensité le carnaval de Mai 68, laissé à ses successeurs une montagne de dettes et présidé sans vergogne au passage du pays de la prospérité de naguère au déclin d'aujourd'hui. Le « toujours plus » réclamé par cette génération dorée n'est pas pour rien dans le « toujours moins » dont est victime la jeunesse d'aujourd'hui et le sera encore davantage celle de demain : un mot résume son attitude envers la vie : l'égoïsme individualiste.

Le couple infernal Individu-État

On ajoutera que l'État est le complément naturel de cet individualisme effréné. C'est lui qui le rend possible en prenant à son compte beaucoup de ses fonctions collectives qui, en d'autres pays, sont le fait des syndicats, des associations ; en un mot, de la société civile. La grève elle-même, qui est le mouvement social par excellence, répugne, en France, à la concertation et à l'organisation. Elle y a conservé quelque chose de fondamentalement sauvage et de libertaire. D'où ce paradoxe d'un pays plus porté à la grève que la plupart de ses voisins et comptant le plus faible pourcentage de syndiqués en Europe.

On dirait qu'Emmanuel Macron l'a compris tout

1. Fayard, 2022.

récemment. Son projet d'un Conseil national de la refondation, est comme le remords tardif d'un président qui, pendant cinq ans, a délibérément ignoré la société civile et s'est installé confortablement dans le couple infernal individualisme-étatisme. Si l'on a bien compris, ce projet est comme une tentative d'États généraux de la société française, qui n'est pas exempte d'arrière-pensées, à un moment où le pur rapport des forces parlementaires a cessé de lui être favorable. Sous de Gaulle, l'avènement du présidentialisme, contournant le « système des partis », s'était accompagné d'une floraison de clubs d'intellectuels, d'économistes, d'agitateurs sociaux qui servirent de personnels d'encadrement à la Ve République naissante. Mais, pour le moment, on ne voit pas de nouveau Club Jean-Moulin à l'horizon. Et pourtant, c'est de la société civile que viendra le nouveau réformisme dont la France a besoin. La perte de la majorité absolue par Emmanuel Macron au Parlement a réveillé ce dernier, comme on l'a vu lors de sa dernière session. Mais on a vu aussi les limites de ce renouveau à l'occasion du débat sur le pouvoir d'achat : une collection d'intérêts particuliers ne saurait faire une politique pour la France. Plus que jamais, le clientélisme est roi ; le clientélisme, voilà l'ennemi.

Et si on aimait la France ?

Pour moi, le problème politique tient aujourd'hui dans cette question : y a-t-il quelqu'un qui soit porteur, au-delà des intérêts catégoriels, d'un projet pour la France ? Au risque de scandaliser, je dirai que son étiquette politique m'importe peu. J'exclus seulement le Rassemblement national : non que Marine Le Pen soit indigne ou incapable : elle est en train de démontrer le contraire. Mais son mouvement, fût-ce malgré elle, est porteur, dans certaines de ses composantes, d'une vision trop éloignée de la démocratie.

Pour le reste, j'ai envie de dire, comme Coluche : « La droite a gagné les élections ; la gauche a gagné les élections. Quand est-ce que ce sera la France qui gagnera les élections ? » Et Bernard Maris, dont la parole a acquis une force singulière parce qu'il a été l'une des victimes de l'attentat de *Charlie Hebdo*, autrement dit un martyr de la liberté, interrogeait, dans son dernier livre : *Et si on aimait la France*[1]. Après tout, personne ne se souciait de savoir si, à la fin des fins, de Gaulle était de droite ou de gauche. Je n'ignore pas la difficulté de la réforme dans la France d'aujourd'hui. Parce que le pays vit depuis des années au-dessus de ses moyens, toute réforme comprend nécessairement un côté douloureux. Mais c'est la condition de la survie, et les classes aisées sont requises de donner l'exemple du patriotisme.

Ce n'est pas un hasard si, à ce moment précis de l'histoire de France – et de la mienne propre –, le nom de Charles de Gaulle est revenu à plusieurs reprises sous ma plume. Si, contre vents et marées, contre la plupart de mes amis, je suis résolument attaché au système présidentiel et au scrutin majoritaire qu'il nous a légués, c'est parce que seule une personnalité d'exception, hors de toutes les séries, est capable de remettre la France en mouvement, en l'aidant à dépasser les égoïsmes catégoriels. Cela n'a rien à voir avec le

1. Grasset, 2015.

principe autoritaire du chef. C'est ce que les Anglo-Saxons appellent le leadership démocratique.

Renan : « La nation ne saurait se réduire à une race, à une langue, à une religion. La nation est une âme, un principe spirituel. » Autrement dit, quelque chose qui dépasse chacun de ses enfants et qui, ce faisant, leur permet d'être eux-mêmes. Un principe spirituel ne se divise pas. Il ne se vote pas par paragraphes. Il ne relève pas de la représentation proportionnelle. En politique, il est porté par un individu d'exception, non par une combinaison électorale. Je ne connais aujourd'hui ni réformiste, ni révolutionnaire, ni conservateur. Je ne connais que des clientélistes et des patriotes. La volonté des Français de refaire la nation est la condition même de leur avenir. Une telle volonté suppose le dépassement de l'individualisme sous ses deux formes : l'individualisme singulier, celui de l'individu proprement dit, l'individualisme collectif, celui qui se réfugie dans le groupe de pression ou même la classe sociale. Au sein de l'ensemble européen dont j'ai dit la nécessité, la nation est l'instance pertinente du renouveau. Écoutons Clemenceau devant la Chambre des députés, le 11 novembre 1918, pour célébrer la victoire.

Après avoir rendu hommage aux morts il parle des vivants : « Nous les attendons pour la grande œuvre de reconstruction sociale. Grâce à eux, la France, hier soldat de Dieu, aujourd'hui soldat de l'humanité, sera toujours soldat de l'idéal. »

Je vote Clemenceau.

34

La proportionnelle, oui mais…

7 juin 2022

Dans la plupart des démocraties du monde, quand les affaires politiques vont mal, on s'efforce généralement de les améliorer grâce à des réformes négociées entre les partis. Il en va tout autrement en France. Quand la politique va mal, on change la règle du jeu. Tantôt brutalement, c'est ce que l'on appelle une révolution ; tantôt en douceur, et alors on change le système électoral. Voilà pourquoi la France modifie si souvent la procédure de désignation de ses représentants. Le système électoral n'est pas qu'un règlement technique, c'est une variable d'ajustement à l'intérieur de l'univers politique. Mais c'est aussi une véritable philosophie politique.

Derrière les modes de scrutin, des philosophies politiques

Sous la IIIe République, le scrutin d'arrondissement, c'est-à-dire le scrutin uninominal à deux tours, s'identifie avec la République et notamment avec le parti qui en est le cœur et le symbole : le Parti radical. Déjà, en 1875, c'est ce système, dont on dit pourtant qu'il a été imaginé par Napoléon III, qui accompagne la naissance du nouveau régime, et en garantit l'existence contre les menaces de restauration monarchique. Et surtout, en 1889, alors que l'on assiste depuis trois ans à la montée en puissance du général Boulanger, il suffit d'un retour au scrutin d'arrondissement, accompagné, il est vrai, de la pusillanimité du « brave général », pour balayer la tentation d'un régime personnel et autoritaire. Ce n'est pas pour autant que le scrutin emblématique des radicaux ait les faveurs de toute la gauche. Aristide Briand, en une formule passée à la postérité, dénonce les « mares stagnantes » du scrutin d'arrondissement, tandis que l'extrême gauche socialiste prend parti pour la représentation proportionnelle.

Scrutin majoritaire, scrutin proportionnel : deux méthodes, mais aussi deux façons d'organiser les rapports du peuple, du Parlement, du gouvernement. C'est qu'en vérité une élection générale n'a pas un, mais deux objectifs. Le premier va de soi : il s'agit de désigner les représentants du peuple à l'intérieur du système. Mais on oublie souvent de mentionner le second, qui n'est pas moins important : il s'agit de se prononcer sur la coalition destinée à gouverner, autrement dit sur la majorité qui a les préférences du plus grand nombre des électeurs. Le système proportionnel est évidemment le plus équitable, le plus conforme à l'objectif de représentativité : il s'agit en somme de faire de l'assemblée élue le modèle réduit le plus fidèle du peuple souverain tout entier, dans toutes ses nuances – c'est son mérite – mais aussi dans toutes ses contradictions – c'est son écueil. À l'inverse le système majoritaire peut écraser les minorités, si la même majorité politique se retrouve dans chacune des circonscriptions. Le premier s'identifie à une sorte de narcissisme de la pluralité démocratique ; le second à un réducteur des contradictions sociales.

La proportionnelle prive le citoyen de la moitié de son pouvoir

Ici, avantage incontestable à mes yeux au scrutin uninominal et majoritaire à deux tours. C'est, quel qu'en soit l'inventeur, l'un des chefs-d'œuvre de l'esprit humain appliqué à la politique, puisqu'il permet à l'électeur au premier tour d'exprimer sa couleur politique particulière et au second, le type de coalition qui a sa préférence. À l'inverse, l'immense inconvénient de la proportionnelle, c'est qu'elle ne permet pas à l'électeur de se prononcer sur la nature de la coalition politique qui a ses faveurs. Le scrutin majoritaire, c'est l'individualisme appliqué à la politique sur la base d'un contrat d'homme à homme ; le second, c'est la prépondérance absolue des partis. Dans ce système, ce sont eux qui, avant le scrutin, établissent les listes de candidats et l'ordre de l'élection dans la liste, au prorata des voix obtenues ; ce sont encore eux qui, une fois les contingents d'élus des partis obtenus par le vote, décident de la majorité.

Ainsi, récemment en Allemagne, la majorité dirigée par le chancelier Scholz comporte au terme d'une longue négociation postélectorale les socialistes, les libéraux, les écologistes. Mais elle eût pu tout aussi bien se composer des démocrates-chrétiens, des socialistes et des écologistes, ou de telle ou telle autre combinaison possible, pourvu qu'elle dispose d'une majorité au Parlement, sans que l'électeur ait rien à dire ou à redire sur le sujet.

« Tout discours de la méthode est un discours de circonstance », disait profondément Gaston Bachelard. Il ne s'agit donc pas de discourir dans l'idéal sur l'excellence de tel ou tel des systèmes en présence, mais de juger des avantages et surtout des inconvénients de chacune d'entre eux, dans une situation donnée. Dans la France de 2022, l'inconvénient du système majoritaire à deux tours est souligné avec raison par tous les partis d'opposition. Il est anormal que dans le Parlement qui vient à renouvellement, le parti de Marine Le Pen n'ait pas disposé des 15 députés qui permettent de constituer un groupe, alors qu'elle-même avait figuré au second tour de l'élection présidentielle en remportant le tiers des suffrages. Tout se passe en somme comme si l'électorat français tout entier avait si bien compris et intériorisé la logique du système présidentiel qu'il donne naturellement une majorité parlementaire à celui qui vient d'être envoyé à l'Élysée. De ce point de vue, la majorité, qui n'est que relative, de Macron au Parlement n'est qu'une exception. Les Français sont beaucoup plus présidentialistes que leur classe politique : ils ont parfaitement intégré la cohérence des institutions, qu'ils ont eux-mêmes ratifiées par référendum en 1962.

En vérité, pour rendre compte de la faveur actuelle de la représentation proportionnelle, « RP » comme on disait jadis – soit 78 % des personnes interrogées –, il faut tenir compte de la dérive, non pas exactement présidentialiste mais personnelle du pouvoir, qui fait qu'Emmanuel Macron intervient dans beaucoup plus de domaines que le général de Gaulle. Celui-ci ne régissait que les grandes orientations du pays, notamment la politique étrangère. Ainsi, les plus grands présidents de la Ve République : de Gaulle, Pompidou, Mitterrand ont autant sinon plus marqué la période par leur ascendant personnel que par l'exercice de leurs prérogatives constitutionnelles. Leurs successeurs ont trop gouverné et pas assez régné, voilà la vérité ; voilà la source du malaise actuel et la raison de la faveur accordée à la proportionnelle, y compris par les trois principales personnalités du pays, Macron, Mélenchon, Le Pen, les bons apôtres !

La RP, un scrutin pervers

Quant aux inconvénients de la représentation proportionnelle en France, en l'an de grâce 2022, ils tiennent principalement à la nature et à la structure des partis, ou de ce qu'il en reste. Les deux principaux piliers de la Ve République, le parti gaulliste à droite sous ses divers avatars, du RPR des origines jusqu'aux Républicains d'aujourd'hui, et le Parti socialiste à gauche, ont été, lors de la dernière présidentielle, réduits à l'état d'ectoplasmes. Ajoutons que le vieux Parti communiste ne va guère mieux. Et c'est à ces îlots lilliputiens que l'on voudrait confier, entre autres, grâce à la proportionnelle, le destin de la France ? J'ai trop de souvenirs historiques et personnels de la défunte IVe République pour adhérer, fût-ce du bout des ongles, à un tel projet de naufrage collectif.

La vérité est que nous n'avons plus de partis en France, mais des groupes inorganisés dirigés de façon discrétionnaire par des chefs de bande. Je viens de citer les trois principaux d'entre eux : leur pouvoir, à l'intérieur de leur bande, n'obéit à aucune règle démocratique, à aucun contrôle, et cela va sans dire, à aucune trace de proportionnalité. La proportionnalité entre ces potentats de Bas-Empire, c'est le pouvoir partagé équitablement par le renard et les volailles au sein du poulailler.

Mais au total, si la France, à la lumière de l'expérience, paraît le moins bien fait des peuples de la terre à pouvoir s'accommoder de la proportionnelle, c'est qu'il y a en lui – quitte à sacrifier un instant à la psychologie des peuples – une tendance naturelle à la scissiparité. À peine un groupement, association, syndicat, parti se constitue-t-il chez ces Gaulois querelleurs, qu'on y voit surgir une ou plusieurs minorités, toujours prêtes, au moindre désaccord, à la scission. La RP est plus faite pour un peuple comme le peuple allemand, fidèle, au sein des vicissitudes de la vie politique, à trois ou quatre tendances majeures. À l'inverse, instituez la proportionnelle en France et je vous donne mon billet qu'en peu d'années les partis assurés d'obtenir une représentation minimale se multiplieront comme les lapins dans la garenne.

Le Français, né malin, est plus que tout autre peuple sensible au narcissisme de la petite différence, qui tend vite à rendre le pays ingouvernable. Combien symbolique à cet égard est la figure du général de Gaulle qui, dans l'euphorie de la Libération, se laissa convaincre par les charmes du scrutin de liste proportionnel ; mais bien vite ne tarda pas à reconnaître son erreur, en désignant en lui l'infernal instrument du « système des partis ». C'est pourquoi, à son retour en 1958, il en revint au scrutin uninominal et majoritaire. Décision capitale.

Un éminent observateur, Jean-Claude Casanova, directeur de *Commentaire*, fit un jour remarquer que, dans le domaine institutionnel, la révolution gaullienne de 1958-1962 pouvait se résumer à l'adoption de deux nouvelles lois électorales : le scrutin majoritaire à deux tours pour les députés ainsi que pour l'élection du président de la République, agrémenté ici de la sélection pour le second tour des deux candidats arrivés en tête au premier.

Alors, supprimons le Premier ministre…

Que faire ? Si le scrutin majoritaire est trop injuste pour les minorités et le scrutin proportionnel trop dangereux pour l'unité du pays, à quel saint se vouer ? Je me suis prononcé à plusieurs reprises à la suite de François Hollande, en faveur d'un véritable système présidentiel[1], pour la suppression du poste de Premier ministre. Quoi ! s'écrie le chœur enflammé des parlementaristes à tous crins, vous voulez encore renforcer le pouvoir du président qui n'en a déjà que trop ! Pardonnez-moi, c'est exactement le contraire.

Le Premier ministre est, dans le système de la Ve République, l'équivalent du « souffre-douleur » dans certaines sociétés aristocratiques, c'est-à-dire l'ami du jeune prince

1. « Supprimer le Premier ministre », *Marianne*, 27 mai 2022, voir p. 259.

chargé de recevoir les coups à sa place quand celui-ci a fauté. En vérité, la France ne vit pas aujourd'hui dans un régime semi-présidentiel, comme on l'a dit quelquefois, mais dans un régime ultra-présidentiel, où le président dispose de presque tout le pouvoir, sans jamais en porter la responsabilité. Le président prend-il une mesure qui déplaît au Parlement ? C'est son Premier ministre qui est tenu de l'assumer : quitte, dans les cas extrêmes, à être mis en minorité et obligé de démissionner.

Système absurde, et en vérité bien peu conforme au principe essentiel de la démocratie qui suppose que là où réside le pouvoir, là doit se trouver aussi la responsabilité. Le véritable régime présidentiel comporte beaucoup moins d'arbitraire que le nôtre. Il implique aussi qu'outre la suppression du Premier ministre, soit retiré au président le pouvoir de dissoudre l'Assemblée, et à cette dernière celui de renverser l'exécutif. Ce que l'Assemblée perd ainsi théoriquement, elle le regagne largement en devenant l'interlocutrice obligée du président, notamment dans la négociation des moyens financiers de ses projets. Le passage de l'hyperprésidentialisme à la française au présidentialisme à l'américaine est en vérité le seul moyen de donner aux deux branches du pouvoir leur dignité, et l'obligation de collaborer. C'est ce qui se passe aux États-Unis.

Dans un vrai régime présidentiel, oui à la RP !

Mais voici le plus important pour notre sujet. Dès lors qu'il est privé du pouvoir discrétionnaire de renverser l'exécutif au gré de ses humeurs, le Parlement peut parfaitement être élu à la proportionnelle, et même à la proportionnelle intégrale. Ce sont alors deux représentations de la souveraineté nationale qui se font face et qui se complètent. La première, en la personne du président, incarne l'unité de la nation. La seconde, constituée par le Parlement, représente dans toutes ses nuances la diversité du peuple.

Certes, on ne manquera pas de faire remarquer qu'il existe un risque de blocage, lorsque, à propos d'une affaire importante, un désaccord surgit entre le législatif et l'exécutif. Cela arrive aux États-Unis. Mais n'est-ce pas déjà le cas dans l'actuel système français, lorsque le président ne bénéficie pas d'une majorité au Parlement ? C'est ce que nous nommons la cohabitation. La réponse, c'est en pareil cas, le retour à la pratique gaullienne : celle du référendum.

Ma conclusion, on l'a compris, est claire : la proportionnelle à l'intérieur du système actuel : jamais de la vie ! Ce serait, à plus ou moins longue échéance, allier la guerre civile à l'impuissance. Dans un régime présidentiel authentique, il serait au contraire un heureux complément à notre Ve République.

La solution proposée ici n'est pour le moment défendue que par François Hollande, fort de son expérience. Ayant peu de partisans déclarés, elle ne compte en principe que peu d'adversaires. Elle est la seule à concilier les exigences actuelles d'exercice du pouvoir, qui requièrent la personnalisation de son chef, avec celles, traditionnelles, de la démocratie représentative, qui nous pressent de rendre au Parlement la dignité qu'il a perdue.

35

Le singulier paradoxe français

3 janvier 2023

La France est, je vous l'avoue, un drôle de pays, et les Français un drôle de peuple. Réputés à juste titre pour être les plus individualistes du monde, ils ne réussissent bien que dans les sports collectifs. Malgré la déception engendrée le 18 décembre dernier par leur défaite à la finale de la Coupe du monde – on ne dira jamais assez, sans être chauvin, l'absurdité du système des tirs au but, dignes d'une cour de récré –, ils se couvrent de gloire depuis une trentaine d'années dans les épreuves internationales de football. Même chose au handball, au basket, au volley. Lors des derniers Jeux olympiques, à Tokyo, ils ont remporté six médailles dans les « sports co », comme on dit, dont trois en or. Dans ce domaine, ils font la pige aux Américains. Et je vais vous faire une confidence : l'automne prochain, ils vont gagner la Coupe du monde de rugby, qui se déroulera justement en France, avec un Antoine Dupont qui est au ballon ovale ce que Kylian Mbappé est au ballon rond.

Le leadership sportif

En revanche, ils sont, avec de remarquables exceptions, plutôt médiocres dans les sports individuels, notamment dans les deux grandes disciplines olympiques que sont l'athlétisme et la natation… sauf dans les relais. Tiens donc !

Il doit bien y avoir une ou plusieurs explications à ce paradoxe. Voici, parmi d'autres, celle qui me paraît la plus plausible. C'est que ces brillantes individualités ne donnent toute leur mesure que dans un climat de connivence et d'enthousiasme, voire de cette fraternité que les Français ont insérée dans leur devise et qu'ils trouvent souvent au sein d'une équipe. À condition qu'il y ait un chef d'orchestre pour harmoniser leurs actions. D'où le rôle primordial d'un Daniel Costantini, puis d'un Claude Onesta, au handball, d'un Fabien Galthié au rugby, et, comme chacun a pu s'en rendre compte à Doha, d'un Didier Deschamps au football. Ce n'est pas pour rien qu'on nomme ces hommes des entraîneurs, au double sens du mot entraîner : exercer un sportif par des exercices appropriés, l'emmener avec soi en le poussant.

Mais ce n'est pas seulement dans le domaine sportif que se fait voir ce paradoxe français, où l'excellence individuelle ne donne sa pleine mesure que dans un cadre collectif approprié.

La balance institutionnelle

Mais non sans mal ni contradictions. On pourrait interpréter toute l'histoire de France depuis la Révolution comme une tension permanente entre un individualisme invétéré, teinté d'esprit libertaire, et l'aspiration à l'unité et même à l'autorité. C'est elle qui pourrait expliquer cette succession, à un rythme affolant, sans égal dans le monde occidental, de régimes constitutionnels où chaque nouvelle formule paraît avoir pour but de corriger les défauts de la précédente : de la monarchie absolue à la monarchie constitutionnelle dans les débuts de la Révolution ; de celle-ci au régime d'assemblée de 1793-1794 ; de celui-ci au régime consulaire, puis impérial de Napoléon Bonaparte ; de celui-ci au retour de la monarchie constitutionnelle dans la première moitié du XIXe siècle ; derechef, au rétablissement de l'empire autoritaire de Napoléon III ; puis à l'installation d'un régime républicain parlementaire, que l'on put croire définitif, sous les IIIe et IVe Républiques, malgré la parenthèse vichyste ; enfin, à une nouvelle phase de République présidentielle, inaugurée par le général de Gaulle : la Ve République s'apprête dans l'année qui s'ouvre à égaler la durée établie par le régime constitutionnel de la IIIe République (1870-1940), soit soixante-dix ans, depuis 1958 jusqu'à nos jours. C'est peut-être un moment important, comme si l'on approchait par retouches successives d'un point d'équilibre entre les deux principes énoncés plus haut.

Le leadership démocratique

Toute la question, comme dans les sports d'équipe, gravite autour du degré de personnalisation du pouvoir, du leadership démocratique, comme disent les Anglo-Saxons. J'ai entendu François Mitterrand expliquer que la place du leader – ou, en l'occurrence, du président – tenait à l'importance de la valeur ajoutée qu'il était capable d'apporter au capital appartenant en propre soit à la droite, soit à la gauche. En y réfléchissant, on remarquera que ce coefficient charismatique est de nature militaire dans le cas de la droite, de nature intellectuelle et littéraire dans celui de la gauche. À droite, Napoléon Bonaparte, mais aussi Boulanger, Pétain et de Gaulle, quelles que soient par ailleurs leur personnalité, leur histoire et leurs idées, ont pu se réclamer de leur passé militaire. À gauche, Jaurès, Blum, Mitterrand lui-même, entretiennent un lien particulier avec le commerce des idées.

Jean Jaurès est un philosophe, auteur d'une thèse de doctorat, « De la réalité du monde sensible » ; Léon Blum, avant de s'engager en politique, a été chroniqueur littéraire, puis gérant de *La Revue blanche*, de sensibilité libertaire. Quant à François Mitterrand, on sait la place qu'il a toujours accordée à la littérature, en marge de ses activités politiques. On ajoutera que des écrivains de premier plan, comme Lamartine et Victor Hugo, engagés à gauche, ont joué à un moment de leur vie un rôle politique. Peut-être, pour être reconnu comme le successeur de François

Mitterrand, a-t-il manqué à Michel Rocard, à côté de son expertise et de son courage, cette touche littéraire que le militant et même le simple électeur de gauche attendent de leur leader.

Vive la Commune !

Mais le principe d'unité, voire d'autorité, contenu dans l'idée de leadership tel que je viens de l'évoquer n'est-il pas apparenté à l'idée de pouvoir personnel, voire de dictature ? En aucune façon, si le leader est désigné par la base et reste responsable devant elle. Et surtout s'il s'accompagne d'une vie associative autonome. C'est le principe de la coopération. Dans les fruitières du Jura chères à mon cœur, les sociétaires mettent en commun leur production laitière et sont rémunérés au prorata du fruit de leur travail. À la différence du socialisme, qui transforme le travailleur en simple rouage de la vie économique, la coopération est au contraire conçue pour préserver l'autonomie de chacun des sociétaires. C'est un individualisme collectif, conforme à Proudhon, que le capitalisme aussi bien que le socialisme centralisé ont pour effet de briser.

En veut-on un autre exemple ? Le droit d'affouage, qui, dans les communes forestières, remonte au Moyen Âge, permet aux habitants de prélever du bois de chauffage dans les forêts communales. De sorte que la propriété de ces forêts ne revient pas à la commune en tant que personne morale unique, mais à la communauté des habitants. Même chose pour le droit de pâture, qui permet à chaque habitant de la commune de faire paître son bétail sur les prairies appelées communaux.

Ce ne sont là, je le veux bien, que des survivances. Mais l'idée d'autogestion, ressurgie un peu partout dans le mouvement de Mai 68, était porteuse du même idéal : communauté au service et sauvegarde de l'individuel. Et que criaient les prolétaires – pour la plupart des artisans – lors du grand soulèvement social et patriotique parisien de 1871 ? « Vive la Commune ! », on le sait bien, et non « vive le socialisme ! ». Où, du reste, les ouvriers ont-ils jamais spontanément crié « Vive le socialisme ! » ?

Le compromis présidentiel

Ce qui ressort de ces remarques, c'est que les Français, dans leur grande majorité, n'aiment ni la dictature ni le système parlementaire. Ils n'ont jamais cédé à la tentation de la dictature, comme en témoigne toute leur histoire, parce qu'ils sont profondément individualistes et attachés à la liberté. Mais c'est pour les mêmes raisons qu'ils n'aiment pas le système parlementaire, autrement dit le régime des partis, parce que celui-ci, sous prétexte de représentativité, les prive de toute participation à la décision politique. Au soir d'une élection législative à la proportionnelle, ils savent bien comment individuellement ils ont voté, mais nullement quelle majorité ils ont élue. Celle-ci ne sera dessinée qu'ensuite, au terme de tractations entre les partis, sans participation de l'électeur. La preuve de ce que j'avance est ce fait étonnant : les sondages montrent qu'aucune personnalité politique, je dis bien aucune, qu'elle soit homme ou femme, de droite ou de gauche, de gouvernement ou d'opposition, n'obtient un score positif en termes de popularité. Tous et toutes sont dans le rouge. À travers eux, c'est ce que de Gaulle appelait le système des partis, autrement dit le régime parlementaire, qui est implicitement rejeté. À défaut, c'est une République présidentielle, où le dirigeant suprême est élu au suffrage universel direct, qui a la préférence des Français. « La République, moi, je veux bien, disait ce vieux paysan, pourvu que ce soit Napoléon qui soit roi ! » Le régime du principat républicain est le seul qui donne au citoyen le sentiment de participer réellement à l'exercice du pouvoir.

À une condition : que le titulaire de la fonction respecte scrupuleusement les règles du suffrage universel. D'abord, en consultant régulièrement les citoyens, sous forme de référendum, quand se pose une question décisive pour la nation. Ensuite, en se pliant sans équivoque ni hésitation à leur verdict. On ne dira jamais assez combien, d'avoir donné sa démission à l'instant même où fut connu le résultat négatif du référendum du 27 avril 1969 portant sur la régionalisation et la réforme du Sénat, a ajouté au prestige rétrospectif du général de Gaulle et à sa qualité de démocrate. En voilà au moins un qui ne mégotait pas avec le suffrage universel.

Autrement dit, et pour revenir à ce qui précède, la classe politique considère dans son ensemble que le régime parlementaire est plus démocratique que le régime présidentiel ; les Français, dans leur majorité, pensent exactement l'inverse. Ils estiment que ce dernier, à condition d'être correctement exercé, leur donne davantage de place dans l'exercice du pouvoir entre deux élections que le régime parlementaire. Dans ce dernier, une fois l'épreuve de l'élection passée, on s'arrange entre soi, quitte à se chamailler. Le président, au contraire, a pour principal interlocuteur, non les élus, mais le peuple lui-même. À lui de susciter au sein de cette masse d'individualistes l'esprit d'équipe dont je parlais en commençant.

Aujourd'hui le surplace

Qu'en est-il aujourd'hui ? Eh bien ! la contradiction qui est au fond de toute démocratie, quelle qu'en soit la forme, ne fonctionne pas bien. L'opposition, notamment celle de gauche, toute à l'ivresse d'avoir retrouvé les délices de la chamaille, oublie d'être constructive et de présenter des solutions alternatives crédibles à l'action du président et de son gouvernement. C'est pourquoi la NUPES, conçue par Mélenchon et dans l'esprit de Mélenchon, c'est-à-dire fondée sur la pure négativité[1], n'est pas, du moins dans sa forme actuelle, la matrice d'un futur Front populaire mais un cartel de formations politiciennes, véritable aubaine pour l'actuelle majorité, voire pour le Rassemblement national. Quant au président, en dehors de comédies d'apéro, il oublie complètement d'associer le peuple à son action. La contradiction, c'est sur lui seul qu'il compte pour se

1. « *Ich bin der Geist der stets verneint !* », dit Méphisto dans le *Faust* de Goethe (« Je suis l'esprit qui toujours nie ! »).

l'apporter à lui-même, et ce n'est vraiment pas une bonne idée. D'où les zigzags incompréhensibles de sa ligne politique, dans à peu près tous les domaines.

La bonne idée, pourtant, il l'avait eue, sous la forme de ce Conseil national de la refondation qu'il avait annoncé. Las ! cette idée grandiose, digne des États généraux que je ne cesse de réclamer, a vite tourné à un nouveau comité Théodule, aussi superfétatoire que tous ceux qui existent déjà.

C'est pourquoi, monsieur le président, je me permets en toute humilité cette ambitieuse requête : vous vous demandez, à ce que l'on dit, comment marquer votre deuxième quinquennat par un acte fort, original et refondateur. Eh bien, redonnez la parole au peuple, dans la forme qui vous paraîtra la plus opportune. Faites-lui confiance. C'est un risque, il ne faut pas se le dissimuler, mais c'est un beau risque, digne d'un homme candidat à une place marquante dans l'Histoire. Après tout, qu'avez-vous à y perdre ?

36

Supprimer le Premier ministre

25 mai au 1er juin 2022

Sommes-nous déjà entrés, sans même nous en apercevoir, dans la malédiction des seconds mandats ?

Une campagne présidentielle croupion, de par la volonté d'Emmanuel Macron lui-même ; au second tour, un succès très net et pourtant ambigu, qui cache mal la désaffection croissante des Français pour la politique, et la montée aux extrêmes de plus du tiers qui s'y intéressent encore ; un cérémonial en catimini pour l'inauguration du second mandat ; un discours présidentiel sans relief et sans dessein affirmé ; l'attente interminable de la nomination d'une Première ministre qui est surtout un second plan. Et pour couronner le tout, un drôle de gouvernement ; un gouvernement qui ressemble à une punition. Avec une innovation en trompe-l'œil, celle de Pap Ndiayc à L'Éducation, qui nc corrcspond à aucun objectif précis en matière éducative. Nous sommes mal partis et mal barrés.

Nous sommes surtout en plein arbitraire présidentiel ; sous le règne du bon plaisir de la part d'un homme qui a des sautes d'idées comme d'autres ont des sautes d'humeur.

Alors, que faire ? La classe politique tout entière, de

Marine Le Pen à Jean-Luc Mélenchon, n'a qu'une idée, ou plutôt qu'une obsession : le retour au parlementarisme pur de la IVe République, qui faillit nous conduire à la dictature réactionnaire des partisans de l'Algérie française : n'eût été un certain général de Gaulle qui, au grand soulagement de tout le pays, les roula dans la farine et garantit la démocratie. Par rapport à la Constitution actuelle, ce que tous proposent tient en trois formules : la réduction du rôle du président de la République à l'inauguration des chrysanthèmes ; la dévolution du pouvoir réel à un Premier ministre étroitement dépendant du Parlement, et responsable à tout moment devant lui ; enfin l'élection des députés à la représentation proportionnelle. Ce faisant, toutes les conditions sont réunies pour rendre le pays ingouvernable, le pouvoir impuissant, et la guerre civile à tout moment menaçante. Dans tous les cas, la pagaille la plus noire garantie dans un délai de cinq à dix ans.

Remarquons d'abord qu'il est assez comique et complètement absurde de confier la désignation des députés à une institution complètement déconsidérée, et en voie de dissolution rapide : les partis politiques ! Qu'est-ce en effet que la représentation proportionnelle ? Le monopole pour les partis de la constitution des listes sur lesquelles les électeurs sont appelés à voter, le pouvoir de l'électeur se réduisant à décider du nombre d'élus de chacune des listes en présence. Mais pour les caciques des partis, naturellement placés par les appareils en tête de liste, c'est la certitude d'une réélection assurée.

En outre ce que les partisans de la proportionnelle oublient de dire, c'est que celle-ci interdit à l'électeur de se prononcer sur la nature du futur gouvernement, car c'est après l'élection que commencent entre les partis les débats et les marchandages pour constituer une coalition majoritaire. L'invention géniale du scrutin à deux tours, qu'il nous faut précieusement conserver comme part intégrante du génie national au même titre que le Mont Saint-Michel, le Boléro de Ravel ou la recette de la blanquette de veau, c'est qu'il permet à l'électeur de se prononcer au premier tour sur ses préférences, et au second tour sur le type de majorité qu'il souhaite pour gouverner le pays. Pour le dire en un mot, le scrutin majoritaire consacre la souveraineté du citoyen, la proportionnelle celle des politiciens.

Est-ce cette dernière que nous voulons ? J'en doute fortement. Les Français sont particulièrement attachés aux institutions actuelles, notamment celle qui assigne au suffrage universel la charge de l'élection du président de la République. Ils ont tellement bien compris l'esprit des institutions de la Ve, voulues par le général de Gaulle, qu'ils inclinent, au grand dam des politiciens, à donner au président qu'ils viennent d'élire les moyens de gouverner, sous la forme d'une majorité au Parlement.

Alors que faire ? Comment sortir de la monocratie actuelle sans sacrifier des institutions qui ont donné à la France depuis 1958-1962 soixante années de paix politique entre les Français ?

La solution existe : elle passe par la suppression du Premier ministre, qui n'est jamais que le souffre-douleur de son maître, en établissant un face-à-face direct du président avec la représentation nationale. Avec pour corrélat, la suppression du pouvoir du président de dissoudre l'Assemblée, et du pouvoir de celle-ci de renverser l'exécutif.

Quoi ? Vous voulez renforcer les pouvoirs du président ?

C'est exactement l'inverse. La prérogative extravagante du président actuel est de concentrer le pouvoir tout en déléguant à son Premier ministre la responsabilité de son action. Dès lors que, au contraire, le président est personnellement confronté avec les élus, il lui appartient de négocier avec eux, et de les convaincre à propos de chaque projet important, afin d'obtenir d'eux les crédits nécessaires. C'est à peu de chose près la structure fédérale des États-Unis, le système américain, où le président dispose d'un grand pouvoir, mais contrebalancé par les prérogatives des représentants élus.

C'est alors, mais alors seulement, qu'il est possible d'envisager une proportionnelle intégrale pour l'élection des députés, puisqu'ils n'ont plus le pouvoir de renverser le gouvernement. Le législatif et l'exécutif sont ainsi condamnés à négocier, ce qui est l'essence même de la démocratie. Seul, pour le moment, François Hollande s'est prononcé, avec son expérience, pour ce système[1]. Il serait temps d'y réfléchir avec sérénité. Nous avons en France la mauvaise habitude de faire des réformes dans le cours même des révolutions ou des émeutes, c'est-à-dire dans les temps qui ne peuvent accoucher que de bêtises.

---

1. *Les Leçons du pouvoir*, Stock, 2018.

SIXIÈME PARTIE

L'AVENIR DE LA SOCIAL-DÉMOCRATIE

Que manque-t-il à la Ve République pour nous rassurer et se rassurer sur elle-même ? Rien moins que ses deux piliers, qui alternativement et parfois simultanément la soutiennent et lui donnent du sens ? En l'occurrence, les deux formations politiques, l'une à droite, l'autre à gauche au sein desquelles elle a recruté la plupart de ses présidents de la République et ses principaux ministres : le gaullisme et la social-démocratie. Dans le cas de la première, le gaullisme dans ses avatars successifs, la chose va tellement de soi qu'elle ne nécessite aucune démonstration particulière. Cela est si vrai que les malheurs de la droite sous la Ve République se ramènent à ses infidélités à l'égard du gaullisme sous Giscard et plus tard sous Sarkozy.

Certes, François Mitterrand, le grand bénéficiaire historique du gaullisme institutionnel, a souvent maintenu une sorte d'opposition formelle à celui-ci. Mais il ne tardait pas, lorsqu'on le poussait plus avant et qu'il était en veine de confidences, à reconnaître que, sans le système institutionnel gaullien, la gauche française était incapable de parvenir au pouvoir.

Aujourd'hui, le déclin de la social-démocratie est un fait général en Europe, parce qu'elle s'est montrée depuis le début du siècle incapable de renouveler son outillage conceptuel, trop marqué par l'affrontement de jadis avec le communisme. Or celui-ci est mort, sans espoir de résurrection. La social-démocratie, elle, n'est qu'en sommeil parce qu'elle n'a pas su apporter de réponse originale aux deux grandes questions qui tourmentent notre univers politique : l'immigration et le réchauffement climatique. Cette éclipse n'est que provisoire. Demain, à frais nouveaux, appuyée sur un personnel politique renouvelé, elle réapparaîtra sur la scène politique comme la figure nouvelle de notre démocratie. Pour cela, elle a besoin seulement de croire en elle-même. Nous n'en sommes pas encore là.

37

Pourquoi la gauche va continuer de perdre

18 au 24 mai 2023

Je suis en mesure de vous faire cette malencontreuse révélation : la gauche va perdre toutes les élections prévues au cours des quatre prochaines années : européennes (2024) ; municipales (2026) ; présidentielle (2027) ; législatives (2027). Au-delà, on ne saurait rien dire, car, à défaut de mieux, on peut au moins espérer qu'alors les cartes seront rebattues et que la gauche se reprendra. Voici les cinq raisons que je distingue :

1. La prépondérance écrasante de la gauche extrême sur la gauche modérée. Jamais en pareil cas la gauche ne l'a emporté dans les urnes. La raison en est simple. Quand la gauche extrême exerce le pouvoir, grâce à une révolution, elle n'a rien de plus pressé que d'exterminer la gauche modérée. Elle a souvent plus d'indulgence pour les droites. Pour le révolutionnaire, le réformiste est l'ennemi par excellence. Et l'on voudrait voir ce dernier consentir de bonne grâce à sa propre extermination ? Dans l'état actuel de l'opinion publique, la gauche unie sous la direction de son aile extrême ne représente guère plus de 25 % du corps électoral. Dans ces conditions, l'union de la gauche est une aubaine pour les droites et Jean-Luc Mélenchon son irremplaçable bienfaiteur.

2. Une analyse erronée des positions adverses. Ainsi, la gauche soupçonne le Rassemblement national de nourrir des intentions fascistes ; elle le combat, non sur ce qu'il dit et ce qu'il fait, mais sur ce dont elle le soupçonne.

Or il est de la nature populiste de l'extrême droite de dire ouvertement ce qu'elle va faire : dans *Mein Kampf*, à l'importante exception des camps d'extermination, Hitler avait annoncé clairement ses intentions. Le fascisme est un mouvement de masse, non un complotisme. Par paresse d'esprit, la gauche confond les deux choses et s'expose à l'incompréhension de la part des classes populaires. La gauche morale et même moralisante qui domine notre vie intellectuelle est une piètre analyste de la vie politique.

3. Un déni de réalité, sur la question cruciale de l'immigration. La gauche française paraît incapable de présenter d'autre analyse qu'une dénonciation morale des attitudes de la droite. L'antiracisme, si nécessaire qu'il soit, ne saurait tenir lieu de politique. Il n'est que de voir l'évolution des gauches scandinaves, Suède et Danemark en particulier, passer d'une ouverture sans frontières à un contrôle très strict, à cause d'un flot montant d'immigrés, propre à déstabiliser le fonctionnement démocratique des pays considérés. Là encore le peuple ne comprend pas cette absence d'analyse chez les nôtres.

4. Corrélativement, en matière de laïcité, la majorité des dirigeants de la gauche NUPES paraît avoir abandonné tous ses principes, sans lesquels ils ne sont rien ; ils pratiquent une sévérité traditionnelle envers le christianisme, qui s'est pour l'essentiel rallié à la laïcité, et en même temps, font preuve de la plus extrême indulgence envers l'islamisme qui, sous ses diverses formes, s'oppose de toutes ses forces à l'idéal républicain traditionnel. La bienveillance envers l'immigré ne saurait justifier la faiblesse envers le fanatisme.

5. L'absence complète d'un programme commun crédible. Ainsi, en matière européenne, où l'on va de la franche hostilité des Insoumis à l'adhésion non moins franche des écologistes et de la plupart des socialistes. De même, en matière de défense, où la guerre d'Ukraine a avivé les fractures, depuis la volonté des Insoumis de sortir de l'Otan jusqu'à la solidarité atlantique prônée par les socialistes. Un gouvernement NUPES serait, dans le meilleur des cas, un monument de contradictions et d'impuissance.

À cela s'ajoute l'absence à peu près complète de politique économique, la gauche demeurant la dernière partisane du « quoi qu'il en coûte » macronien, sans autre projet que de « faire payer les riches ». Cette indigence intellectuelle laisse pantois.

La conclusion, c'est que dans tous les domaines, la gauche NUPES est passée du statut de coalition politique à celui de ligue de vertu. Longtemps, la gauche s'est présentée comme le parti de l'intelligence. Elle est devenue celui de la paresse d'esprit. C'est pourquoi elle a cessé d'attirer à elle les talents politiques capables de lui apporter le supplément de crédit qui lui fait défaut. Faut-il rappeler qu'elle a connu ses plus belles heures sous la direction de leaders politiques qui ne venaient pas de ses rangs et qui représentaient une valeur ajoutée indispensable ? C'est Jean Jaurès avant 1914 au sein du Bloc des gauches (1902-1914) ;

c'est Léon Blum comme figure de proue du Front populaire (1936) ; c'est enfin François Mitterrand comme incarnation du Programme commun et de l'union de la gauche au cours de son double mandat présidentiel (1981-1995). Il faut espérer qu'en lieu et place du marché de NUPES dans lequel elle est embourbée, la gauche mettra à profit la traversée du désert qui s'ouvre devant elle pour retrouver ses marques, ses traditions, ses valeurs, son intelligence des situations, et pour couronner le tout, ses électeurs.

38

Entre quatre tours

2 mai 2022

Tous vainqueurs, sauf Macron

Vous l'avez sûrement remarqué : si l'on ne considère que les principaux protagonistes, cette élection présidentielle n'a fait que des heureux. Mélenchon, bien sûr, légitimement fier de cette « remontada » du premier tour, et contemplant avec commisération le résultat du second. Le bien battu exécute sans phrases le « mal élu ». L'exercice lui a tellement plu qu'il veut recommencer incontinent et, au mépris de la Constitution, « se faire élire » Premier ministre. Cette trouvaille rhétorique met en joie toute la presse. Un bon mot vaut mieux en France qu'un bon scrutin. Quant à Marine Le Pen, à cause de son résultat historique du second tour, elle exulte. Une atmosphère de « non-défaite » (*Le Figaro*) régnait au soir des résultats sur ses partisans réunis.

Seul Macron, au dire des observateurs, n'en menait pas large au soir du scrutin. Une atmosphère de non-victoire, en somme, pesait sur le Champ-de-Mars, devant un public clairsemé. Pensez donc !, le malheureux n'avait devancé sa rivale que de 17 points ! 17 points, une misère, 17 points presque une fioriture… Ségolène Royal, cette profonde psychosociologue, avait compris que, à l'instar de la Légion étrangère, qui fête chaque année l'héroïsme désespéré de Camerone, les Français n'aiment que les glorieuses défaites : « Je vous emmènerai vers d'autres victoires ! » s'était-elle écriée au soir de son échec face à Nicolas Sarkozy.

Et pourtant… Dans l'après-midi, quand furent connus les résultats des Antilles et de la Guyane, qui plaçaient Marine Le Pen à plus de 60 % des suffrages, on faisait moins les farauds. Un vent de panique se mit à souffler sur les portables des gens informés, et chacun eût donné sa chemise pour que Macron l'emportât, fût-ce d'un demi-point. Oui, mais… quelques heures plus tard, son avance de 17 points était jugée misérable, presque indigne : une victoire « par effraction ». Dans sa lettre du très branché *Philosophie magazine*, Michel Etchaninoff commente : « Vers dix heures du soir, je me suis levé et ai allumé la radio. "Tiens, il est réélu", et je suis allé me coucher. » Très chic, de se recoucher « avec les poules », comme on dit chez moi, le soir où la France terrasse le fantôme du fascisme.

Ainsi va la France, ou plutôt ainsi ne va-t-elle pas.

Les devins de la République

« Les Français sont des veaux » (Charles de Gaulle), c'est une chose entendue. Heureusement que, pour interpréter le langage électoral, d'une navrante simplicité (un nom propre, un oui ou un non glissés dans une enveloppe), nos experts, eux, sont des aigles. Je ne plaisante pas. Jusqu'à la veille de la Seconde Guerre mondiale, il revenait aux élus de décrypter et de donner un sens aux oracles monosyllabiques tombés de la bouche de la sibylle. Et les politiques de s'entre-déchirer. « Le pays a voulu ceci », disait l'un. « Et moi je vous ai dit qu'il a voulu cela », répliquait l'autre. L'introduction des sondages avant et après le vote, qui permet de tout savoir des divers segments de l'électorat (sexe, âge, niveau d'études, profession, religion, motivations) a tout changé. Au soir de l'élection, le terrain n'appartient déjà plus à l'électeur et pas encore à l'élu. C'est l'heure du commentariat, comme disent joliment ici même Mathieu Bock-Côté et Vincent Trémolet.

Et le commentariat est un véritable truchement. Voici les Jérôme Jaffré et les Jérôme Fourquet, les Dominique Reynié et les Brice Teinturier, coiffés d'une casquette à carreaux et armés d'une énorme loupe, ou mieux encore munis du chapeau et de la pipe du commissaire Maigret, qui nous expliquent à nous ce que nous avons voulu dire et à eux ce qu'ils devront faire ! Ils constituent un véritable corps de l'État. Ils sont des devins de la République, qui en a grand besoin.

Les rats des villes et les rats des champs

À ce jeu, le géographe Christophe Guilluy, auteur notamment de *La France périphérique*[1], vient de marquer un point décisif. Sa thèse, on la connaît. Deux France que tout oppose se partagent le paysage social. La France des grandes métropoles, celle de la mondialisation heureuse, qui regroupe ceux du haut et du milieu de l'échelle sociale, mais

1. « Champs actuel », Flammarion, 2014.

aussi les immigrés, qui ont progressivement chassé les classes populaires traditionnelles des banlieues, et d'autre part la France périphérique des petites villes et de la « ruralité », comme on dit maintenant.

Les premiers sont les bénéficiaires de cette mondialisation, les seconds les victimes de la précarité et de la stagnation des revenus. Les premiers sont l'électorat naturel de Macron, les seconds celui de Marine Le Pen. Bingo ! Au soir du 24 avril, il faut arriver à la 58e ville par ordre de classement de la population, en l'occurrence Calais, 72 000 habitants, pour voir Marine Le Pen l'emporter sur Emmanuel Macron.

Paris a voté à plus de 85 % et la Seine-Saint-Denis a fait presque aussi bien. La France de Marine Le Pen, au contraire, c'est la France des petites villes, des bourgades et des villages. Hier, c'était la France de Giraudoux, de la rêverie et d'une certaine douceur de vivre ; c'est aujourd'hui celle du chômage et du ressentiment. Il y a désormais un mal-être des gens ordinaires qui transcende les clivages politiques (gauche, centre, droite) et même sociaux (salariés contre professions indépendantes). C'est toute une France qui est mal dans sa peau : cela ne suffit pas à susciter un courant révolutionnaire, mais laisse prévoir des révoltes à répétition, comme celle des Gilets jaunes. Cette France s'est ralliée à Marine Le Pen comme elle a endossé les gilets : en attendant mieux.

Le non-dit de l'élection

Et l'Ukraine dans tout ça ? Vous aurez beau chercher, vous ne trouverez pas. Pas plus qu'en 1936, lors des élections, il n'a été fait mention de Hitler et de la guerre qui venait, grosse comme la Wehrmacht. Le Front populaire ne fut en somme qu'un déjeuner de soleil, une parenthèse enchantée dans le tragique de l'événement.

Il n'empêche. Si d'aventure Marine Le Pen l'avait emporté dimanche dernier, il n'eût été question que de cela en Europe et dans le reste du monde : la France eût ouvert une brèche dans le front uni de la résistance aux nouveaux totalitarismes. Si en effet Poutine n'est pas Hitler ni Staline, il y mène tout droit.

Un État policier, une vision impérialiste du monde, le recours à la violence pour régler les problèmes internationaux, l'assassinat des opposants, l'abolition de l'idée même de vérité au profit d'une gamme continue de mensonges, l'éradication du principe de non-contradiction (une chose est vraie, mais son contraire peut l'être aussi), tout cela met fin à la grande illusion des années 1990 : celle d'un continuum démocratique entre les nations occidentales et leurs voisins, à commencer par la Russie. Avec l'invasion de l'Ukraine, un nouveau rideau de fer mental s'est abattu à l'est de l'Europe : comme au temps de la guerre froide, qui avait opéré une fracture tragique entre l'idée de justice sociale (représentée alors par le Parti communiste) et celle du progrès démocratique, qui s'était réfugiée chez les partisans de l'anticommunisme – n'est-ce pas cela qui est en germe dans le mouvement des Gilets jaunes et de la nouvelle figure du Rassemblement national qui intègre une partie de la population originaire de la gauche ?

La fête des fous

C'est ainsi que l'élection présidentielle, qui est le moment cardinal de notre vie politique, est gagnée, non seulement par la désaffection, mais aussi par le ridicule. Quoi ! Le monde entier, y compris la Chine, tremble de ce qui se passe en Europe de l'Est, et, plus encore, de ce qui se passe dans la tête de Poutine ; l'idée d'une montée aux extrêmes, c'est-à-dire un conflit nucléaire, est devenue une hypothèse sans doute plausible ; un nouveau partage du monde est en cours, dans lequel la planète entière, de l'Asie à l'Afrique, est en train de tourner le dos à la démocratie au profit de la dictature, et de quoi a-t-il été question durant la campagne-croupion que nous venons de vivre en attendant celle que nous sommes condamnés à subir ? Des retraites ! De nos saintes retraites, de nos sacrées retraites ! Faut-il en fixer l'âge à 62 ou 64 ans ? Ou même à 60, au dire de Mélenchon, dont le cynisme n'a même pas l'excuse de l'incompétence ! Jusqu'à la jeunesse, dont le propre est d'entrer dans la vie le défi et l'insulte à la bouche, qui s'y prépare aujourd'hui les yeux et l'esprit fixés sur un seul objectif : l'heure et le moment d'en sortir ! Un pays qui entre ainsi dans la vie à reculons laisse mal augurer de son avenir.

J'ai consacré trop d'années de ma vie au mouvement ouvrier, nommément à ma chère CFDT, pour sous-estimer l'importance de la revendication matérielle et de l'amélioration du sort des plus défavorisés. Mais, dans le monde d'aujourd'hui, le mouvement revendicatif ne saurait être isolé de la politique générale : à l'intérieur de l'Europe, il n'y a plus de politique extérieure, mais seulement des aspects proches ou lointains du politique et de l'économie.

C'est pourquoi la campagne électorale qui s'achève, en attendant celle qui s'annonce, a pris la forme d'un insupportable huis clos, détaché de toutes les réalités. Un univers déréistique comme disent les psychiatres, où l'imaginaire est roi et où le possible et le souhaitable coïncident. Aucun des catalogues de mesures catégorielles que présentaient la quasi-totalité des candidats n'était réalisable, sauf à entraîner la faillite de l'État et le chaos. À l'exception de celui de Valérie Pécresse, qui lui a valu le sort que l'on sait. Et, en dépit de ses concessions de dernière minute, celui d'Emmanuel Macron. C'est donc justice qu'il ait finalement triomphé. En qualité de non rééligible, il n'aura plus d'excuses pour ne pas engager les réformes les plus hardies, les plus nécessaires, au mépris des risques d'impopularité.

Des États généraux postélectoraux

Nous atteignons aujourd'hui, par paliers successifs, aux limites des potentialités du suffrage universel, notamment lors de l'élection du président de la République. Le pari du système représentatif était en effet d'opérer la synthèse entre la désignation des représentants du peuple et l'élaboration d'un programme de gouvernement. Mais, de plus en plus, les « moyens de gouvernement », comme disait Guizot, sont compromis d'avance par la recherche des « moyens de l'élection ». C'est ce que l'on nomme le poujadisme, qui est commun au populisme de droite et au populisme de gauche.

On a vu, lors de la présidentielle, les programmes de ces deux extrêmes, à l'exception de la question de l'immigration, se rejoindre et coïncider. L'avantage du système présidentiel est de pallier, en partie, la contradiction entre la procédure de l'élection et l'exercice du gouvernement, en substituant aux aléas des coalitions politiciennes la synthèse organique que constitue la rencontre d'une personnalité et d'un peuple. Mais aujourd'hui, en régime présidentiel comme en régime parlementaire, l'addition des clientèles tend à tenir lieu de projet organique : à l'ère des réseaux sociaux, la démocratie se jette ainsi dans le populisme comme les fleuves dans la mer. C'est pourquoi il est devenu nécessaire de dissocier au moins partiellement la désignation des représentants et l'élaboration d'un programme, et d'interroger séparément le peuple sur l'orientation générale de ceux qu'il choisit pour le représenter, et le contenu des réformes à opérer dans l'immédiat et dans le court terme. Certains voudraient voir apparaître, aux côtés de l'Assemblée nationale, une sorte de chambre de projets. D'autres pensent à un recours plus fréquent, régulier, à la procédure de référendum.

Pour ma part, j'ai déjà indiqué ma préférence pour des États généraux postélectoraux, où les élus et le gouvernement seraient confrontés à des délégués de la société civile, porteurs de cahiers de doléances. Peut-être serait-ce le moyen de dépasser la contradiction que Jean-Jacques Rousseau a inscrite, pour notre malheur, au cœur du *contrat social*, l'impossibilité théorique pour le peuple de déléguer sa souveraineté et la nécessité pratique de la confier à des représentants.

39

La social-démocratie a-t-elle encore un avenir ici ?

26 janvier au 1er février 2023

On aura beau invoquer l'air du temps, où il est sans cesse question – trop – d'euthanasie et de suicide médicalement assisté, l'implosion en plein vol du Parti socialiste au cours des douze derniers mois a quelque chose de stupéfiant, de faramineux, de surréaliste.

On aura beau encore prétendre que cet accident particulier s'inscrit dans le contexte d'un recul général de la social-démocratie à travers l'Europe, on restera sceptique, car cela n'est pas vrai ; elle dirige, cette social-démocratie, les gouvernements d'Allemagne, d'Espagne, du Portugal, du Danemark, de Suède, de Norvège, et bientôt sans doute du Royaume-Uni : « faites mieux », comme dirait Mélenchon.

Mais que la candidate socialiste, Anne Hidalgo, déjà maire de Paris, ce qui n'est pas rien, n'ait réuni qu'1,75 % des suffrages exprimés au premier tour de la présidentielle du 10 avril 2022, l'épaisseur du trait qui la séparait de zéro, voilà qui aurait dû déclencher un vrai tsunami de réflexion, d'autocritique dans la mouvance socialiste : il n'en a rien été. Anne Hidalgo n'a pas remis en cause sa situation à la mairie de Paris, et s'apprête avec gourmandise, à ce que l'on dit, à jouer les premiers rôles aux Jeux olympiques de Paris en 2024. Comme on dit en sport, l'important n'est pas de gagner, mais de participer.

Il faut reconnaître à Olivier Faure, le secrétaire général du PS, le mérite d'avoir sauvé les meubles, et, en s'engageant dans l'opération NUPES, d'avoir permis à son parti de conserver un groupe parlementaire à l'Assemblée nationale. Mais, ce faisant, il a épargné à celui-ci l'examen de conscience politique nécessaire.

Et maintenant, la comédie-bouffe de sa réélection contre le maire de Rouen, Nicolas Mayer-Rossignol, avec ces nuits torrides de dépouillement, de recomptage des bulletins, de communiqués croisés, d'accusations réciproques de bourrage des urnes et de fraudes en tout genre, dans la grande tradition du congrès de Reims (novembre 2008) qui avait vu Martine Aubry l'emporter sur Ségolène Royal par 50,4 % des voix contre 49,6 % : au moins, on ne dira plus que les femmes sont interdites des premiers rôles au PS, même si elles ne les jouent pas toujours très bien. À l'heure où j'écris, Nicolas Mayer-Rossignol n'a toujours pas reconnu sa défaite. À tort ou à raison, je l'ignore. Mais je sais qu'il est vain pour un parti qui se réclame du socialisme et de la démocratie de prétendre faire triompher l'une et l'autre, quand on se montre incapable d'en respecter les règles dans sa vie intérieure.

Et pourtant, le PS tel qu'il est aujourd'hui, efflanqué, amoché, cabossé, continue de jouer un rôle essentiel, d'abord par ses positions municipales qui restent solides, à l'image du Parti radical sous la IIIe République, et parce qu'il demeure une sorte de point moyen de la vie politique française, ou si l'on préfère, de fonds de sauce dans la cuisine nationale.

J'ai, jusqu'ici, parlé du Parti socialiste comme d'une social-démocratie. En rigueur de termes, c'est inexact. Dans la tradition du socialisme européen, et notamment allemand, belge ou autrichien, le parti social-démocrate est fortement articulé avec les syndicats et les coopératives pour former un ensemble compact et indissociable. Cette tradition, qui fait du Parti socialiste l'expression tous terrains et tous azimuts du socialisme ouvrier, est restée longtemps vivante dans le Nord et le Pas-de-Calais, ainsi que dans certains îlots du Massif central. Ailleurs, il se combine avec un mouvement beaucoup plus interclassiste, qui a fait de lui, classiquement, l'aile gauche du parti républicain, au temps où cette expression avait encore du sens. Le PS, au faîte de sa puissance, c'est un peu Guesde et Clemenceau en un seul homme.

C'est pourquoi il a toujours eu besoin à sa tête d'un homme-orchestre qui ne venait pas de ses rangs, mais qui lui permettait d'opérer une synthèse assez confuse et fortement personnalisée. Avant de devenir le leader tout-puissant du socialisme français, Jean Jaurès avait commencé sa carrière politique au centre gauche, parmi les républicains opportunistes ; Léon Blum de son côté, dandy et critique littéraire, avait d'abord penché du côté de Proust plutôt que de Jaurès, avant que son discours sur la « vieille maison », au congrès de Tours, fasse de lui le chef de file de ceux des socialistes qui refusaient l'adhésion à la IIIe Internationale communiste ; François Mitterrand enfin avait été longtemps dirigeant d'un petit parti de centre gauche, l'UDSR (Union démocratique et socialiste de la résistance), avant d'avoir à Épinay (juin 1971) son congrès de Tours et de se rallier à l'Union à gauche avec les communistes.

Aujourd'hui, la gauche française, et même plus largement la France, a plus que jamais besoin d'une social-démocratie, alors que ses éléments populaires sont attirés par le populisme de Marine Le Pen et ses éléments petits bourgeois par le néo-centrisme d'Emmanuel Macron ; il a besoin d'une doctrine qui opère une nouvelle synthèse sociale, mais aussi intellectuelle, pour fédérer ses divers courants ; il a besoin enfin d'un leader puissant, visionnaire autant que pragmatiste, pour donner consistance à ce mouvement. C'est à ces conditions seulement qu'il retrouvera sa splendeur passée, ses électeurs et permettra à la France de ne succomber ni à l'immobilisme ni à l'aventure. Vaste programme.

40

L'avenir de la social-démocratie

1er au 7 septembre 2022

Les partis de gauche réunis dans un intergroupe NUPES ont consacré les derniers jours du mois d'août à ce qu'ils appellent leurs universités d'été. Au passage, cette appellation en dit long sur l'idée qu'ils se font de l'Université, et peut expliquer en partie la profondeur de la crise de l'enseignement en France.

Principal sujet de discussion de ces gauches : leur unité. L'élection de 131 députés NUPES a été pour tous une heureuse surprise ; chez les socialistes en particulier, d'avoir sauvé une trentaine de sièges a engendré une douce euphorie, fondée sur le soulagement d'avoir échappé à un désastre total ; chez les Insoumis d'avoir remporté 75 sièges a surpris jusqu'à Jean-Luc Mélenchon qui, au départ, n'avait pas cru devoir s'embarquer sur ce rafiot.

Sauver les meubles est une chose. Faire au Parlement un boucan de tous les diables, comme des soixante-huitards attardés, en est une autre. Rassembler une majorité du peuple français dans un nouveau Front populaire est autrement difficile. En témoigne un sondage Viavoice pour *Libération* qui révèle qu'aux yeux de la population 36 % des gens voient dans la NUPES la principale force d'opposition, contre 49 % qui pensent l'inverse ; et surtout qu'au sein de la NUPES il y a des dissonances qui vont la faire voler en éclats : 51 % contre 23 % d'avis contraire, car pour 56 % des sondés les valeurs communes à la gauche n'existent plus, contre 28 % d'avis contraire.

La raison de ce pessimisme de la population, contrastant avec l'optimisme des militants : principalement, bien que le sondage ne le dise pas, les problèmes de politique étrangère. En tout premier lieu, l'Europe. Et cela d'autant plus que les élections européennes sont les prochaines sur le calendrier électoral. Ici, le désaccord est profond. L'Europe, depuis Jaurès, pour ne pas remonter en deçà, fait partie de l'ADN de la social-démocratie. À juste titre, parce que, aujourd'hui plus encore qu'hier, le continent européen constitue le format minimal pour espérer figurer à l'échelle mondiale. En dehors de toute idéologie, face aux mastodontes régionaux que sont les États-Unis, la Russie, la Chine, l'Inde, en attendant le Brésil et le Nigeria, l'Europe est une nécessité géopolitique. Or les Insoumis sont étrangers à l'idée européenne. Ils prônent la « désobéissance » aux règles économiques et financières de l'Union. Désobéissance n'est après tout qu'un doublon d'insoumission, et l'on voit mal les socialistes d'Olivier Faure, qui ont pourtant avalé tant de couleuvres, s'accommoder de celle-là. La vocation de la France n'est pas de désobéir à l'Europe, mais d'en prendre la tête aux côtés de nos voisins et amis les Allemands : la réconciliation et l'amitié franco-allemande est, en pesant les mots, l'acte le plus révolutionnaire, à l'échelle mondiale, du siècle écoulé.

On imagine mal en outre les partenaires des Insoumis, socialistes, écolos, s'accommoder du socialisme tropical à la Mélenchon, de sa solidarité avec le castrisme, avec Maduro qui est en train de ramener à l'âge de pierre l'un des pays potentiellement les plus riches de l'Amérique latine, c'est-à-dire le Venezuela. Et encore de la position du même Mélenchon à propos de Taïwan, qui consiste à laisser les mains libres à la Chine continentale sur le modèle de la Russie en Ukraine. L'espèce d'attirance native de ce grand libertaire pour les régimes autoritaires, voire totalitaires, est une véritable énigme, mais c'est un fait. Il faudrait encore parler de l'incapacité de la NUPES d'avoir un discours cohérent sur l'insécurité, sur l'immigration, au lieu de s'en tenir au risque que l'évocation de ces sujets fait prendre à la démocratie. Comme si ce n'était pas cette dérobade qui explique en grande partie la désertion de la classe ouvrière au profit du Rassemblement national. Impossible pourtant de ne pas mentionner, quitte à y revenir plus longuement, la honte que constitue le dépôt d'une motion, initiée par les communistes, contre l'apartheid qu'Israël infligerait aux Palestiniens. On est tenté de dire que ces derniers ont bien de la chance d'avoir pour adversaires des Juifs. Cela leur vaut de la part de la gauche populiste, à la limite de l'antisémitisme, des sympathies dont ne disposent pas d'autres peuples bien plus persécutés, comme les Kurdes… S'il ne fallait donner qu'une raison de regarder cette NUPES avec circonspection, je citerai le fait qu'il se soit trouvé en son sein 37 députés pour signer cette proposition.

Au vu de ces données, deux conclusions s'imposent. La première c'est que la nouvelle guerre à la fois froide et chaude qui a commencé le 24 février dernier avec l'agression sauvage de la Russie de Poutine contre l'Ukraine a pour conséquence de redonner, après le répit de la fin du XXe siècle, un caractère surdéterminant à la politique étrangère, qui impose ses urgences à la politique intérieure et sociale. Ce n'est pas demain, Dieu merci, ni même après-demain que les idées des Insoumis, faites de nationalisme, de populisme et d'antiaméricanisme deviendront majoritaires dans le pays.

La seconde est que, dans ce contexte, il est indispensable pour que la gauche puisse un jour revenir au pouvoir que sa fraction modérée, ou mieux, sociale-démocrate y redevienne dominante. Car la social-démocratie, que je définis comme le maximum de justice sociale compatible avec un bloc infrangible de démocratie et de liberté, est la seule idée d'avenir en Occident et ailleurs. Du reste, chaque fois que la gauche est parvenue au pouvoir en France, en 1936 avec Léon Blum, en 1981 avec Mitterrand, en 2012 avec Hollande, ce sont ces éléments modérés qui dominaient la coalition. Quand elle aura recouvré en France la place qui est naturellement la sienne, il lui reviendra alors de négocier, avec ses partenaires de gauche, un contrat de gouvernement.

41

La France a besoin d'une social-démocratie

4 juillet 2022

L'élection présidentielle, c'est là tout à la fois sa vertu et son vice, a pour effet de simplifier outrageusement la vie politique, en ne laissant paraître au grand jour que les courants dominants de l'opinion à un moment donné. Au lendemain de la réélection d'Emmanuel Macron (24 avril 2022), on a décrété un peu vite que l'opinion française se répartissait en trois groupes majeurs : l'extrême gauche (Jean-Luc Mélenchon), l'extrême droite (Marine Le Pen) et le centre (Emmanuel Macron lui-même). Pulvérisées, disparues, la gauche modérée (le PS d'Anne Hidalgo), la droite modérée (Les Républicains de Valérie Pécresse), qui furent historiquement l'ossature de la Ve République.

Les élections législatives qui ont suivi ont montré qu'il n'en était rien. Les Républicains ont sauvegardé la moitié de leur contingent massif de la précédente législature : avec 61 députés, ils sont même en situation d'arbitres dans la nouvelle Assemblée, sans compter leur position dominante au Sénat.

Et les socialistes ? Les 30 députés dont ils disposent au sein de l'ensemble NUPES sont évidemment un résultat modeste. En revanche, par rapport aux 1,75 % d'Anne Hidalgo à la présidentielle, ils pourraient passer pour un début de renaissance.

La France est sociale-démocrate

Mais reprenons les choses de plus haut. Nous nous heurtons d'entrée à un formidable paradoxe. Cette France dans laquelle le PS n'est plus qu'un avorton, cette France qui paraît n'affectionner que les extrêmes, cette France est bel et bien socialiste, ou mieux encore, sociale-démocrate. Qu'est-ce à dire ? « La France est peut-être radicale », confiait Maurice Barrès à Albert Thibaudet en redescendant avec lui de la colline de Sion-Vaudémont, signifiant par là moins une appartenance politique qu'un état d'esprit général. Eh bien ! la France d'aujourd'hui est peut-être sociale-démocrate au sens où elle était radicale au début du XXe siècle.

J'en veux pour preuve, à l'extérieur de la gauche, la façon dont un gouvernement de droite, Macron-Le Maire, a géré la crise du Covid. La gauche de la gauche se gardera bien de le reconnaître, mais un pays où 11 millions de salariés ont bénéficié de chômage partiel, où 56 % de la richesse nationale sont prélevés pour la dépense publique et la redistribution mérite à tous égards l'étiquette de social-démocrate. Qui dit mieux en Europe et dans le monde, je vous le demande ? Certes, je n'oublie pas les superprofits des plus riches, ni les inégalités flagrantes, ni les îlots de pauvreté extrême qui subsistent. Il n'en reste pas moins que l'assistance sociale est, même à droite, comme un tribut que le vice rend à la vertu ; et que la vertu dans la France de 2022, ce n'est ni le libéralisme, ni le collectivisme, ni l'anarchisme, la vertu politique, de l'aveu de la grande majorité des Français, c'est la social-démocratie !

Qu'est-ce donc que cette social-démocratie ?

C'est historiquement une institution de la classe ouvrière autour de trois pôles organiquement reliés entre eux : ce sont le parti au point de vue politique, le syndicat au point de vue social, la coopérative au point de vue de la consommation. Ce triptyque est censé organiser collectivement toute la vie du prolétariat. Si, de surcroît, le parti occupe le pouvoir, on peut dire que la social-démocratie atteint son point de perfection. La référence cardinale, au début du XXe siècle, c'est l'Allemagne, ou encore la Belgique ou l'Autriche.

En ce sens, la France n'a jamais été sociale-démocrate : au contraire, la charte d'Amiens de la CGT (1906), teintée d'esprit libertaire, proclame l'indépendance du syndicat par rapport au parti. Ce qui en France tient lieu d'idéal social-démocrate, c'est la formule du Front populaire, c'est-à-dire l'alliance interclassiste entre les ouvriers et les éléments progressistes de la petite-bourgeoisie, sous le sceau des intellectuels. C'est encore tout récemment la recette de la NUPES.

Si maintenant l'on dépasse le stade de l'organisation, la social-démocratie est une doctrine politique. J'appelle social-démocratie cette doctrine qui vise à conquérir et à garantir le maximum de justice sociale compatible avec un niveau incompressible des libertés publiques. À la différence des révolutionnaires (bolcheviks hier, guévaristes et apparentés aujourd'hui) qui tolèrent ou même préconisent une restriction, réputée provisoire, des libertés, pour assurer des réformes sociales, les sociaux-démocrates se refusent à recourir à la violence et à la dictature pour parvenir à leurs fins. La social-démocratie répudie la violence physique et politique contre ses adversaires de classe, quand les révolutionnaires s'en accommodent et finissent même par en faire l'objet principal de leur action. Les plus radicaux ne manquent pas de qualifier d'angélisme et de naïveté, voire de double jeu, cette répudiation de la violence. La meilleure réponse est dans les faits : où les classes populaires sont-elles les plus heureuses, au Venezuela ou en Scandinavie ? Sur ce point, Manuel Valls a raison : il y a bel et bien incompatibilité ontologique entre les deux gauches.

Alors, pourquoi en France cette éclipse ?

Je prétends qu'elle n'a rien de structurel, ni de définitif. Du reste il y a encore six ou sept ans, la social-démocratie, sous la forme du Parti socialiste, régnait en maîtresse sur l'État, la présidence de la République, le gouvernement, le Parlement, avec des positions très fortes dans les grandes villes et les collectivités locales.

D'autre part, cette social-démocratie domine aujourd'hui une grande partie de l'Europe : l'Espagne, le Portugal, l'Allemagne, les pays scandinaves, demain peut-être l'Angleterre. C'est la preuve qu'elle n'a rien d'une formule dépassée.

Alors pourquoi cette exception française ? Que s'est-il donc passé ?

Il est trop commode d'accabler François Hollande, dont la ligne politique à l'Élysée ne fut pas différente de celle de François Mitterrand. Son erreur majeure est d'avoir laissé lui échapper le contrôle du Parti socialiste, et de son groupe parlementaire, tombé entre les mains des plus lamentables gribouilles d'un parti qui en a tant connu. Les frondeurs, puisqu'il faut les appeler par leur nom, véritables Pieds Nickelés de la mauvaise conscience socialiste, sont ces députés, au nombre de 41, qui n'ont cessé de harceler leur propre gouvernement sur les objets les plus divers, de la politique économique à l'immigration, jusqu'à tenter de déposer contre lui une motion de censure. C'est de cet épisode surréaliste que date la mésentente complète entre le Parti socialiste et son électorat. Ce dernier le lui a bien fait savoir. C'est le candidat des frondeurs à la présidentielle de 2017, Benoît Hamon, désigné contre Manuel Valls, qui inaugure la série des scores désastreux, spéléologiques, qui vont se succéder désormais, en recueillant 6,36 % des suffrages. La plupart des électeurs socialistes ont reporté leurs voix sur un candidat plus modéré, Emmanuel Macron, qui sera élu. Quant aux 41 frondeurs, un seul fut réélu aux législatives qui suivirent. Le désaveu était formel et s'appliquait à eux en priorité. Après cela, que l'on ne vienne pas dire que l'électorat socialiste a voulu sanctionner la ligne trop modérée de François Hollande : c'est le contraire qui est vrai, et qui le demeure jusqu'à nos jours. Aussi longtemps que la social-démocratie « n'osera pas paraître ce qu'elle est » (Bernstein) et qu'elle s'alignera sur le gauchisme, elle sera incapable de rassembler sa clientèle qui fera les beaux jours du centrisme souvent, de la radicalité parfois, et de la pêche à la ligne, toujours.

À partir de ces prémices, quelles tâches devrait se donner la social-démocratie pour retrouver en France la place qui lui revient et qu'elle a perdue par sa faute ?

Renouer avec la classe ouvrière et la valeur travail

C'est un fait : la social-démocratie n'est plus présente sur les lieux de travail et d'habitation des travailleurs manuels français, comme c'était sa vocation primitive ; elle ne défend plus le travail comme la valeur essentielle du monde ouvrier, son véritable capital. Elle semble s'être implicitement résignée à une philosophie sociale de l'assistance, telle que l'a élaborée le libéralisme : la classe ouvrière cesse d'être un acteur principal de la vie sociale ; elle n'est plus qu'une variable d'ajustement ; son sort relève le plus souvent du bon cœur des classes possédantes et de leur souci d'éviter les émeutes de la misère et de la relégation. Le principal leader socialiste pénétré de ces valeurs n'était ni Mitterrand, ni Rocard, ni Chevènement, mais Pierre Mauroy, dernier rejeton du Nord et du Pas-de-Calais qui furent il y a un siècle les terres sociales-démocrates par excellence dans l'ensemble français. François Ruffin, personnalité atypique des Insoumis, l'a très bien exprimé récemment : « La gauche doit, à mon sens, se pencher sur la valeur travail » (*Le Monde* du 22 juin 2022). J'aurais scrupule à enrôler Ruffin dans une cohorte qui n'est pas la sienne, mais devant l'indigence, toutes les sources et les ressources sont les bienvenues.

Et je ne voudrais pas que l'hystérisation de la question des retraites finisse par signifier implicitement le rejet du travail lui-même, comme si à l'égard de ce qui fait leur dignité et leur force dans l'appareil productif, les travailleurs n'avaient qu'une idée : s'en débarrasser au plus vite. Autant je comprends et j'approuve le sens profond de la vigilance de tous les travailleurs, de tous les syndicats à l'égard du régime des retraites, autant il serait désastreux que ce combat légitime, nécessaire, tourne à l'abandon de toutes les composantes d'une civilisation du travail face à la civilisation du capital. Il me semble que cet idéal réformiste est conforme à l'intuition profonde, émancipatrice, contenue dans l'immortel article 2 des statuts de la CGT fondée à Limoges en 1895, qui déclare qu'elle entend regrouper en dehors de toute école politique « tous les travailleurs conscients de la lutte à livrer pour la suppression du salariat et du patronat ».

Autrement dit, dans une société où l'idée de révolution a cessé d'être à l'ordre du jour, ne serait-ce que parce que jamais nulle part la révolution n'a amélioré la condition ouvrière, les travailleurs et leurs organisations doivent revendiquer toute leur place dans la gestion et la maîtrise de la fonction productrice. C'est ce qui existe en Allemagne, où la cogestion est entrée dans les mœurs. Ainsi, la tâche de la social-démocratie est double : disputer la place au patronat dans la gestion de l'économie, et corrélativement, disputer au Rassemblement national de Marine Le Pen sa place dans l'électorat ouvrier. Là encore, François Ruffin l'a très bien dit : ne pas délaisser les territoires de la France périphérique, ne pas devenir (seulement !) la gauche des métropoles.

Mais n'est-il pas déjà trop tard ? L'exemple de la CFDT prouve le contraire. Au départ, petit syndicat chrétien principalement implanté chez les employés, elle est devenue, à force d'investissement au cœur du travail la première centrale, au sein même de la classe ouvrière au sens marxiste du terme.

Oui, la social-démocratie doit partir à la reconquête.

Reprendre le rôle dirigeant à l'intérieur de la gauche

Quelques jours ont suffi pour dissiper l'illusion : la NUPES, ce regroupement de fortune de tous les tronçons de la gauche, porte en elle-même les conditions de son impuissance, en raison de la place prépondérante qu'y occupent les Insoumis et de la place subordonnée des sociaux-démocrates. Parce qu'elle véhicule implicitement en elle la vocation à gouverner la France, la formule classique du Front populaire implique nécessairement le rôle prédominant des éléments réformistes. Nous sommes aujourd'hui loin du compte. Les Hollande, Valls, Cazeneuve qui ont marqué la période précédente sont sur la touche, mais pas en Occitanie, où Carole Delga, le variant Delga, est symbole de la renaissance d'une social-démocratie autonome et maîtresse de soi. Un peu partout, les bases de cette renaissance existent. Son éclipse actuelle prouve seulement que la social-démocratie a très mal joué ses atouts au cours de la phase précédente : mais de tous les coins de l'Hexagone, on entend ce murmure destiné à devenir une clameur : la France a besoin d'une social-démocratie !

Développer la dimension culturelle de l'action politique

Ou mieux encore, traiter la politique comme une facette de la culture.

Jaurès, Blum, Mitterrand… Que les trois hommes qui ont dominé la social-démocratie depuis la fin du XIXe siècle aient été de grands intellectuels humanistes n'a rien d'un hasard. Pour être pleinement elle-même ; mieux, pour être pleinement reconnue par le peuple français, la social-démocratie a besoin d'être plus qu'un régime politique comparable à d'autres, elle a besoin d'être l'expression de la culture française dans sa plénitude. Les concurrents de ceux que je viens de nommer, un Jules Guesde pour Jean Jaurès, un Marcel Déat pour Léon Blum, un Michel Rocard pour Mitterrand étaient eux-mêmes de forte stature intellectuelle ; mais aucun d'eux n'est parvenu à sortir leur politique de la relégation à laquelle elle est spontanément tenue par le peuple. J'aime à rappeler ce mot de la mère de Romain Gary à son fils, qui le rapporte dans *La Promesse de l'aube* : « Mon petit, il faut toujours aimer la France, parce qu'elle a fait de Victor Hugo le président de la République. » Factuellement, c'est faux. Idéalement, c'est vrai. Nous avons besoin de savoir à la tête de la nation un homme qui ait quelque chose de Victor Hugo. Le jour où il a lâché étourdiment : « Il n'y a pas de culture française », Emmanuel Macron, pourtant élève de Paul Ricœur, n'a pas perdu une voix, mais il s'est privé de cette mystérieuse correspondance que la grande littérature française entretient avec le Pauvre, ou mieux encore, avec les Misérables…

Pour toutes ces raisons, je me permets de dire avec une tranquille assurance : la social-démocratie n'est pas morte. Comme dans *La Belle au bois dormant*, elle n'est qu'endormie. Elle attend son prince charmant. Qu'elle n'aille pas le chercher dans les châteaux ni dans les centres-villes. Il y a de grandes chances qu'il vienne de la périphérie.

42

Pour en finir avec la déconstruction

1er au 7 décembre 2022

L'Occident, considéré sous les angles militaires et économiques, demeure le plus puissant ensemble à la surface du monde ; intellectuellement et moralement, c'est un grand corps malade, en proie à une affection auto-immune. On appelle maladie auto-immune une pathologie au cours de laquelle le système immunitaire agresse ses propres constituants ; c'est l'ennemi de l'intérieur, c'est la garnison qui passe à l'ennemi : le diabète de type 1, la sclérose en plaques, la polyarthrite rhumatoïde sont des maladies auto-immunes. Dans le domaine intellectuel, on range sous l'appellation fourre-tout de « déconstruction » cette affection dégénérative. En veut-on la définition la plus large – et la plus vague possible ? C'est l'idée, ou plutôt l'axiome que tout, y compris la connaissance scientifique elle-même, est socialement construit. Certes, nous savons depuis Gaston Bachelard que « la science construit ses objets » – c'est le constructivisme épistémologique – mais cela ne signifie nullement qu'il n'est d'autre réalité que celle que construit la science, qu'il n'y a pas de donné à la base du construit…

Tel est le point de départ du livre érudit, mais parfaitement accessible de Pierre-André Taguieff, ce philosophe inclassable, mais incontournable, dont la fécondité n'a de pair que la rigueur et l'ampleur de vues. S'il s'agissait seulement de chercher en reprenant les éléments constitutifs d'un objet, de tenter de comprendre « comment ça marche », la déconstruction s'identifierait à la démarche scientifique elle-même, et n'impliquerait nullement la destruction de cet objet.

Prenons un exemple : si en me munissant d'un tournevis et beaucoup de patience, j'entreprends de démonter un objet familier, par exemple mon réveil de voyage, ma démarche n'implique nullement qu'ensuite je piétine rageusement les pièces ainsi dissociées, en les accusant de participer à une entreprise délibérée visant à me tromper sur l'heure qu'il est. C'est dans ce procès d'intention que réside à proprement parler la déconstruction, lorsque l'on passe d'une démarche scientifique ou philosophique à des considérations politiques : le *Pourquoi déconstruire ?* de Taguieff porte comme sous-titre : « Origines philosophiques et avatars politiques de la *french theory* ».

Nous y voilà. Ce sont les Français qui ont fait le coup. Aux yeux des Américains, même si à l'origine de la démarche il y a les grands philosophes du soupçon, Marx, Freud et Nietzsche, c'est la bande des quatre, Jacques Derrida, Michel Foucault, Gilles Deleuze et Jean-François Lyotard, sans parler de leurs épigones, qui auraient constitué par apports successifs et variés une *french theory* qui ébranle jusqu'à ses fondements la pensée occidentale, en entrant délibérément sur le terrain politique.

Jusqu'ici tout va bien, ou plutôt tout va mal, selon un schéma préconçu. Mais quand il s'agit de définir précisément l'objet et la nature du déconstructionnisme, ou de son avatar le plus récent, le « wokisme », l'embarras est grand. Jacques Derrida, auquel est attaché le mot de déconstruction, récuse le plus souvent toute définition. En revanche, il y a un effet de mode, comme il en parut au lendemain de la guerre avec l'existentialisme de Jean-Paul Sartre, un climat d'intimidation à l'encontre de quiconque refuse de se plier à la nouvelle doxa, un style crypté, souvent à la limite du non-sens, une sorte d'OVNI dans le ciel de la modernité. Jusqu'au président de la République, Emmanuel Macron, prompt à se saisir des bribes d'intelligibilité – ou d'inintelligibilité – flottant en apesanteur dans le ciel contemporain, qui nous a proposé (28 avril 2021, sur la chaîne CBS News) à propos de la question raciale de « déconstruire notre propre histoire ». Comme historien, j'avoue ne pas très bien comprendre ce que cela veut dire. En revanche, note Pierre-André Taguieff, la nomination de Pap Ndiaye, un intellectuel militant de la question décoloniale et proche du wokisme, au poste de ministre de l'Éducation nationale, confirme son penchant à privilégier les options des « minorités » par rapport à la vision universaliste classique.

L'universalisme, nous y voilà. Car s'il est difficile de définir la déconstruction, il est aisé de voir à quoi elle s'oppose : l'universalisme occidental, fruit de la pensée de Descartes ou de Kant. Ce rejet des Lumières aboutit à une véritable « criminalisation de la pensée occidentale », accusée de véhiculer le colonialisme, le sexisme et autres péchés majeurs. Toute la question est de savoir si c'est dans le droit fil de cette pensée, ou au contraire par infidélité à celle-ci que l'Occident est coupable de ces péchés.

La première option conduit à une absurdité et à la

réhabilitation de concepts que l'on croyait bannis, comme celui de race. Quand le refus de l'universalisme conduit à la réhabilitation des « Blancs » et des « Noirs », dans l'appareil intellectuel contemporain, il y a lieu de s'interroger. Il est grand temps de déconstruire la déconstruction.

Qu'on me permette, en guise de conclusion, un mot personnel. Toute ma vie intellectuelle a été scandée par l'appartenance active à des revues, telles *Esprit* – regrets éternels –, *Le Mouvement social*, *Mil neuf cent*. Mais aussi l'organe de la minorité de la CFTC, proche des idées de la gauche travailliste d'Aneurin Bevan et de Pierre Mendès France. On y croisait Edmond Maire et Eugène Descamps, Paul Vignaux et Gilbert Declercq. C'est elle qui a puissamment contribué à faire de la CFDT la première centrale ouvrière française, et c'est l'honneur de ma vie d'en avoir été partie prenante. Son nom définissait une ambition, un programme. Elle s'appelait *Reconstruction*.

43

Gauche : pour une reconstruction

13 au 19 janvier 2022

La France vit depuis une vingtaine d'années sous un étrange régime, que l'on pourrait qualifier de Yalta intérieur : à la droite, le pouvoir politique, à la gauche l'hégémonie intellectuelle.

Certes, il y a des exceptions, pendant les périodes dites de cohabitation, mais le schéma du partage n'a jamais été aussi prégnant qu'aujourd'hui. Tout se passe en effet comme si la gauche s'était résignée à ne faire que de la figuration à la présidentielle du mois d'avril, la somme des intentions de vote en sa faveur ne dépassant pas le quart du total, le plus bas, sauf erreur, depuis que nous vivons en République.

En revanche, jamais les idées estampillées « de gauche » n'ont paru aussi dominantes dans l'Université et la presse, au point de donner le ton à la vie politique et d'agir souvent par intimidation.

Après tout, pourquoi pas ? Que les idées des uns soient, pour partie au moins, mises en pratique par les autres pourrait même passer pour une version originale de la démocratie. Seulement, il y a un hic : entre-temps, la gauche a changé de logiciel ! L'ancien, on le connaît, il est fondé sur l'humanisme universaliste, fruit d'une synthèse ô combien douloureuse, mais finalement réussie entre l'humanisme chrétien et le rationalisme des Lumières : la République, son École, la laïcité, l'égalité, mais aussi la recherche de l'excellence et la promotion du mérite. Le voilà, le véritable programme commun de la gauche !

Certes, beaucoup d'hommes et de femmes de gauche, à l'échelon local et régional, restent attachés à ce logiciel commun ; cela explique en grande partie leur résistance dans les élections intermédiaires. Mais à l'échelle nationale, les partis de gauche ont cessé de faire vivre ces idées et se sont, bon gré mal gré, ralliés à un nouveau logiciel, produit notamment par les sciences sociales, et qui, souvent, nous reviennent en boomerang des États-Unis sous le nom bizarre de *french theory*. Pour le dire en un mot, au logiciel de l'universalisme, elle oppose la diversité et sa reconnaissance dans le domaine de la race et de la couleur de peau, du sexe, des religions. Derrière chacune des formes de l'universalisme républicain, elle dénonce un effet caché de domination.

Ai-je besoin de le dire ? Je vois là une véritable régression anthropologique qui conduit à un affrontement permanent et à une véritable guerre des identités. Mon opinion n'aurait que peu d'importance, si elle n'était partagée par la plus grande partie du peuple de gauche, qui ne cesse d'exprimer sa désapprobation en s'éclipsant sur la pointe des pieds. Bizarre tout de même que la gauche officielle n'ait pas le début du commencement d'une explication sur la perte de la moitié de son électorat potentiel, et puisque la droite, celle notamment de Bruno Le Maire, lui a volé son logiciel de crise, sous la forme d'un keynésianisme de l'urgence, qu'elle en soit réduite à l'attente fébrile d'une crise économique majeure pour espérer prendre sa revanche ! Et comme une partie de la droite modérée et du centrisme a repris à son compte ce que j'ai appelé son logiciel républicain elle est en réalité sur la défensive. Son seul programme est avant tout un programme d'évitement : empêcher à tout prix que la campagne présidentielle ne se déroule sur des thèmes réputés toxiques pour son nouveau logiciel : insécurité, immigration, identité nationale. C'est ce qu'en termes d'aéronautique militaire, on appelle une mission d'interdiction, visant à empêcher toute activité de l'ennemi sur les points stratégiques : voilà le continu résiduel d'un programme commun d'une gauche raclée jusqu'à l'os.

Ce n'est pas tout : la véritable gauche intellectuelle, porteuse des valeurs de l'humanisme républicain, est aujourd'hui à la contre-attaque : la dernière manifestation en date en a été sa participation au colloque organisé en Sorbonne avec un grand succès les 7 et 8 janvier derniers par Pierre-Henri Tavoillot contre la « déconstruction » et l'idéologie « woke » qui en est la conséquence. Peut-être est-ce cela le point de redressement de la courbe… Pour en avoir parlé plusieurs fois avec lui à la fin de sa vie, je ne suis pas certain que Pierre Bourdieu, très attaché à l'autonomie intellectuelle de l'Université, aurait approuvé toutes les doctrines qui finissent par abolir la fonction principale de l'éducation derrière laquelle se dissimule l'effet de domination. En tout cas, il ne se passe pas de semaine que ne paraissent des travaux les plus savants d'un Marcel Gauchet, d'un Pierre-André Taguieff, d'une Bérénice Levet, jusqu'aux essais journalistiques de qualité d'une Anne Rosencher (*Un chagrin français*[1]), en passant par les politiques eux-mêmes (Manuel Valls, *Zemmour, l'antirépublicain*[2] ; Juliette Méadel, *Un impérieux besoin d'agir*[3]), qui témoignent d'une véritable renaissance de la pensée républicaine et universaliste. Tenez : si j'avais pu participer au colloque de Tavoillot sur la déconstruction, je serais venu avec à la main une revue à couverture orange, où j'écrivis jadis mes premiers articles aux côtés de mes compagnons de toujours, les Eugène Descamps et les Edmond Maire, les Pierre Mendès France et les Jacques Delors. C'était la revue de la minorité d'où est sortie un jour la CFDT : elle s'appelait *Reconstruction* !

P.S. : Par quelle inadvertance ai-je pu citer la semaine dernière la Géorgie parmi les pays « récupérés » par la Russie ? C'est au contraire à l'Abkhazie, petite région côtière sécessionniste de la Géorgie (guerre civile de 1992-1993) que je pensais. Mes excuses à mes lecteurs et au vaillant peuple géorgien.

---

1. Éditions de l'Observatoire, 2022.
2. Éditions de l'Observatoire, 2022.
3. Éditions de l'Observatoire, 2021.

44

Oui à l'union, non à Mélenchon

5 au 11 mai 2022

À gauche, l'unité n'est pas seulement une formule politique. C'est un totem, qui participe à la catégorie du sacré. Et même un tabou : elle est la préférée du peuple de gauche, même s'il est démontré qu'elle réunit moins de voix que la somme des candidats allant séparément à la bataille. Parce qu'elle est perçue comme l'incarnation du peuple lui-même. Dans sa majesté. Son infaillibilité. Son espérance. En dehors de toute considération platement politicienne. C'est la politique à son stade édénique, d'avant le péché originel.

Qu'il soit pourtant permis à l'observateur engagé de s'interroger. On peut être partisan de la victoire de la gauche sans souhaiter voir Jean-Luc Mélenchon « élu » comme il ne craint pas de dire, à Matignon. Pourquoi ?

Parce que, sur presque tous les problèmes qui font l'actualité et qu'aura à traiter le prochain Premier ministre, surtout dans l'hypothèse d'une cohabitation, je me sens en désaccord profond, presque existentiel, avec le remuant leader des Insoumis. Je compte avec lui au moins cinq sujets majeurs de désaccord. Ce sont par ordre de gravité croissante :

1. L'économique et le social. Rien que cela ! Sans être économiste, je suis convaincu que l'application brutale de l'ensemble des propositions du programme de Mélenchon nous conduirait à la catastrophe : la retraite à 60 ans, le Smic à 1 400 euros, le blocage des prix, l'augmentation des salaires. Et j'en passe. J'ai retenu des hommes qui nous ont aidés à forger une sensibilité politique, je pense à Pierre Mendès France, à Michel Rocard, à Pierre Mauroy, à Jacques Delors, qu'il y a quelque chose de pire que de ne rien faire pour les plus défavorisés : c'est de les payer de fausse monnaie, au risque d'aggraver une situation antérieure. L'inflation n'est pas seulement un problème pour le secteur productif tout entier. Elle est le fléau des revenus fixes, des retraites, des bas revenus, de toutes les personnes assistées.

Je suis convaincu en particulier que la retraite à 60 ans, alors que toute l'Europe est en train de s'aligner sur la tranche des 65 à 67 ans, est un non-sens, quitte bien entendu, comme l'a toujours préconisé la CFDT, à faire une exception pour les métiers les plus pénibles. En politique, le refus de compter signifie le mépris à l'égard de ceux qui comptent à l'euro près, dans leur vie quotidienne.

2. Le rejet du nucléaire, qui est une véritable aberration. La France est une puissance nucléaire, au civil comme au militaire, grâce à la profondeur de vues du général de Gaulle et à de grands serviteurs de l'État, comme Georges Besse, assassiné par des gauchistes imbéciles. La diabolisation du nucléaire, la plus propre, la plus décarbonée, la plus écologique des sources d'énergie, est le fait des écolos, en tout cas des plus décervelés d'entre eux. Dans la compétition internationale, dans la concurrence amicale avec les Allemands, le nucléaire est un des rares atouts majeurs de la France.

3. L'islamisme. Jean-Luc Mélenchon est dans ce domaine l'exemple consternant d'un républicain, d'un laïque devenu par démagogie et électoralisme le sixième pilier de l'islam ou plutôt de l'islamisme en France. Qu'il ait défilé avec le CCIF en est une manifestation incontestable. Il n'a jamais reconnu son erreur. Pire que cela : sous prétexte de créolisation, un concept creux, il accorde au cléricalisme islamique ce que la République n'a jamais concédé, avec raison, au cléricalisme catholique de naguère. Natacha Polony l'a très bien dit ici même la semaine dernière : « Une majorité de Français n'a pas envie d'être gouvernée par Taha Bouhafs, Éric Coquerel, Clémentine Autin ou Danièle Obono. » Moi non plus.

4. L'Europe. C'est un des points essentiels du désaccord. Des socialistes en peau de lapin comme Olivier Faure, se sont ralliés à l'idée mélenchonienne de désobéir à l'Europe ! Mais nous n'avons pas à désobéir à l'Europe ; nous avons à en prendre la tête ! Dans leur majorité, les Français savent que notre avenir, notre sécurité, notre prospérité, en un mot la paix, sont liés à notre appartenance européenne. L'isolationnisme de Mélenchon est le complément de son islamo-gauchisme et de son refus de la modernité. C'est un homme du passé qui confond la « France libre » de Charles de Gaulle avec la « France seule » de Charles Maurras.

5. L'Ukraine. Mettre Mélenchon au pouvoir, c'est rompre avec le sursaut et la détermination des grandes démocraties contre les agissements de plus en plus hitlériens de l'autocrate de Moscou. Le tropisme de Jean-Luc

Mélenchon, déjà ancien, vers les dictatures, pourvu qu'elles soient antiaméricaines, est pour un démocrate une chose inacceptable, un risque que l'on ne saurait courir. Il m'est arrivé de dire que l'antiaméricanisme est le socialisme des imbéciles. Mélenchon n'est pas un imbécile, loin de là, et il me semble que cela aggrave son cas. Dans ce contexte, sa proposition de quitter l'Otan, c'est tenir la balance égale entre l'agresseur et l'agressé. C'est totalement inacceptable.

Pour conclure, car j'y reviendrai, l'avenir de la gauche est en France, comme dans la quasi-totalité des pays d'Europe, lié à une renaissance et à une modernisation de la social-démocratie. Qu'est-ce que la social-démocratie ? C'est la seule forme de socialisme qui n'aboutit pas à élever une dictature impitoyable sur des monceaux de cadavres. C'est l'extension de la justice sociale, de toute l'égalité sociale compatible avec un niveau incompressible de liberté. Le mélenchonisme n'est ni l'avenir ni la justice, c'est une construction qui repose sur un homme et sur les branches pourries du mouvement social. Épargnons-nous ce retour en arrière.

SEPTIÈME PARTIE

POUR UNE RENAISSANCE FRANÇAISE

Il faudrait faire quelque chose pour sortir la France de l'état de crise larvée dans laquelle elle vit depuis le tumulte des Gilets jaunes jusqu'à celle des retraites. Mais quoi ? La dissolution de l'Assemblée nationale ne ferait qu'aggraver la situation, la nouvelle assemblée risquant d'être encore plus ingouvernable que la précédente. Quant à la démission du président de la République, elle n'est pas envisageable ni du reste voulue par l'intéressé.

La meilleure solution serait une version moderne des États généraux d'Ancien Régime, qui réunissaient les différentes classes de la société avec les principaux organes dirigeants de l'État, pour faire face à un problème majeur : le plus souvent le mauvais état des finances. Emmanuel Macron avait eu l'intuition du problème quand il avait lancé un Conseil national de la refondation, dont les initiales CNR rappelaient le Conseil national de la Résistance. Malheureusement, comme souvent chez Macron, c'est l'exécution qui laisse à désirer et son Conseil est mort-né. Il est allé rejoindre le troupeau des innombrables comités Théodule, qui encombrent les allées du pouvoir.

La véritable refondation devrait prendre à bras-le-corps les principales questions qui déterminent l'avenir de la France dans le long terme, à commencer par l'École. À laquelle il faudrait ajouter la ré-industrialisation, cette ardente obligation du moment.

Nous avons besoin d'une nouvelle vision patriotique, dépassant les options légitimes de la droite et de la gauche et appuyée sur un principat républicain. Sur fond de ciel d'orage, c'est à un nouveau pacte unissant la nation et la République que nous en appelons.

Qui aura l'audace de remettre la France en marche plutôt qu'à la retraite ?

45

Pour des États généraux

20 au 26 avril 2023

Parlons sérieusement, parce que la situation est sérieuse. Moins par son objet – les 64 ans – que par la façon dont les diverses parties prenantes ont tout fait pour l'aggraver. La quasi-totalité des pays européens ont reculé l'âge de la retraite jusqu'à 65 et même 67 ans sans provoquer la moindre crise sociale. De par la maladresse du président de la République et du gouvernement, et de leur refus des mécanismes de la démocratie sociale ; de par la politique du pire adoptée par les Insoumis ; de par l'existence de groupes radicaux qui ne rêvent qu'à la guéguerre civile ; et enfin de par la focalisation d'une grande partie de la population française, prête à dresser des barricades et à mettre le feu au pays pour avoir le droit de jouir de leur retraite le plus tôt possible : nous avons un sociodrame mais aussi un psychodrame qui risquent de tourner à la crise démocratique. Or les diverses manières institutionnelles de sortir de cette crise sont toutes impraticables : la dissolution du Parlement, parce que le président n'est pas assez fou pour s'infliger à lui-même une défaite historique ; le référendum, parce qu'il aboutirait au même résultat, et que la promulgation de la loi le rend sans objet ; la démission du président parce que devenant ipso facto non rééligible, il n'a nulle envie de mettre précocement fin à sa carrière, sur un échec de surcroît. Alors que faire ?

Beaucoup, venus des horizons politiques les plus divers, préconisent une réforme des institutions : abolition du régime présidentiel, ou plutôt semi-présidentiel dans lequel nous vivons depuis 1962, et qui nous a valu près de soixante ans de paix civile. C'est l'idée la plus stupide qui soit sortie d'un milieu politique à court d'imagination. Car derrière cette revendication (la Ve République dit-on chez les Insoumis), il y a tout bonnement le retour à un régime parlementaire d'Assemblée, celui de la IVe République. C'est-à-dire l'impuissance institutionnalisée. À quoi ils agitent, pour faire bonne mesure, le rétablissement du système proportionnel pour les élections législatives. C'est la garantie de la perpétuation de l'absence de majorité dont nous souffrons actuellement. La dernière fois, nous en sommes sortis par un saut à pieds joints dans l'inverse de ce que l'on vivait, c'est-à-dire par le recours au pouvoir charismatique du général de Gaulle. Hélas, cette fois-ci, il n'y a plus de général de Gaulle à l'horizon.

Il faut donc trouver autre chose. Cette autre chose, ce sont des États généraux. Sous l'Ancien Régime, les États généraux composés de trois ordres de l'État, le clergé, la noblesse, le tiers état, étaient réunis par le roi quand se présentait une politique difficile, voire insoluble, très souvent de nature financière, que l'on ne pouvait résoudre par les voies ordinaires. Les derniers de ces États généraux furent ouverts le 5 mai 1789 par le roi et son ministre Necker. Ils débouchèrent sur la Révolution.

Aujourd'hui, ce n'est pas de révolution que nous avons besoin, mais d'une remobilisation de la société tout entière sur des objectifs communs et partagés. Il y faut des hommes politiques ouverts au peuple et fermés à la démagogie, convaincus que la fuite en avant, la vie à crédit, les solutions de facilité débouchent non seulement sur l'impuissance de l'État, mais sur l'appauvrissement des plus nécessiteux. Un Pierre Mendès France ou un Michel Rocard à gauche, un Raymond Barre à droite étaient assez courageux pour porter un programme de salut public.

Hier les Gilets jaunes, c'est-à-dire les classes moyennes non salariées ; aujourd'hui l'ensemble des travailleurs et en priorité les fonctionnaires, les travailleurs du secteur public traduisent un même mécontentement, qui va bien au-delà du régime des retraites. Comme très souvent en France, ce n'est que dans le cours du mouvement social, et même plutôt lors de son dénouement, que l'on découvre pourquoi il a eu lieu et, au-delà de ses revendications exprimées, quelles en sont les motivations profondes et les solutions raisonnables. C'est pourquoi lundi soir, Laurent Berger, qui s'exprime comme le véritable ministre du travail, ou plutôt des travailleurs de ce pays, insistait tellement sur la méthode. À juste titre. Ces assises de la société française tout entière, rendues nécessaires par l'écart grandissant entre les milieux dirigeants et l'ensemble de la population, et réunissant outre le gouvernement, les syndicats ouvriers et patronaux, ne seront fécondes, de nature à apaiser les « meurtrissures » actuelles, que si elles restent maîtresses de leur ordre du jour, de leur fonctionnement et de l'application des réformes préconisées. Après tout, ce sont les manifestants eux-mêmes qui ont signifié par leurs mots d'ordre un élargissement du mouvement aux problèmes de la société tout entière. Travail, justice, progrès, ce cadre un peu vide tracé par Emmanuel Macron lundi soir, les acteurs sociaux sont parfaitement capables de lui donner un contenu véritable. Un grand mouvement social ne peut se solder que par une grande négociation : mai 36, c'est-à-dire les grandes grèves, débouche sur juin 36, c'est-à-dire les accords de Matignon. Beaucoup de choses dépendent désormais de l'aptitude d'Emmanuel Macron à renverser le cours déclinant de son quinquennat par une grande négociation sociale. Rien bien sûr n'est gagné, mais rien non plus n'est tout à fait perdu.

46

La République… Notre-Dame de France

6 mai 2019

Hasard ou fatalité ? Péripétie ou tournant majeur ? Quand un événement comme l'incendie de Notre-Dame de Paris prend d'un coup une telle place dans la vie de la nation, il n'est pas facile de lui assigner à chaud, si l'on peut dire, la signification qui lui revient dans le cours de l'Histoire.

D'un côté, les cathédrales sont des édifices si grandioses, si ambitieux, mais si fragiles qu'elles sont inévitablement exposées aux vicissitudes du temps, aux accidents les plus divers, de l'incendie comme à Laon (1112) ou à Nantes (1972), à l'imbécillité pure comme à Lavaur (Tarn) en février dernier, jusqu'au bombardement de guerre comme à Strasbourg (1870) et à Reims (1914), sans compter l'effondrement par excès de gigantisme comme à Beauvais en 1573.

De l'autre, l'embrasement de Notre-Dame de Paris le 15 avril dernier paraît venir en conclusion d'une séquence si désastreuse pour le catholicisme français, avec la révélation en cascade de multiples scandales sexuels, mettant en cause des clercs, la condamnation en première instance d'un cardinal français primat des Gaules par la justice séculière, et surtout l'écroulement de la pratique religieuse dans notre pays, que l'on est tenté de voir là symboliquement une sorte de bouquet final. En 2013 déjà, Hervé Le Bras et Emmanuel Todd dans *Le Mystère français*[1] parlaient d'un « catholicisme zombie », diagnostic confirmé par Guillaume Cuchet en 2018 dans un livre intitulé *Comment notre monde a cessé d'être chrétien*[2], tandis que Jérôme Fourquet dans sa magistrale synthèse, *L'Archipel français*[3], concluait, dans le même sens, à un « décrochage terminal ». Saoulé de coups venus de toutes parts et comme assommé par cet acharnement du sort, victime d'une sévérité sans merci dans les médias et dans la gauche, quand l'islam y bénéficie d'une inépuisable complaisance, le clergé français, par ailleurs dépourvu de personnalités fortes, paraît hors d'état de réagir, réduit à faire passer son humaine faiblesse pour de la mansuétude chrétienne.

Sur le premier point, je me contenterai de souhaiter que Notre-Dame, qui a déjà tant souffert, ne subisse pas en plus les outrages de cette calamité qui, à Paris tout au moins, prend la forme d'un oxymore : « l'art contemporain » partagé entre les horreurs à l'état pur du Centre Pompidou ou de l'Opéra Bastille et les banalités de la pyramide du Louvre ou de l'arche de la Défense. En attendant les consternantes tulipes de Jeff Koons, qu'Anne Hidalgo, maire de Paris, et Françoise Nyssen, alors ministre de la Culture, ont eu la

1. Seuil.
2. Seuil.
3. Seuil, 2019.

pusillanimité d'accepter, pour partie aux frais du contribuable. Comme l'a souligné Pierre Nora, il n'est pas sûr que nous ayons sous la main un nouveau Viollet-le-Duc. Prions donc pour que ce qui reste de Notre-Dame ne soit pas couronné par une flèche en Plexiglas.

La fin de l'union libre

Mais là n'est pas l'essentiel de notre propos. Tout au long de l'Ancien Régime jusqu'à la IIIe République incluse, l'Église et l'État ont formé un couple indissociable que ni la campagne anticléricale du tournant du XXe siècle ni la loi de séparation de 1905 n'étaient parvenues à détruire. Pourquoi ? Parce que s'ils se combattaient politiquement pour le contrôle des opinions, les deux protagonistes le faisaient, excepté dans le rapport à la transcendance, au nom de valeurs communes. « L'école sans Dieu » de la IIIe République n'était pas, loin de là, une école sans morale. Le plus souvent, l'instituteur et le curé ne se parlaient pas. Mais ils tenaient aux enfants les mêmes propos sous-tendus par une même anthropologie. L'Église et l'État vivaient clandestinement en état d'union libre.

Un premier décrochage eut lieu en 1884 avec la loi Naquet sur le divorce. Mais il fallut attendre 1975, avec la loi Veil sur l'interruption volontaire de grossesse, pour qu'une divergence majeure s'installe. C'est pourtant la loi Taubira sur le mariage pour tous (2013), en vérité beaucoup moins importante, qui la fit éclater au grand jour, avec la Manif pour tous, ce Mai 68 des catholiques français de droite (ceux de gauche paraissent avoir disparu...). C'est qu'entre-temps, dans cet espace de quarante années, les catholiques avaient découvert non seulement qu'ils étaient devenus minoritaires, mais que le lien invisible et pourtant essentiel qui les reliait à l'État avait été rompu. Paradoxalement, ce sont eux-mêmes qui constataient avec regret que le principe de laïcité, au départ dirigé contre eux, mais dont ils avaient fini par s'accommoder, avait été abandonné par une notable partie de la gauche, dès lors qu'il s'agissait de l'appliquer à l'islam et aux musulmans, au risque d'accréditer l'idée que la laïcité n'avait pas été conçue historiquement par les républicains comme un principe universel, mais comme un instrument de combat dirigé contre le seul catholicisme. Celui-ci n'était plus cette religion d'État qu'il était sous l'Ancien Régime, ni cette « religion de la majorité des Français » qu'avait proclamée le Concordat de 1801 ; il n'était même plus cet interlocuteur privilégié des autorités civiles ; il ne demeurait qu'à l'état de culte minoritaire au milieu d'autres, comme ceux des protestants, des juifs, des musulmans. « Les catholiques ont perdu leur droit d'aînesse culturelle[1] », déclare Jérôme Fourquet : c'est la double peine : déchus de leurs privilèges, mais traités plus durement que quiconque pour prix de ces derniers.

1. *Causeur*, avril 2019.

L'autre perdant

La perte de statut, de prestige, d'influence est considérable. Mais n'allons pas imaginer que l'Église soit la seule perdante dans cette affaire. L'État ne l'est pas moins, car il ne peut plus compter sur le catéchisme au moment où l'École, les familles, les partis, les syndicats sont également défaillants, pour dispenser cette morale civique sans laquelle il risque de se désagréger. Que reste-t-il en effet de l'État national quand les citoyens ne partagent plus entre eux que cet individualisme qui en est la négation ? Dans le passé, Rousseau, Robespierre, Benjamin Constant, Tocqueville ont estimé que la société ne peut subsister longtemps comme un ensemble cohérent sans religion, sauf à en secréter une, purement temporelle, purement horizontale, mais infiniment plus despotique. Tout le monde va à l'envi répétant la saisissante formule de Marcel Gauchet, suivant laquelle le christianisme est la religion de la sortie de la religion. Fort bien. Mais personne ne se hasarde à répondre à la question : « que se passe-t-il ensuite ? », pas même Gauchet dans sa grande étude sur la démocratie.

Longtemps, la lutte des classes entre la bourgeoisie et le prolétariat a joué à l'intérieur de la société le même rôle que le conflit entre l'État et l'Église : une confrontation qui tient lieu de lien social entre les protagonistes. Cette société n'est plus divisée, elle est morcelée, ce qui est beaucoup plus grave, constituant ce que Jérôme Fourquet appelle, dans le livre déjà cité, un « archipel », au lieu d'un massif unique avec son adret et son ubac. Des négociations rituelles qui ont significativement pris le nom du lieu où elles se sont déroulées, comme Matignon ou Grenelle, ou bien encore des institutions comme le Plan, justement décrit par le général de Gaulle comme une « ardente obligation », ont créé du lien social, ont « fait société », comme on dit aujourd'hui avec quelque nostalgie. En aucun cas la lutte des sexes et la lutte des races, l'une et l'autre importées de l'Amérique, ne sont capables de recréer de tels liens. Songeons, bien au contraire, que la lutte des minorités identitaires, portées à leur comble, parfois à celui du ridicule, dans les universités américaines, a eu pour contrepartie l'élection quasi mécanique de Donald Trump à la présidence, en attendant un vraisemblable deuxième mandat.

Tout cela au moment où l'afflux des migrants aboutit, au dire de François Hollande lui-même, à une virtuelle « partition de la France », tant les populations juxtaposées sur son territoire diffèrent par les origines, l'histoire, les mœurs, la religion. Une partie notable, peut-être majoritaire des élites, à gauche notamment, mais aussi chez Emmanuel Macron et dans la haute bourgeoisie, est déjà tacitement convertie ou résignée au communautarisme. La négation forcenée de l'histoire de France, chez certains historiens progressistes, qui s'est traduite par le renoncement de l'État à créer une maison de l'Histoire de France, ou par un ouvrage collectif comme *L'Histoire mondiale de la France*[1] sous la direction de Patrick Boucheron, en sont des signes irrécusables. Mondialiser l'histoire de France, sans référence à l'héritage

1. Seuil, 2017.

français lui-même, c'est, a dit Alain Finkielkraut ici même, le 26 février 2017 : « dissoudre ce qu'elle a de spécifique, son identité, son génie propre dans le grand bain de la mixité, de la diversité, de la mobilité et du métissage ». C'est passer sous silence, et par là même déconsidérer, tout ce qui fait son unité, c'est-à-dire son héritage historique. C'est implicitement instituer la lutte de chaque groupe contre tous les autres, avec l'État en arbitre impuissant, comme substitut de la lutte des classes, sans l'élément fédérateur que l'on a pour cette dernière, indiqué plus haut.

Il est significatif que le mouvement des Gilets jaunes, qui mêle un ressentiment social souvent justifié au déclassement culturel, soit en train de s'abîmer dans un abaissement moral auquel le mouvement ouvrier, même dans ses formes les plus radicales, n'a jamais succombé : la haine du riche exacerbée jusqu'à l'indignation dans le cas de la collecte de fonds pour Notre-Dame de Paris, l'immonde slogan « Suicidez-vous… » et j'en passe. Quand une représentante de l'UNEF, devenue le symbole dérisoire de cette dégradation collective, tweete rageusement « Je m'en fiche de Notre-Dame, je m'en fiche de l'histoire de France », il faut voir dans ce refus de l'histoire comme le germe des luttes intestines futures, que l'on avait crues révolues. Selon le mot si profond du philosophe américain Santayana : « Ceux qui ignorent leur histoire sont condamnés à la revivre. »

Les jeux ne sont pas faits

Le pire, qui est au premier abord le plus probable, n'est pas du tout sûr.

Il a fallu cette étrange conjoncture, qui a vu l'incendie de Notre-Dame combiné avec cet avachissement moral, pour que je comprenne toute la portée du mot de Péguy en ouverture à *Notre jeunesse* : « Le mouvement de dérépublicanisation de la France est profondément le même mouvement que le mouvement de sa déchristianisation. C'est ensemble un même, un seul mouvement de démystication. C'est du même mouvement que ce peuple ne croit plus à la République et qu'il ne croit plus à Dieu [...], on pourrait presque dire qu'il ne veut plus croire aux idoles et qu'il ne veut plus croire au vrai Dieu, [...] c'est proprement la stérilité moderne. »

Tout est-il pourtant joué ? Je ne le crois pas. Comme dit encore Péguy : « Je ne dis pas que c'est pour toujours. »

D'abord parce que le « décrochage terminal » de l'Église catholique ne me paraît pas aussi évident que cela. Il y a en effet une représentation du christianisme commune aux agnostiques, aux intégristes et aux sociologues qui le réduit à sa façade institutionnelle, c'est-à-dire à l'appareil externe, à l'exclusion de la foi. Les sociologues mesurent, c'est inévitable, l'importance d'une religion à ses manifestations extérieures. Dans le cas du catholicisme, au nombre des baptêmes, des mariages, à l'assistance à la messe. Or le rétrécissement numérique du christianisme, et spécialement du catholicisme, va aujourd'hui souvent de pair avec un approfondissement et une intériorisation de la foi. Peut-être fallait-il ce rétrécissement pour atteindre à cette intériorisation. Après tout Jésus-Christ n'est pas venu sur terre pour faire du chiffre, comme on dit dans la police et dans la gendarmerie, mais pour sauver l'humanité tout entière comme un seul homme. Dans un très intéressant dialogue, intitulé « Restauration », entre Michel Houellebecq et Geoffroy Lejeune, directeur de la rédaction de *Valeurs actuelles*, on est presque d'un bout à l'autre proche de cette vision néo-comtienne ou néo-maurrassienne d'un catholicisme sans le Christ, réduit à sa puissance extérieure, à l'inverse de ce que Jésus enseignait, c'est dire le renoncement à la puissance. Je laisse à chacun, et d'abord aux interlocuteurs eux-mêmes, le soin de décider ce qui là-dedans relève de la sociologie, de l'agnosticisme ou de l'intégrisme, peut-être des trois à la fois.

« Mon Père, j'ai perdu la foi, disait cette pénitente à son confesseur.

– Ma fille, vous n'avez pas perdu grand-chose », répondit celui-ci, en l'occurrence le père Ganne, grand jésuite de la mouvance lyonnaise du père de Lubac, dont j'ai jadis suivi l'enseignement.

La foi n'est pas une chose que l'on perd ou que l'on retrouve comme un trousseau de clefs ou un téléphone portable. Ou alors ce n'est pas la foi.

Pour un moment français

C'est sans doute dans cet état d'esprit paradoxal – mais le christianisme est tout entier un paradoxe – que Jean-Luc Marion parlait récemment d'un « moment catholique » dans la société française. Mieux : il annonçait que les catholiques étaient peut-être aujourd'hui les seuls à pouvoir « donner une communion à une communauté qui, sans eux, ne serait plus une et indivisible[1] ».

Que l'on me comprenne bien. Je n'entends nullement, ni de près ni de loin, identifier le devenir du christianisme et celui de la République dans le moment difficile qu'ils traversent l'un et l'autre. Car chacun, à sa manière, dépasse infiniment l'autre. À chacun ses affaires, c'est le fondement de la laïcité, cette sublime invention du Christ. Mais je prends acte que l'un et l'autre, dans ce mouvement d'« archipélisation » qui ne touche pas seulement les groupes sociaux, mais les idées et les valeurs elles-mêmes, se présentent comme les représentants de l'universel, c'est-à-dire de ce qui est tourné vers l'Un. Oui, le tronc commun au christianisme et à la République, c'est l'idée qu'il y a une identité et une unité du genre humain, et que donc ce qui unit les hommes est infiniment plus fort que ce qui les divise. Pas plus que les catholiques, les républicains en France ne sont morts.

Il faut donc que l'école, réduite à l'état de joujou pédagogique par l'arrogance des technocrates et la veulerie des

1. *Brève apologie pour un moment catholique*, Grasset, 2017.

politiques, avec les résultats désastreux que l'on connaît, redevienne une instruction publique et une institution morale. L'enjeu, c'est tout simplement la survie de la République. Jean-Michel Blanquer l'a compris, qui est justement, qu'il siège rue de Grenelle ou à Matignon, comme le disait récemment Vincent Trémolet de Villers ici même, le Premier ministre. C'est-à-dire le plus important.

En vérité, ce que l'on reproche donc aux hommes politiques de droite, de gauche et du centre, et qui prend la forme du « dégagisme », ce n'est pas leur ambition, mais au contraire leur absence d'ambition. Il faut faire de la reconstruction de Notre-Dame un grand acte d'unité nationale, chrétienne et républicaine, fondé sur les valeurs universelles qui se confondent avec l'âme de la France.

47

Réforme des retraites : vite, négociez !

6 mars 2023

Il est peu probable que la journée de grèves, de manifestations et de blocage prévue pour demain 7 mars suffira à sortir la France de l'imbroglio social dans lequel elle est plongée depuis des mois et même des années sur la question des retraites.

Tous perdants

La faute en incombe en premier chef au président de la République, Emmanuel Macron, qui sur ce sujet comme sur tant d'autres, donne l'impression de ne pas savoir ce qu'il veut. Si vous ne savez pas ce que vous voulez, dit l'adage, vous ne l'aurez sûrement pas. En 2019, il s'agissait surtout, lors de la précédente tentative avortée de réforme, de modifier les règles du système pour le rendre plus juste : c'était la réforme par points, dont l'idée venait de la CFDT. Abandonnée précipitamment à cause de l'opposition des autres syndicats, elle a fait place, après bien des tergiversations, à l'actuel projet, centré sur l'âge légal de départ, dans le but de sauver le système par répartition, menacé par l'accroissement continu du nombre des bénéficiaires, les retraités, et la diminution croissante de celui des cotisants, les salariés. Le projet a beau avoir en sa faveur les exemples étrangers, où un peu partout, on est passé de 65 à 67 ans, alors qu'il se propose plus modestement de passer de 62 à 64 ans, il se heurte dans l'esprit de la majorité des Français à l'idée que si l'on peut changer aussi facilement de priorité – de la justice sociale à l'assainissement financier –, cette priorité n'est pas une urgence. On y aura seulement gagné l'introduction, dans le langage courant, de l'opposition, un peu pédante, de la réforme systémique à la réforme paramétrique.

Mais si le président de la République apparaît d'ores et déjà comme le principal perdant de l'épisode en cours – et avec lui, sa Première ministre, Élisabeth Borne, et son ministre du Travail, Olivier Dussopt –, les partis d'opposition ne s'en tirent pas mieux, notamment les Insoumis avec à leur tête un Jean-Luc Mélenchon qui est apparu plusieurs fois hors sujet : le retour à l'âge de départ à 60 ans n'est pas réclamé par les plus radicaux des syndicalistes. Même position fâcheuse pour les socialistes, incapables de se distinguer des précédents à l'intérieur de la NUPES. Seul, pour le moment, le Rassemblement national de Marine Le Pen tire son épingle du jeu, en calquant sa position sur celle qui est majoritaire dans l'opinion : le rejet du projet gouvernemental, accompagné d'une sorte de résignation à l'idée que son adoption demeure inéluctable.

Autre victime, et non des moindres, de la partie de quilles à laquelle nous venons d'assister : le Parlement. Par la faute des Insoumis qui, pour faire peuple, ont transformé l'Hémicycle en un champ de bataille, où la hausse constante des invectives, le débraillé du langage associé à celui du vêtement sont allés de pair avec l'effondrement du niveau des débats. On a proprement jeté la maison par les fenêtres, et ceux qui spéculent sur cette affaire pour redorer le blason du Parlement, au détriment du présidentialisme, en seront pour leurs frais.

À l'exception des syndicats

Restent les syndicats, sur lesquels il faut s'attarder, car ils ont retrouvé une centralité sociale qu'ils avaient depuis longtemps perdue. Pour comprendre ce qui s'est passé, il faut rappeler deux événements essentiels dans leur histoire récente. Le premier, c'est qu'avec l'effondrement du Parti communiste, la première centrale française, la CGT, a perdu son correspondant politique, dont il avait jadis, depuis 1921, accepté d'être, conformément au schéma léniniste, « la courroie de transmission » dans le domaine des luttes sociales. Depuis longtemps, ce colosse à deux têtes n'était plus : la CGT ne pouvait accepter d'être, on le comprend facilement, le faciès social d'un modeste groupuscule. C'est pourquoi, elle a progressivement retrouvé l'inspiration de la charte d'Amiens (1906), texte fondamental proclamant l'indépendance du syndicat par rapport au parti, et même sa primauté. Du coup, l'unité d'action avec les autres organisations est devenue plus facile : avec Force ouvrière, qui, justement, s'était séparée de la CGT en 1948 sur la question de l'indépendance ; avec la CFDT, qui n'avait cessé de s'en réclamer. On ne comprendrait rien à ce qui se passe dans le mouvement actuel – une unité d'action facile à réaliser et à maintenir – sans le rappel de ce précédent historique. Philippe Martinez, avec ses belles bacchantes anarchosyndicalistes, s'est mis à plus ressembler à Victor Griffuelhes, le leader de la CGT d'avant la Première Guerre mondiale, qu'à Benoît Frachon, militant communiste autant que dirigeant syndical. Et lorsque Jean-Luc Mélenchon ironise sur la charte d'Amiens, se prend de bec avec Martinez, et, pis que cela, essaie en vain de doubler les syndicats avec sa journée ratée du 21 janvier, destinée à leur damer le pion, on voit qu'il n'a rien compris au film, et qu'il est temps pour lui de passer de la dure bataille pour les retraites à l'heureuse condition de retraité.

La longue marche de la CFDT

L'autre événement, qui n'est pas sans rapport avec le précédent, c'est l'accession en 2017 de la CFDT à la première place dans les organisations syndicales, chipant sa suprématie à la CGT. La presse, qui a tendance à simplifier les choses au risque de les déformer, parle volontiers du passage d'un syndicalisme révolutionnaire à un syndicalisme réformiste. Mais dès lors qu'il n'y a plus de révolution, ni promise ni prévisible, au couple révolutionnaire/réformiste se substitue le couple conservateur/réformateur. L'accession de la CFDT à la première place est l'aboutissement d'un long parcours historique, depuis les origines démocrates-chrétiennes jusqu'à la prise en compte de toutes les aspirations du mouvement ouvrier français depuis les origines.

Ajoutons que le surgissement au premier plan de l'actualité de Laurent Berger, le secrétaire général de la CFDT, au point de faire de lui l'homme pivot de la situation sociale actuelle, au carrefour de la résistance au projet gouvernemental et du besoin de dépasser la crispation de la question des 64 ans, n'est pas le fruit du hasard : à ses qualités personnelles, qui sont grandes, s'ajoute la consécration d'une longue marche, commencée par la revue *Reconstruction* de Paul Vignaux[1] : celle qui insistait sur la formation intellectuelle des militants et des dirigeants, illustrée par des figures comme celle d'Edmond Maire, de Nicole Notat, de François Chérèque et de Gilbert Declercq, héritiers de l'idéal défini jadis par Fernand Pelloutier, le fondateur des bourses du travail, celui d'« hommes fiers et libres » et d'« amants passionnés de la culture de soi-même ».

C'est pourquoi, à tous ceux qui, légitimement navrés de la médiocrité intellectuelle et morale du personnel politique actuel de la gauche, voudraient voir en Laurent Berger un recours et – pourquoi pas ? – un candidat possible à la présidence de la République, je souhaite bien du plaisir.

Nous en sommes là.

Retrouver la maîtrise du travail

La question n'est pas ou pas seulement de savoir qui, du gouvernement ou des syndicats, l'emportera sur la question

1. Ce directeur d'études à l'École pratique des hautes études, spécialiste de la mystique médiévale et secrétaire général du Syndicat général de l'Éducation nationale (SGEN), est l'un des pères, trop oublié, de la CFDT actuelle.

des 64 ans, c'est de sortir de cette crise multidimensionnelle par le haut, en tâchant de commencer à répondre, au-delà de son objet explicite, à son enjeu implicite. La question posée par le confinement de la période précédente ne fait qu'une avec la bataille des retraites : cette question c'est celle de la place du travail dans notre société. Dans le grand entretien qu'il a donné à *Philosophie Magazine* (10 février 2023), Laurent Berger s'est inscrit en faux contre l'idée, complaisamment colportée, d'une désaffection des travailleurs français à l'égard de leur travail. Bien au contraire. À son avis, l'implication des travailleurs français est même supérieure à ce qu'elle est dans les pays voisins. Mais une enquête menée par la CFDT avant la pandémie auprès de 150 000 personnes, atteste qu'en dépit d'un attachement très fort des salariés à ce travail dont on est fier, « on a de plus en plus le sentiment qu'il nous échappe, qu'on n'a pas de prise sur lui, qu'on n'en est pas maître ». Nous voilà loin, on s'en serait douté, de l'inévitable Sandrine Rousseau annulant, d'une phrase péremptoire, deux siècles d'histoire du mouvement ouvrier, de Proudhon à Marx, de la Commune de Paris aux grèves du Front populaire de 1936, pour prétendre que la valeur travail est de droite. C'est priver les travailleurs de leur dignité. En revanche, souligne Laurent Berger, deux pierres d'achoppement se sont fait jour au long des années : la pénibilité, qui est un insupportable paradoxe à l'ère du machinisme, puis de l'informatique, et de l'insertion du travail dans la vie quotidienne des travailleurs, et la maîtrise de ce travail, dans la continuité des luttes historiques du prolétariat.

Revenons un instant à la charte d'Amiens. Loin d'être, sous couvert d'indépendance, une restriction des ambitions du mouvement ouvrier, elle en est au contraire la réaffirmation et l'élargissement. Que dit-elle ? Que le congrès confédéral d'Amiens confirme l'article 2, constitutif de la CGT, fondée en 1895 à Limoges : « La CGT groupe, en dehors de toute école politique, tous les travailleurs conscients de la lutte à mener pour la disparition du salariat et du patronat. »

Pas moins ! « Les travailleurs conscients »… La disparition du salariat et du prolétariat ! Mais non du travail ! La liberté dans le travail et par le travail, voilà ce qui n'a cessé d'être l'objectif fondamental du mouvement ouvrier et syndical. Cet idéal de liberté et d'autoréalisation, on le retrouve au moment du Front populaire et plus encore en 1968, avec le mot d'ordre d'autogestion, issu des rangs de la CFDT. On aurait pu croire que, depuis, ces aspirations ont disparu, emportées par l'effondrement du socialisme autoritaire à travers le monde, au profit de dictatures pures et simples, façon Poutine ou Xi Jinping. Il n'en est rien. À travers tous les avatars de la vie économique et sociale, et sous des formes moins romantiques que dans le passé, c'est l'idéal d'autonomie qui continue de revenir inlassablement[1].

Bien mieux, ce qui n'était jadis que l'idéal lointain du mouvement ouvrier, subordonné à la modification du contexte politique, autrement dit à la révolution, est devenu une exigence du travail moderne que le capitalisme lui-même, soucieux d'efficacité, ne devrait plus craindre de reconnaître et de promouvoir. C'est devenu une évidence,

1. Je me permets, pour de plus amples développements, de renvoyer à mon livre : *Autonomie ouvrière, étude sur le syndicalisme d'action directe*, Gallimard/Seuil, 1968.

mais il n'est pas toujours facile, comme dit Péguy, de voir ce que l'on voit. Or, dans ce domaine, le syndicalisme, plus proche de ce que Laurent Berger appelle le vécu partagé du travail, a une longueur d'avance sur le monde politique en général et sur les partis de gauche, quelles que soient leurs orientations idéologiques, en particulier. En un mot, les travailleurs aspirent à plus de liberté, plus d'initiative dans leur travail, et c'est l'intérêt du patronat de le leur permettre. Et le secrétaire général de la CFDT de définir en quatre étapes les tâches d'un syndicalisme réformateur :

– Porter un regard critique sur la société et le monde du travail ;

– Faire des propositions concrètes pour améliorer la vie des travailleurs tout en gardant à l'esprit l'intérêt général ;

– Négocier en vue de compromis ;

– En cas d'échec, en venir à la mobilisation pour modifier le rapport de force en faveur des travailleurs.

On ne saurait mieux dire ni mieux faire.

Redéfinir les grandes lignes du pacte social

Et maintenant, qu'il me soit permis, en guise de conclusion, d'adresser cette modeste, mais insistante requête auprès des parties en présence, avant que la victoire décisive de l'un ou de l'autre ne suscite des ressentiments durables, gravement préjudiciables à l'intérêt de tous. Cette requête tient en un mot : négociez ! Mais négociez vite ! Il est tout de même étonnant, s'agissant du président de la République, alors que depuis le début du conflit ukrainien il ne cesse de dire ou de suggérer qu'à la fin des fins il faudra bien négocier, quand bien même l'une des parties en présence est incarnée par un criminel de guerre avéré, qu'il n'ait pas trouvé le moyen d'ouvrir plus tôt une négociation sérieuse avec les syndicats français représentatifs et soutenus par la majorité de la population. Quant à ces derniers, je remarque que, s'ils sont radicalement opposés à la prolongation à 64 ans de l'âge légal de départ à la retraite tenu pour injuste, ils n'ont pas, pour la plupart, fermé la porte à d'autres moyens d'assurer l'équilibre du système, en jouant par exemple sur le nombre de trimestres de cotisations, dans la ligne du précédent Marisol Touraine.

J'irai même plus loin : l'occasion est bonne, mais le temps presse, pour redéfinir les grandes lignes du pacte social nécessaire au redressement du pays plutôt que de songer, comme on en prête l'intention au président de la République, de modifier les institutions politiques qui n'en ont guère besoin. Il est temps pour la France d'arrêter le déclin dans lequel elle paraît aujourd'hui inéluctablement engagée. Quoi ! Les urgences écologiques, climatiques, mais aussi la brusque tension des relations internationales nous invitent à remettre la France en état de marche pour être à la hauteur du défi, et il n'y aurait personne pour instituer cette nouvelle République sociale qui en est la condition ? Et si Emmanuel Macron, dans les trois ans qui lui restent, se décidait à devenir, dans le domaine social ce qu'a été dans le domaine politique le général de Gaulle à l'aube d'un décennat de la renaissance (1959-1969) ? C'est tout le mal que je lui souhaite et à la France avec lui.

48

Pour l'école, contre le fanatisme

22 octobre 2021

Au lieu d'entonner mécaniquement des couplets convenus, genre le « fascisme ne passera pas », « les heures les plus noires de notre Histoire », « un racisme nauséabond » et autres classiques de la langue de bois, on ferait mieux d'essayer de comprendre comment Éric Zemmour a brusquement surgi dans notre firmament politique à la manière d'un météore, et surtout d'examiner les raisons de son succès. Car enfin une extrême droite donnée à un moment par les sondages à 34 % des intentions de vote n'est pas, au sens topologique du terme, une extrême droite, c'est le tiers du corps électoral, et cela mérite réflexion.

– Tu devrais bien relire *Soumission* de Michel Houellebecq, me glisse une amie. Tu verras que tout cela n'est pas si neuf que cela en a l'air.

Parue, par une saisissante coïncidence, en même temps que l'attentat terroriste contre *Charlie Hebdo* (7 janvier 2015), cette « fable politique et morale », qui est censée se passer en 2022, décrit comment la gauche socialiste face au danger d'une extrême droite parvenue à plus de 30 % des voix finit par favoriser l'élection de Mohammed Ben Abbes, candidat de la Fraternité musulmane (modérée) à la présidence de la République.

Mis à part l'effondrement, aussi brutal que massif, du Parti socialiste, que même un esprit aussi intuitif que Michel Houellebecq était incapable de prévoir, toute cette fiction comporte des accents criants d'actualité.

Or voici le plus significatif pour notre propos : afin d'amadouer ses partenaires, le très habile Ben Abbes leur a abandonné tous les postes régaliens, de l'Intérieur aux Affaires étrangères, et bien d'autres. Il n'en est qu'un pour lequel il n'a pas cédé : l'Éducation nationale ! L'Éducation reviendra donc à la Fraternité musulmane. C'est ainsi que Paris III, à l'intérieur de l'université islamique de Paris-Sorbonne, largement subventionnée par l'Arabie saoudite, échoit à un compagnon de route, Robert Rediger, une sorte d'Edwy Plenel académique. Bien entendu, conformément à son modérantisme, le nouveau pouvoir a laissé subsister, à côté de l'université islamisée, des tronçons d'universités laïques et républicaines à l'ancienne. Mais là n'est plus le pouvoir intellectuel. Moralité : le héros du conte, appâté par le cadeau de la mise en Pléiade de Joris-Karl Huysmans, dont il est le spécialiste, finit, pour continuer d'exister, par se convertir à l'islam. Et cette démarche sera celle de toute la société qui progressivement, insensiblement, à travers le costume, l'alimentation, les rapports hommes-femmes et toute la petite monnaie du quotidien s'oriente vers une façon musulmane d'appréhender l'existence.

Pourquoi cet apologue à l'intérieur de l'apologue ? Parce que, la lecture de Houellebecq aidant, j'ai compris que l'explosion de Zemmour à la face de tous nos politiques, y compris Marine Le Pen, était, aux yeux de ses nouveaux convertis, l'illustration de ce combat de civilisation opposant l'Islam à l'Occident sous nos yeux insouciants. Ce ne sont pas ses seules prises de position en matière d'immigration qui expliquent la percée fulgurante de Zemmour. Aujourd'hui Xavier Bertrand, Valérie Pécresse et Michel Barnier proposent des mesures presque aussi radicales que celui-ci en la matière. En vérité, les étrangers ou les immigrés ne constituent pas en France le problème majeur : il n'est que de voir les éclatants succès, notamment à l'École et à l'Université, des Asiatiques, Vietnamiens ou autres, et leur intégration réussie à la société française. Mais à la différence des politiques, qui préfèrent regarder ailleurs, une majorité de Français pense que l'islamisme est un danger gravissime pour leur civilisation, ou pour le dire de façon moins pompeuse, leur manière de vivre.

Voilà pourquoi l'École, de la maternelle à l'Université, est par excellence le lieu de l'affrontement. Voilà pourquoi un microproblème – des femmes voilées peuvent-elles accompagner les sorties scolaires ? – prend soudain une importance majeure. Voilà pourquoi la figure de Samuel Paty, symbole de l'École française, de la laïcité, et finalement de la République, s'impose comme le martyr d'une cause qu'on ne veut pas reconnaître. S'il y avait eu il y a un an, au lendemain de l'abominable assassinat, des syndicats enseignants dignes de ce nom, on aurait vu s'affirmer en France une grève générale des profs et des instits, suivie et approuvée par tous les républicains. Voilà la vérité : aujourd'hui, dans la France de 2021, la parole enseignante a cessé d'être libre, et c'est une honte. Comme dans le conte de Michel Houellebecq, c'est l'École qui est au centre du débat. L'humanisme français, qu'il était encore naguère de bon ton de moquer ou de déconstruire, cet humanisme universaliste, fruit, au terme d'un long affrontement, de la culture chrétienne et des Lumières, est aujourd'hui menacé par le communautarisme et par l'intolérance.

Le succès d'Éric Zemmour vient de ce qu'il est le seul à exprimer ici ce qu'une majorité de Français, qui ne sont pas tous de droite, ressent. L'antifascisme des bonnes âmes est ici hors de propos, aussi imbécile, aussi baroque que le néopétainisme de Zemmour lui-même. Alors, cessez de prendre les Français pour des imbéciles. Défendez les profs sans esprit de recul. Défendez l'École, refaites-nous l'École de la République et de la liberté de pensée, et alors vous verrez que le fascisme ne passera pas.

49

Éloge de la dictée

19 février 2023

C'est mon côté réac, et joyeusement assumé encore. Je veux féliciter sans réserve le ministre de l'Éducation nationale, Pap Ndiaye, pour avoir rétabli par circulaire, suivant en cela les orientations de son prédécesseur Jean-Michel Blanquer, l'exercice de la dictée quotidienne dans les classes de CM1 et de CM2 de nos écoles. Et cela au grand dam de ces crétins prétentieux et malfaisants qui se nomment pédagogues, ceux-là même qui, depuis deux à trois décennies, organisent en toute impunité l'effondrement de cette école, notamment dans le domaine essentiel de la langue. Oui, au pays de Voltaire et de Rivarol, de Hugo et de Camus, ce trésor national qu'est la langue française est menacé de grand remplacement au profit d'une sorte de novlangue relevant de l'écriture phonétique, et tout juste bonne à rédiger les notices des produits pharmaceutiques et des appareils numériques. Il faut bien comprendre que dans le monde d'aujourd'hui, la question de l'orthographe n'est pas seulement affaire de fidélité aux origines et de conformité à l'usage, c'est une question de moralité publique et la condition de ce fameux vivre-ensemble dont on nous rebat les oreilles, tout en le rendant chaque jour plus difficile. Viendra le jour où les Français ne s'entendront plus parce qu'ils ne se comprendront pas.

La dictée, donc.

C'est d'abord un exercice d'attention dans un monde tout entier organisé pour favoriser la distraction. L'attention, au dire de Malebranche, est une « prière naturelle que l'esprit adresse à la vérité pour qu'elle nous éclaire ». Rien n'est plus important ni plus difficile, tous les enseignants vous le diront, que d'obtenir des élèves d'aujourd'hui l'attention sans laquelle tout progrès est impossible. Y parviennent-ils que la compréhension et l'assimilation en sont beaucoup facilitées. Et si le maître est un bon metteur en scène, l'attention à la fois individuelle et collective que suscite la dictée en classe va bien au-delà de la recherche de la correction orthographique et grammaticale. Elle permet l'acquisition du vocabulaire. C'est un point essentiel, notamment pour tous les jeunes qui n'ont pas le français pour langue maternelle, et qui ne l'entendent pas parler à la maison. À moins de participer de ce masochisme woke qui voit dans toute espèce d'assimilation linguistique une forme de génocide culturel, il faut s'appuyer sur l'école, c'est-à-dire sur l'apprentissage, pour faire des habitants de la France une nation et non un agrégat inconstitué de peuples désunis. Et quelle meilleure forme d'intégration que l'acquisition en commun d'un nouveau vocabulaire chez tous les enfants d'une même classe d'âge ? Nous avons vu récemment s'élever un tollé parce que, dans une dictée de baccalauréat, figurait le mot « ludique » ! Au train où vont les choses, ce seront bientôt les neuf dixièmes des mots de notre langue qui tomberont en désuétude. Ils seront remplacés par leur équivalent en anglais d'aéroport, ou pis que cela, ne seront pas remplacés du tout. Au terme du processus, un appauvrissement continu de la pensée et des sentiments, faute, chez la plupart, de mots pour les exprimer. Le bannissement de la dictée allait de pair, dans la pédagogie « moderne » avec celui du « par cœur », c'est-à-dire de la mémorisation d'un vocabulaire nouveau. « La mémoire est nécessaire à toutes les opérations de la raison », dit Pascal, qui pourtant ne passe pas pour un esprit répétitif et routinier.

C'est dire qu'il y a dictée et dictée. Les pédagogues – encore eux, décidément ! – préconisaient, pour les rares dictées dont ils toléraient le maintien, d'aller en choisir le texte parmi les écrits de la vie courante, genre bulletins municipaux, publicités, etc. Il s'agissait, paraît-il, de ne pas trop dépayser les jeunes esprits. Mais il faut au contraire dépayser les jeunes esprits, ils ne demandent du reste que cela ! La dictée, l'apprentissage par cœur des textes grandioses de notre patrimoine national sont un moyen de maintenir le lien entre le passé et le présent, les élites et le peuple, le quotidien et l'exceptionnel, le beau et le prosaïque, la littérature d'hier avec celle d'aujourd'hui. C'est par la dictée que Voltaire, Maupassant, Colette et tant d'autres resteront présents dans la mémoire nationale, celle du plus grand nombre. Je relisais l'autre jour un recueil de Lamartine, quand je tombai par hasard sur le sublime deuxième mouvement de la *La vigne et la maison*, assurément l'un des plus beaux morceaux du plus musical de nos poètes, trop négligé aujourd'hui :

Efface ce séjour, ô Dieu ! de ma paupière
Ou rends-le-moi semblable à celui d'autrefois,
Quand la maison vibrait comme un grand cœur de pierre
De tous les cœurs joyeux qui battaient sous ses toits.

Je m'aperçus alors que je pouvais continuer à dire le texte sans l'aide du livre, parce que je l'avais connu comme dictée, puis comme « récitation », il y a de cela bien longtemps au collège de Nantua, au milieu de mes camarades, fils de paysans, d'artisans et de petits commerçants des alentours…

Décidément, il n'y a que les cuistres pour penser que la dictée n'est qu'un banal exercice d'orthographe, l'orthographe, l'une des plus vaines exigences de notre enseignement et le « par cœur », une pratique devenue inutile de la vie de l'esprit. Erreur. Triple erreur !

La dictée n'est rien moins qu'une institution de base de notre République.

50

Pascal contre le monde moderne

6 février 2023

Tout juste quatre siècles après sa naissance à Clermont-Ferrand, le 19 juin 1623, il est toujours aussi malaisé, aussi intimidant, de parler de « cet effrayant génie » (Chateaubriand) que fut Blaise Pascal, tout à la fois mathématicien, physicien et philosophe. Et, au passage, l'un des plus grands écrivains français. Devant semblable difficulté, on croit pouvoir en général se tirer d'affaire en vantant la modernité du personnage. En un mot, en le ramenant paresseusement à ce qu'il n'est pas. J'essaierai donc de ne pas tomber dans cette facilité et de ne pas faire de Pascal un moderne contre son gré. Pascal n'est « moderne » en aucune manière. C'est même, à mes yeux, ce qui fait son actualité. Et d'abord pour son sens aigu du tragique de la condition humaine. La modernité fait tout pour nous le faire oublier. Pascal, justement, a donné un nom à cette fuite hors de nous-mêmes, c'est ce qu'il appelle le divertissement. Le jeu, la chasse, le train du monde, l'amour lui-même, autant de façons de tenter d'échapper, fût-ce quelques instants, à notre destinée.

Conscience du tragique

Je n'ai jamais pu lire sans un frémissement cette pensée classée de façon significative dans la liasse « Commencement » et qui laisse en général les commentateurs sans voix : « Le dernier acte est sanglant, quelque belle que soit la comédie en tout le reste. On jette enfin de la terre sur la tête et en voilà pour jamais. » (Nous citons *Les Pensées* selon le classement et la numérotation de Michel Le Guern pour l'édition de La Pléiade.) Impossible de faire plus court et plus violent. La réduction de la vie humaine à une pièce de théâtre se trouve déjà dans Montaigne et dans Charron, que Pascal a lus et médités. Mais « la terre sur la tête » en lieu et place du cercueil ou du cérémonial de l'enterrement est de lui. Quant à la clausule finale, « en voilà pour jamais », il faut la lire en oubliant ce que nous savons d'autre part : que cette misère de l'homme sans Dieu n'est pas le dernier mot de notre condition, et qu'elle débouche, si nous le voulons, sur sa félicité avec Dieu. Car je crois bien que, dans la dialectique pascalienne, à la différence de celle de Hegel, il n'y a pas de synthèse. Ou plutôt que la synthèse laisse subsister dans le vécu les termes de la contradiction, que la certitude du salut n'abolit pas la douleur du vécu, comme dans la Passion du Christ, chez qui la conscience de sa divinité n'empêche pas la douleur existentielle réelle, et même la désespérance passagère de la créature. Ici comme ailleurs, point de docétisme, cette hérésie des premiers temps de l'Église, qui nie la réalité de l'Incarnation et qui fait de la figure de Jésus une simple apparence d'humanité.

Scandale du péché originel

De la conscience vécue du tragique, il n'y a qu'un pas qui nous sépare de son fondement, à savoir le péché originel. Ici, pas plus de symbolisme qu'il n'y avait plus haut de docétisme. De tout le corps de la doctrine chrétienne, il n'est rien qui ne répugne autant à l'esprit contemporain que l'idée de ce péché que l'on n'a pas effectivement commis soi-même et dont chacun est tenu pour responsable.

« Certainement, rien ne nous heurte plus rudement que cette doctrine, et cependant sans ce mystère, le plus incompréhensible de tous, nous sommes incompréhensibles à nous-mêmes. Le nœud de cette condition prend ses replis et ses tours dans cet abîme. De sorte que l'homme est plus inconcevable sans ce mystère que ce mystère n'est inconcevable à l'homme. » (122)

La preuve du péché originel, c'est le mystère que l'homme est à lui-même, cet être incompréhensible parce que « l'homme passe infiniment l'homme » et qu'il a besoin des secours de la révélation divine pour sinon se comprendre, du moins comprendre ses « contrariétés », c'est-à-dire ses contradictions : « Quelle nouveauté, quel monstre, quel chaos, quel sujet de contradiction, quel prodige ! Juge de toutes choses, imbécile ver de terre, dépositaire du vrai, cloaque d'incertitude et d'erreur, gloire et rebut de l'univers. » (*Ibid.*) Nous y voilà. Pascal ne nie pas que la doctrine du péché originel ne soit un scandale, voire une absurdité : seulement il nous met au défi de comprendre l'homme sans elle, notamment le mal qu'il découvre dans sa nature. Son anthropologie est résolument pessimiste. Si le moi est haïssable, c'est pour deux raisons :

« Il est injuste en soi en ce qu'il se fait le centre de tout ; il est incommode aux autres en ce qu'il veut les asservir, car chaque moi est l'ennemi et voudrait être le tyran de tous les autres. » (509)

Du coup, voilà Pascal – ou plutôt l'anthropologie chrétienne – réconcilié avec l'expérience commune : la bonté naturelle de l'homme, telle que la défendra sottement Rousseau au siècle suivant est en contradiction avec tout ce que nous enseigne la vie courante, tandis que le pessimisme de Pascal est confirmé par tout ce que nous savons et expérimentons de la vie de l'homme en société, notamment de la politique.

Contradiction de Pascal

Il faut donc se convertir. Le problème, c'est qu'on est confronté tout au long des *Pensées* à deux voies distinctes et même incompatibles vers la conversion. La première est rationnelle et fait exclusivement appel à l'intellect. C'est le fameux pari, destiné aux libertins, fondé sur l'intérêt bien compris du joueur. Les logiciens et les mathématiciens ont longtemps glosé sur le bien-fondé du raisonnement. Mais là n'est pas la question. Dans le meilleur cas, le pari aboutit à fonder l'existence d'un dieu impersonnel, une entité dont on ne peut rien dire et qu'on ne peut aimer. Le pari débouche sur le déisme, au mieux le théisme, en aucun cas sur la religion du Christ. Or dans maints fragments, le même Pascal est impitoyable à l'égard d'une religion purement rationaliste.

« Et c'est pourquoi je n'entreprendrai pas ici de prouver par des raisons naturelles, ou l'existence de Dieu, ou la Trinité, ou l'immortalité de l'âme, ni aucune des choses de cette nature, non seulement parce que je ne me sentirais pas assez fort pour trouver dans la nature de quoi convaincre des athées endurcis, mais encore parce que cette connaissance, sans Jésus-Christ, est inutile et stérile. » (419)

Tiens, donc ! Dans la même pensée, Pascal note que la religion chrétienne abhorre presque également l'athéisme et le déisme. Et il est de la dernière sévérité, comme le sera plus tard Simone Weil, qui voit même dans le pari pascalien de l'opportunisme théologique à l'égard du déisme rationaliste. « Nous ne connaissons Dieu que par Jésus-Christ. Sans ce Médiateur est ôtée toute communication avec Dieu ; par Jésus-Christ nous connaissons Dieu. Tous ceux qui ont prétendu connaître Dieu et le prouver sans Jésus-Christ n'avaient que des preuves impuissantes. Mais, pour prouver Jésus-Christ, nous avons les prophéties qui sont des preuves solides et palpables. » (178) Est-ce bien le même homme qui écrit le pari (« Si vous gagnez, vous gagnez tout, et si vous perdez, vous ne perdez rien », 397) et *Le Mystère de Jésus* (« Je pensais à toi dans mon agonie, j'ai versé telles gouttes de sang pour toi », 713) ?

Il faut se rendre à l'évidence, il y a bel et bien deux voies différentes dans l'accès au surnaturel, l'une est celle de l'esprit, c'est-à-dire de la raison pure ; l'autre est celle du cœur, c'est-à-dire, au sens de Pascal, de l'intuition. Comment les articuler ? Il n'est pas certain qu'elles s'adressent à des hommes différents, ni même qu'il s'agisse chez chacun de deux étapes successives de la connaissance de Dieu. Pas certain non plus que le chrétien abolisse totalement en lui, une fois la conversion acquise, le libertin qui sans cesse réclame sa part. Sans doute Pascal est-il chrétien, ou même mieux : christique, et le but de l'Apologie – à laquelle la totalité des pensées n'était pas destinée – est de nous y convertir, mais en l'homme chacun de nous participe, séparément et indissolublement, à chacun des trois ordres distingués par Pascal et qui fondent son anthropologie : l'ordre de la chair, celui de l'esprit, celui de la charité.

Alliance impie de la modernité

Mais, là encore, comment les articuler ? C'est toute la question du monde moderne qui est ainsi posée, comme le montre Pierre Manent, dans un livre aussi dense que pénétrant, *Pascal et la proposition chrétienne*[1]. Pour lui, c'est Descartes qui a fondé ce monde en nouant « l'alliance impie » entre l'ordre de l'esprit et celui de la chair, en mettant le premier au service du second. Entendez qu'il a mis la science, et sa fille la technique, au service de la « concupiscence », c'est-à-dire, au sens de Pascal, l'ordre de l'écono-

1. Grasset, 2022.

mie, des besoins et des désirs humains. C'est ainsi qu'en Occident le désir illimité de connaissance s'est fondu avec le désir illimité de jouissance, en une passion unique qui a son existence propre, et a rejeté hors de son dessein l'ordre de la charité.

Cette séparation radicale entre les ordres de la chair et de l'esprit d'une part, et celui de la charité de l'autre, a une conséquence inattendue, le relativisme de Pascal en ce qui concerne les choses de ce monde, notamment la politique. On serait tenté de parler ici de laïcité par défaut. Puisque l'ordre de la chair est dominé par les rapports de force, parce qu'il a pour lui l'évidence, alors que celui de la chair repose sur des jugements de valeur sur lesquels il n'est pas possible que les hommes tombent d'accord, alors il faut en user de façon empirique, renoncer à y faire régner la justice absolue. D'où le célèbre fragment, qui est dans l'ordre politique l'œuvre d'un conservateur éclairé et sceptique : « Sans doute l'égalité des biens est juste, mais ne pouvant faire qu'il soit force d'obéir à la justice, on a fait qu'il soit juste d'obéir à la force, ne pouvant fortifier la justice, on a justifié la force, afin que le juste et le fort fussent ensemble, et que la paix fût qui est le souverain bien. » (76)

Si je ne craignais pas d'user d'une terminologie trop marquée par cet univers subalterne qui est celui de la politique, je me hasarderais à dire que Pascal est un homme de gauche qui renonce à imposer ses valeurs, à cause des violences qui sont nécessaires pour y parvenir. À plusieurs reprises, c'est ce qu'il indique discrètement. Ainsi dans le passage que l'on vient de citer : « Sans doute l'égalité des biens est juste. » Dans la thèse, Pascal est « socialiste », dans l'hypothèse, il est conservateur. C'est en revanche pour des raisons pratiques qu'il inclinerait vers la démocratie : « La pluralité est la meilleure voie parce qu'elle est visible et qu'elle a la force pour se faire obéir. Cependant, c'est l'avis des moins habiles. » (78) C'est parce que la paix est le souverain bien qu'il se résigne à l'ordre monarchique : « Le plus grand des maux est les guerres civiles. Elles sont sûres, si on veut récompenser les mérites, car tous diront qu'ils méritent. Le mal à craindre d'un sot qui succède par droit de naissance n'est ni si grand ni si sûr. » (87)

Il n'est pas certain que Louis XIV eût apprécié. Comme dit drôlement Pierre Manent : « Il est difficile d'être plus sobrement monarchiste[1]. »

Il n'est pas non plus certain que le démocrate moderne, celui qui prétend assurer la justice pure dans et par la démocratie, y trouve son compte.

Liberté de l'esprit

Pour finir, revenons-en au commencement, c'est-à-dire à cet objet indéfinissable et fascinant, sans modèle et sans équivalent, que l'on nomme les *Pensées*. Ici du moins l'œuvre de Pascal entre en résonance avec une tendance avérée du monde moderne, qui affectionne les esquisses, les travaux inachevés et les œuvres en train de se faire. Les pensées, telles qu'elles sont venues jusqu'à nous, sont à la fois la matrice du grand projet d'apologie de la religion chré-

1. *Pascal et la proposition chrétienne*, *op. cit.*, p. 188.

tienne : en témoignent les liasses thématiques au nombre de vingt-sept, rassemblées par l'auteur lui-même, et destinées à l'Apologie ; mais aussi des réflexions sur tout autre sujet, des notes de lecture… Nous entrons comme par effraction dans l'intimité de l'un des plus puissants cerveaux qui aient paru sur cette terre. « Nous n'avons pas l'œuvre, dit Michel Le Guern, mais nous avons l'atelier. » Qu'y trouvons-nous ? À la différence des *Provinciales*, œuvre polémique, péremptoire, et même dogmatique, un exercice permanent de la pensée en formation, avec ses hésitations, ses contradictions, ses fulgurances. L'auteur y tient par exemple balance égale entre jésuites et jansénistes, entre la raison et le cœur pour, finalement, donner raison au cœur. Pascal y fait de la religion chrétienne la forme la plus achevée, la plus triomphale de l'esprit humain, et, pour qui demeure insensible à son credo existentiel, à cette adhésion au mystère de Jésus, qui finit par dominer toute son œuvre à la fois scientifique et philosophique, reste cet au-delà de la misère de l'homme, cet exercice grandiose de la liberté de l'esprit.

POST-SCRIPTUM

Êtes-vous toujours de gauche ?

17 décembre 2021

– Oui, êtes-vous toujours de gauche ?

– Avant de vous répondre, dites-moi de quelle gauche vous parlez.

De celle qui est laïque, ou de celle qui est islamo-gauchiste ?

De celle qui est pour l'éducation, ou de celle qui est pour le pédagogisme ?

De celle qui est pour l'excellence, ou de celle qui est pour l'uniformité ?

De celle qui est pour la raison, ou de celle qui est pour le ressentiment ?

De celle qui est universaliste, ou de celle qui est tribale ?

De celle qui est pour la science, ou de celle qui est pour l'opinion ?

De celle qui est pour la loi de la majorité, ou de celle qui est pour la tyrannie des minorités ?

De celle qui est patriote, ou de celle qui est sans-frontiériste ?

De celle qui est pour le travail, ou de celle qui est pour l'assistance ?

De celle qui est pour les syndicats, ou de celle qui est pour la guérilla de rues ?

De celle qui est pour le socialisme, ou de celle qui est pour la déconstruction ?

De celle qui est prolo, ou de celle qui est bobo ?

De celle qui est pour Proudhon, ou de celle qui est pour Lénine ?

De celle qui est contre le racisme, ou de celle qui est racialiste ?

De celle qui est contre l'antisémitisme, ou de celle qui est contre le sionisme ?

De celle qui est pour l'écologie, ou de celle qui est pour la décroissance ?

De celle qui est pour l'égalité des sexes, ou de celle qui est pour la guerre entre eux ?

De celle qui croit à la culture française, ou de celle qui n'y voit qu'un agrégat ?

De celle qui préfère se contredire, ou de celle qui préfère se renier ?

Inutile de poursuivre. Vous voyez clairement à laquelle des gauches je me rattache. C'est celle de Victor Hugo et de Michelet. Celle de Jaurès et de Léon Blum. J'ajouterai, quitte à vous surprendre, celle de Pascal. Je ne crois pas à la bonté originelle de la nature humaine. Je suis un pascalien de gauche, qui pense que la démocratie suppose un effort permanent des hommes sur leurs penchants spontanés. C'est pourquoi, malgré mon immense admiration pour lui, je n'ai pas cité Jean-Jacques Rousseau parmi mes Pères fondateurs.

L'étonnant de nos jours c'est que cette fidélité sans failles aux valeurs de cette gauche suffit à nous faire suspecter de déviance par rapport à elle, ou plutôt par rapport aux partis qui sont censés les porter. Notamment le Parti socialiste. Ce qu'il pense vraiment de tout cela, nul ne le sait, car il a cessé de penser ouvertement. Une lecture symptomatique de ses divers écrits et de ses diverses actions laisse perplexe : on le trouve tantôt d'un côté, tantôt de l'autre. Le résultat est un mélange hétérogène des notions 1 et 2 telles que je les ai distinguées plus haut. L'impression dominante est que le PS n'est plus un mouvement social et politique autonome, qu'il est *sous influence*, mais non celle de ses adhérents ou militants, comme il serait normal, mais d'intellectuels extérieurs à lui, de courants gauchistes ou de lobbys minoritaires.

Il ne faut pas chercher ailleurs les raisons du naufrage qui le menace, avec des intentions de vote pour la présidentielle de l'ordre de 3 %, sauf erreur le score le plus bas obtenu par le mouvement socialiste depuis l'instauration du suffrage universel en France (1848). Il serait vain d'invoquer le quinquennat de François Hollande, qui n'a pas gouverné différemment de François Mitterrand ou des autres chefs sociaux-démocrates européens. Du reste, depuis Benoît Hamon, ce sont des adversaires déclarés du président qui ont été battus. Se souvient-on des fameux « frondeurs », au nombre d'une quarantaine ? Un seul a été réélu en 2017 ! Il ne serait pas moins vain d'évoquer on ne sait quel effondrement systémique de la social-démocratie : nous la voyons en plein renouveau dans divers pays européens, à commencer par l'Allemagne. La vérité est que la social-démocratie française a été quittée par ses électeurs, parce qu'elle-même a quitté ses propres valeurs. C'est se faire une pauvre idée du peuple que de le croire exclusivement intéressé par son pouvoir d'achat. Le peuple attend de ses représentants une vision complète de l'homme en société. Leur défaite actuelle n'est pas, ou pas seulement politique. Elle est surtout intellectuelle. Elle manque de lucidité d'abord, de courage ensuite. Que la social-démocratie retrouve sa fierté, son autonomie, sa pensée, ses valeurs et vous verrez que ses troupes lui reviendront.

Table

DEUXIÈME PARTIE
LE RECUL DE LA DÉMOCRATIE

TROISIÈME PARTIE
LA GUERRE D'UKRAINE ET L'AVENIR DE L'EUROPE

QUATRIÈME PARTIE

LE MALAISE SOCIAL FRANÇAIS

CINQUIÈME PARTIE

RÉFORMER LA RÉPUBLIQUE ?

SIXIÈME PARTIE

L'AVENIR DE LA SOCIAL-DÉMOCRATIE

SEPTIÈME PARTIE

POUR UNE RENAISSANCE FRANÇAISE

DU MÊME AUTEUR

Comment la gauche a déposé son bilan, Flammarion, « Champs actuel », 2022

Carnets inédits, 1987-2020 : histoire, politique, littérature, Bouquins, 2021

De Gaulle et les siens : Bernanos, Claudel, Mauriac, Péguy, Cerf, 2020

Allons-nous sortir de l'Histoire ?, Flammarion, 2019

L'Esprit du peuple, Robert Laffont, « Bouquins », 2017

L'École est finie, Flammarion, « Café Voltaire », 2015

La Gauche et le peuple, lettres croisées, avec Jean-Claude Michéa, Flammarion, 2014 ; « Champs essais », 2017

Le Choc Simone Weil, Flammarion, « Café Voltaire », 2014

La Gauche par les textes, 1762-2012 (avec Grégoire Franconie), Flammarion, 2012 ; « Champs », 2017

Les Gauches françaises 1762-2012. Histoire, politique et imaginaire, Flammarion, 2012 ; « Champs », 2013 ; 2014

Pour repartir du pied gauche, Flammarion-Libération, 2010

La Reine du monde. Essai sur la démocratie d'opinion, Flammarion, 2008 ; « Champs actuel », 2009

L'Argent, dieu et le diable. Péguy, Bernanos, Claudel face au monde moderne, Flammarion, 2008

Le Malheur français, Flammarion, « Café Voltaire », 2005

Que sont les grands hommes devenus ? Essai sur la démocratie charismatique, Saint-Simon, 2004 ; Perrin, « Tempus », 2010

Le Choix de Pascal : entretiens avec Benoît Chantre, Desclée de Brouwer, 2003, Flammarion ; « Champs essais », 2008

Rupture dans la civilisation : le révélateur irakien, Gallimard, 2003

Dictionnaire des intellectuels français. Les personnes, les lieux, les moments, avec Michel Winock (dir.), Seuil, 2002

La Mort du roi. Autour de François Mitterrand. Essai d'ethnographie comparée (dir.), Gallimard, 1999

L'Année des fantômes. Journal, 1997, Grasset, 1998

La Faute aux élites, Gallimard, 1997 ; 1999

Pour la Bosnie, Gallimard, 1997 ; 1999

L'Année des dupes. Journal de la fin du siècle, 1995, Seuil, 1996

La Droite et la Gauche, avec Claude Imbert, Robert Laffont/Grasset, 1995 ; Le Livre de Poche, 1997

Ce fascisme qui vient…, Seuil, 1994

Chroniques du septième jour, Seuil, 1991

Le Génie de la liberté, Seuil, 1990

La République du centre, la fin de l'exception française, avec François Furet et Pierre Rosanvallon, Calmann-Lévy, 1988

Autonomie ouvrière. Études sur le syndicalisme d'action directe, Gallimard-Seuil, 1988

« La ville, lieu politique », dans *Histoire de la France urbaine*, tome V, *La Ville d'aujourd'hui*, Seuil, 1985 ; 2001

La Faute à Rousseau. Essai sur les conséquences historiques de l'idée de souveraineté populaire, Seuil, 1985

Fernand Pelloutier et les origines du syndicalisme d'action directe, Seuil, 1985

Le Monde de Beuve-Méry ou Le métier d'Alceste, avec Jean-Noël Jeanneney, Seuil, 1979

Contre la politique professionnelle, Seuil, 1975
La CFDT d'aujourd'hui, avec Edmond Maire, Seuil, 1975
La Quatrième République, Calmann-Lévy, 1968
Clemenceau, briseur de grèves, Julliard, Archives, 1965

Retrouvez toute l'actualité des éditions Albin Michel
sur notre site albin-michel.fr
et suivez-nous sur les réseaux sociaux !
Instagram : editionsalbinmichel
Facebook : Éditions Albin Michel
Twitter : AlbinMichel

Composition : IGS-CP
Impression : Imprimerie Floch, octobre 2023
Éditions Albin Michel
22, rue Huyghens, 75014 Paris
www.albin-michel.fr
ISBN : 978-2-226-48876-3
N° d'édition 25684/01 – N° d'impression : 103464
Dépôt légal : novembre 2023
Imprimé en France